KB220867

성자와 범부가 함께 읽는

금강경

금강경

성자와 범부가 함께 읽는

저자 : 김원수

바르법연구원

○ **일러두기**

이 책의 『금강반야바라밀경金剛般若波羅密經』은 저자의 스승이신 전 동국대학교 총장 백성욱 박사님의 녹취 본을 기본으로 토를 달았습니다. 옛말의 느낌을 가능한 한 보존하였습니다. 예를 들면 '~새'로 끝나는 어미는 '~하기에'와 유사한 뜻의 옛말입니다. 한문은 2009년 대한불교조계종 교육원이 편역한 표준 독송본을 참고로 하였습니다.

머리말

"마음 닦아 밝아지려고 하는 사람들은 남을 가르치려 하지 마라. 제도濟度하려고는 더더욱 하지 마라. 절을 짓고 단체를 만들려 하지 마라. 글을 써서 다른 사람에게 무엇을 알리려 하지 마라."

이것이 스승께서 제자들에게 내린 간곡한 교훈의 말씀이었습니다. 왜냐하면 남을 가르치는 일, 절을 짓고 단체를 만드는 일, 글을 쓰는 일은 자신을 내세우는 일이요, 탐진치貪嗔痴의 연습이 된다고 보셨기 때문입니다.

물처럼 순리대로, 바람처럼 티 내지 않고 살면서 자신 속의 부처님의 세계를 발견하는 일에만 매진할 뿐, 남이나 세상을 들여다보지 말라는 것이 스승님의 바라는 바였습니다.

그러나 이십여 년 전, 스승의 뜻과는 반대로 절寺을 짓게 되었고 단체도 만들게 되었습니다. 비록 절을 지었지만, 스승님의 뜻이 무엇인가를 항상 생각하며, 대중의 돈을 걷어 절 살림을 운영하려 하지 않았고, 남 앞에 나서서 무엇을 가르치려 들지도 아니하였습니다.

그러나 스승의 뜻을 대중에게 전달할 법사를 구하기 어렵게 되자, 어쩔 수 없이 스승께서 좋아하신 금강경을 직접 가르칠 수밖에 없었습니다.

'남을 가르치는 일을 하는 것은 스승의 뜻에 어긋나는 일이 아닐까' 하며 무척 고심苦心하였지만, '자신을 드러내는 목적이 아니고 다른 사람들의 신심발심信心發心을 위한 것이라면 해도 좋지 아니할까'라고 해석하였습니다.

4년이라는 짧지 아니한 기간을 스승을 모시고 숙식宿食하며 금강경 공부에 전념하였다지만, 대중에게 금강경을 가르치는 일은 무척 어려운 일이었습니다. 시중 서점의 모든 금강경 해설서를 다 동원하며 금강경의 뜻을 깨치려 하였으나 한 줄도 제대로 해석할 수 없었습니다.

특히 3,000여 년 전에 부처님께서 하신 말씀을 이 시대 사람들이 실천할 수 있도록 하는 해석, 21세기 사람들이 공감하며 현실에 응용하여 아누다라삼막삼보리를 얻을 수 있게 해석하는 것은, 깨닫지 못한 범부로는 얼토당토않은 시도요, 터무니없는 일이라는 사실을 실감하였습니다. 금강경을 해석하는 것은 오직 깨달은 도인만이 할 일이라고 생각하게 되었습니다.

그러나 불가능한 일이 있을 때마다 제가 하는 기도가 있습니다. 금강경을 독송하며 '이런 경우에 스승께서는 어떻게 하셨을까?' 하는 의문을 되풀이하는 기도입니다. '스승님이라면 어떻게 하셨을까?' 하는 생각을 끊임없이 되풀이하는 동안, 도저히 해결할 수 없는 문제들에 대한 해답이 얻어지며 난제가 종종 해결되었기 때문입니다.

이런 노력 끝에 금강경에 나타나는 핵심 진리 몇 가지를 발견하였습니다. 일체유심조, 공, 불이, 구족의 가르침입니다.

일체유심조一切唯心造

모든 세상의 현상은 내 마음의 그림자다.

공空

번뇌와 고통이 있는 것으로 보지만
그 번뇌나 고통은 참이 아니요 착각임을 알자.

불이不二

내 번뇌가 착각임을 알게 될 때
나와 부처는 다르지 않음을 알게 된다.

구족具足

내가 없으면
부처님과 같은 구족한 세상을 발견하게 된다.

이 가르침이 금강경의 근간根幹을 이루고 있으며, 이 네 진리에 입각하여 금강경을 해석하려 할 때만 비로소 제대로 해석될 뿐 아니라 실천할 수 있는 해석, 알기 쉬운 해석, 실생활에 응용하여 행복하고 지혜로운 삶을 살게 하는 해석이 됨을 알게 되었습니다.

특히 공空에 대한 해석에 결정적으로 자신감을 가지게 된 수행 일화逸話가 있습니다. 이 금강경 해설서를 쓰기 몇 해 전, 자시(子時; 새벽 0시)에 일어나 금강경 7번 독송하기를 49일간 3회 해 본 적이 있었습니다.

자시子時에 일어나 금강경을 7회 독송하니 어렵게 느껴졌던 일들이 어렵지 않게 보이고, 어둡게 보였던 세상이 밝게 보이게 되었습니다. 그리고 잠에 대한 부자유가 자유로 변하였습니다. 3시간 자도 사회생활에 별 지장이 없었으며 한 시간만 자도 무난하였고, 어떤 때는 꼬박 밤새워 일하여도 지장이 없게 변하였던 것입니다.

이때 비로소 하루에 잠을 반드시 몇 시간 이상 자야 한다는 고정관념에서 벗어나게 되었고, 잠은 분별이요 본래 없는 것이라는 말을 실감하였습니다. 이렇게 자시子時에 금강경 독송하는 수년 동안, 모든 근심 걱정에서 벗어나 참으로 행복한 세월을 보내었습니다.

잠이 분별심이요 본래는 없는 것임을 실감하니, 병病도 가난도 스트레스도 참이라고 생각했던 모든 것이 다 참이 아니요, 착각의

산물임을 이해하게 된 것입니다. 죄罪란 것도 착각이요 본래 없는 것이라 알게 되자,

죄란 본래 없는 것 분별심으로 생기는 것.
분별심이 착각인 줄 아니 죄 역시 착각이네.
분별심이나 죄가 둘 다 없어지니
이것을 진정한 참회라 하네.
죄무자성종심기罪無自性從心起
심약멸시죄역망心若滅時罪亦忘
죄망심멸양구공罪忘心滅兩俱空
시즉명위진참회是卽名爲眞懺悔

위 구절이 실감 나게 해석이 되며, 금강경의 '실무유법實無有法, 실무중생 득멸도자實無衆生 得滅度者'의 구절 역시 이해하고 해석할 수 있게 되었습니다.

한편으로 아누다라삼막삼보리를 무상정등정각無上正等正覺이라 해석한다면, 도통을 목표로 해서 공부하는 최상승근기最上乘根機나 성자聖者와 같은 사람에게만 친근해지는 금강경이 되지만, 아누다라삼막삼보리를 '사람이라면 마땅히 가야만 하는 길, 탕자의 삶에서 벗어나 불자가 되는 길, 철들어 사람이 되는 길'이라고 해석한

다면, 이러한 금강경은 대다수의 보통 사람에게도 친근해짐은 물론, 성자로부터도 사랑받을 수 있는 금강경이 된다는 것을 발견하였습니다.

이상과 같은 내용을 사람들에게 알려 준다면, 보통 사람들도 분명 금강경과 친해질 수 있을 것으로 생각되었습니다. 그리고 금강경을 실생활에 적용할 수 있게 되므로 빈곤을 풍요로, 병을 건강으로, 무능을 유능으로, 무지를 지혜로 바꿀 수 있을 것이며, 생활 속에서 불법佛法을 실감할 수 있게 됨을 확신하였습니다. 그런 확신이 들자, 이 내용을 책으로 엮어 세상에 낼 마음이 생겼습니다.

이렇게 하여 『성자와 범부가 함께 읽는 금강경』이란 책이 나온 것이 15년 전이었습니다. 초판 출간 당시 저자를 내 이름으로 하지 않고 전 동국대 Y 교수의 이름으로 책을 내게 되었는데, 다음과 같은 사연이 있었습니다.

1990년 불세출不世出의 도인이라 믿는 스승, 백성욱 박사님의 말씀을 도반들의 도움으로 책으로 엮어낸 적이 있었습니다. 『마음을 어디로 향하고 있는가』(김영사 간), 이 책을 짓기 전 '스승의 말씀을 책으로 내는 일은 필요한 일이요 보람된 일이다. 그러나 스승께서는 책을 짓거나 글을 쓰지 말라고 하셨다.'라는 이율배반적 상황이 나를 무척 조심스럽게 만들었습니다.

따라서 책의 내용을 조심스럽게 구술口述로만 도와주었는데, 본의 아니게 대표 저자가 되면서 표절하였다는 기막힌 비난을 듣게 되었습니다.

이 사실에 충격을 받고 괴로워하면서 '자신을 드러내는 일체의 행위를 하지 마라. 마음에 미안한 일은 하지 마라.'라는 스승의 법훈法訓을 재삼 깊이 새기게 되었습니다.

이렇게 해서 Y 교수 이름으로 나온 『성자와 범부가 함께 읽는 금강경』 책은 뜻밖에 반응이 매우 좋았습니다. 1998년도 일년내내 현대불교신문사에서 운영하는 여시아문如是我聞 책방에서 한 주도 빠지지 않고 판매 순위 Best Top Ten 안에 들게 되었고, 수십 번 읽은 독자는 다수多數, 심지어는 백 번 이상 읽은 독자도 만나게 되었으며, 이 책을 통해 승려가 되신 분들이 있다는 이야기까지 전해 들었습니다. 그러면서 책은 불티나게 판매되었습니다.

그러나 Y 교수가 불의의 교통사고로 세상을 떠나게 되자 더 놀랍고 괴로운 일이 발생하였습니다. Y 교수 유족은 내가 저작권을 독식獨食하였다며, 인세를 주지 아니하면 법적 소송을 한다는 것이었습니다.

관계되는 책마다 일어나는 끊임없는 재앙, 새삼스럽게 자신의 죄업이 태산같이 중重함을 절감切感하고 부득이 책을 절판絕版하게 되었습니다. 책을 다시 찍어라, 파본이라도 달라는 소리들이 요란하였지만, 다 외면하였습니다. 그리고 15년의 세월이 흘렀습니다. 이 책은 영원히 다시 세상에 나오지 못한다고 생각하며.

이와 관련하여 육조 혜능 대사께서 법法을 펴던 초년初年 시절의 일이 생각났습니다. 혜능 대사가 오조 홍인 대사로부터 법을 받은 후, 도인으로서 대접을 받지 못했습니다. 오히려 정반대로 인고忍苦의 생활의 연속이었습니다. 혜능 대사는 법을 받은 후 15년간을 짐승과 같이 산속에 숨어 지내며 피나는 고생을 하였습니다. 당시 혜능 대사는 그 심경을 신고수진辛苦受盡 명사현사命似懸絲라 표현하였는데, 이는 고통이 끊임없고 목숨은 항시 달랑달랑하였다는 말입니다. 마치 혜능 대사의 인고의 15년과 같이『성자와 범부가 함께 읽는 금강경』책의 목숨도 정말 실낱같았습니다.

15년 후, 숨어 지내며 온갖 고생을 다 하던 혜능 대사가 이제는 은둔 생활에서 벗어나 법을 펼 때가 되었다는 말씀을 하였는데(시당홍법 불가종둔時當弘法 不可終遯), 그것은 각종 고난이란 것도 착각이요 본래 없다는 공空의 진리와 역경逆境과 축복祝福이 다르지 않다는 불이不二의 진리를 뒤늦게 실감하게 되었기 때문입니다.

금강경을 읽기 어렵다고 생각하시는 분, 금강경은 오직 깨달음을 위한 가르침이지 현실에서의 문제 해결과는 무관하다고 생각해 왔던 분, 불법佛法은 부자가 되고 유능해지는 길을 가는 것과는 다르다고 생각하시는 분은 이 책을 한 번 읽어보시기를 권합니다. 그리고 책에 쓰인 대로 금강경을 실천해 보시기 바랍니다.

그래서 공空과 불이不二, 일체유심조의 가르침을 깨쳐서 무소유 불자佛者가 아닌 큰 부자富者 불자, 세상을 외면하고 조용히 사는 불자보다는 유능하며 많은 사람을 먹여 살리는 책임을 지는 불자, 역경과 재앙을 피해 사는 불자보다는 역경을 감사하게 알고 재앙을 부처님이 주시는 선물로 알아 세상을 적극적으로 사는 불자가 되어, 부처님의 참뜻을 잘 받들고 무량대복無量大福을 누리시게 되기를 기원해 봅니다. 꼭 그렇게 될 수 있다고 믿습니다.

2012년 10월 4일

백성욱 박사님 열반 31주년 추모일에

김원수 합장배례

차례

1

법회가 열리게 된 동기

第一 法會因由分

나는 이와 같이 들었으니

如是我聞하사오니

금강경은 "나는 이와 같이 들었으니如是我聞"라는 말로 시작합니다. 이와 같이 들었다고 말하는 사람은 부처님의 10대 제자 중의 한 사람인 아난 존자입니다. 그는 본래 부처님의 사촌 동생으로서 부처님이 깨달음을 얻으신 후 20여 년이 지난 다음에 여러 제자 중에서 선출되어 부처님을 시봉侍奉하는 제자가 되었고, 뛰어난 미남이었던 탓으로 여자의 유혹이 여러 번 있었으나 지조志操가 견고하여 흔들림 없이 수행하여 드디어는 깨달음을 얻었습니다. 그는 비상한 총명과 뛰어난 기억력으로 부처님의 말씀을 많이 기억하는 다문多聞 제일의 제자로, 부처님께서 멸도滅度하신 후 대가섭을 중심으로 부처님의 경전을 결집할 때, 예전에 들었던 부처님의 말씀을 구술하는 대단히 중요한 위치에 있었습니다.

아난 존자는 "부처님께서 이렇게 말씀하셨습니다."라고 하지 않고 "나는 이와 같이 들었습니다."라고 하였습니다. 이것은 아난 존자가 '내가 어떻게 부처님께서 이야기하신 그 진의眞意를 그대로 말할 수 있으랴? 내가 말할 수 있는 것은 오직 내가 들었다고 생각되는 것을 이야기할 뿐이다. 내가 잘못 기억했을 수도 있고, 나의 의견이 개입될는지도 모른다. 내가 확실히 들은 것만을 이야기하겠다. 부처님께서 하신 말씀의 속깊은 의미는 그분만이 아실 뿐 나는 거기까지는 모른다.'라고 생각했기 때문이었을 것입니다. 그랬기에 "나는 이와 같이 들었으니(여시아문如是我聞)"라는 표현을 한 것입니다. 여기서 우리는 아난 존자의 정직하고 진실한 자세, 겸손한 모습을 그려볼 수 있습니다.

한때 부처님께서는 사위국 기수급고독원에서 비구 천이백오십인과 함께 계셨다.

一時에 **佛**이 **在舍衛國 祇樹給孤獨園**하사 **與大比丘衆千二百五十人**으로 **俱**하시다.

인도 사람들은 대체로 나이에 대한 관념이 희박합니다. 그들은 생활 속에서 전생이니 내생이니 하는 말을 자연스럽게 사용하였고, 전생부터 나이를 따지다 보면 나이가 어린 사람도 실제 나이는 많을지 모른다고 생각하는 것 같습니다. 이러한 사고방식이 자연히 나이나 시간에 대한 관념을 희박하게 하였고, 따라서 시대를 말할 때도 구체적으로 언제라고 말하는 것보다는 '한때는, 一時에'라는 표현을 쓰는 것을 더 생활화했는지 모릅니다. 금강경에서 '일시一時에'라고 표현하고 있는 것도 마찬가지일 것입니다.

기수급고독원은 기원정사祇園精舍라는 유명한 절이 있는 동산입니다. '기수祇樹'는 기타 태자의 나무라는 뜻이며, '급고독給孤獨'은 숫달타 장자의 한자식 표현으로, 숫달타 장자가 외롭고 어려운 사람들에게 베풀기를 잘한다 해서 그렇게 붙여진 것입니다. '원園'은 정원 혹은 동산이라는 뜻이지만, 후에 절이라는 뜻으로 사용되기도 했습니다. 불경에 나오는 숫달타 장자의 이야기는 다음과 같습니다.*

숫달타 장자에게는 아들이 하나 있었다. 하루는 그가 아들의 혼사를 위하여 왕사성의 부호인 백근伯勤 장자의 집을 찾았다. 하지만 백근 장자는 모처럼 찾아온 손님을 접대할 겨를도 없이 집 안팎을 소제하고 깨끗이 꾸미며 무언가 준비하기에만 매우 분망했다. 숫달타 장자가 그 까닭을 물었더니, 백근 장자는 "내일 이 세상에서 가장 귀중한 손님을 초청하여 대접하기 위해서라

---

* 『우리말 팔만대장경』(동국역경원, 1987)

네."라고 대답했다.

"세상에서 가장 귀중한 손님이라면 그분은 누구인가? 임금인가? 사문인가? 브라만인가?"

"임금도 어떤 사문도 브라만도 아니고 카필라성 정반왕의 태자로서, 집을 떠나 6년간 수도하여 깨달음을 성취하신 부처님이라는 분이라네."

'부처님'이라는 말을 들은 수닷타 장자는 그 말만으로도 가슴 벅차게 기뻤다. 집에 돌아와서도 그 기쁨을 억누르지 못해 잠을 이루지 못하고 날이 새기만을 기다리다가, 서서히 창밖이 밝아오자 성문을 향해 발걸음을 옮겼다.

하지만 얼마를 가도 날은 완전히 새지 않고 주위는 아직 어둠이 남아 있는데, 한 줄기 광명이 어디선가 비쳐 왔다. 장자는 그 빛을 좇아가다가 저 멀리 참으로 잘생긴 부처님의 모습을 뵙고는 달려가 부처님께 예배하며 여쭈었다.

"밤사이 안녕히 주무셨습니까?"

"근심도 기쁨도 여읜 빈 마음이어야 맑고 편안하여, 영원히 나고 죽음이 없는 도를 깨달아 열반에 이르게 되느니라. 그 자者만이 길이 편안한 잠자리를 얻느니라."

부처님의 말씀을 들은 수닷타는 마음이 맑아지고 지혜의 눈이 열리며 감격이 온몸에 넘쳤다. 환희심에 젖은 수닷타는 그때부터 부처님을 위하여 절을 세우기를 서원하게 되었고 그 길로 사위국으로 돌아가 절 지을 장소를 찾게 되었다.

당시 그 나라 임금의 태자인 '기타'가 소유한 동산이 풍경도 좋고 숲, 꽃, 샘, 못, 수석 등이 그림처럼 아름다웠기에, 장자는 기타 태자에게 그 동산을 자기에게 팔기를 청했다. 그러나 태자는 그것을 팔 뜻이 없었던지 지나가는 말로 말했다.

"만일 그 동산을 사려거든 금전으로 동산을 다 펴서 덮어보라."

그 말을 들은 장자는 이튿날 금전을 수레에 싣고 가서 동산에 금전을 펴서 덮어 나갔다. 이것을 본 태자는 놀라서 물었다.

"그처럼 금 한 닢으로 땅 한 치를 사서 무엇을 할 것이오?"

"일체 종지를 성취하신 부처님이 계시는데, 그분을 모실 절을 짓기 위해서요."라고 대답했다.

기타 태자는 이 말에 크게 감격하여 부처님을 만나 뵙겠다고 하였고, 부처님을 뵙자마자 마음이 바뀌어서 땅을 내놓고 정원에 있는 자기 나무까지 부처님께 바치게 되었다. 이렇게 해서 세워진 절이 바로 '기수급고독원'이며 줄여서 '기원정사'라고 한다.

부처님께서는 기원정사에서 가장 오랫동안 안거安居하셨기 때문에 수많은 경전을 이곳에서 설說하셨습니다. 이 새로 지은 기원정사는 1,250여 명의 비구 스님으로 가득하였는데, 부처님께서 처음 진리를 설하셨을 때 귀의한 교진여 등 5명, 가섭 삼 형제와 그의 제자 1,000여 명, 사리불과 그의 제자 100명, 목건련과 제자 100명, 그리고 야사 장자와 제자 50명입니다.

마침 세존이 진지 드실 때가 되자, 옷을 입으시고 바리때를 들으시고 큰 사위성에 들어가셔서 밥을 비시는데乞食, 그 성내의 집을 차례로 들르시었다. 다시 당신이 계신 곳으로 돌아오셔서 공양을 드시고 옷을 벗어 접어 두시고 발우를 거두시고 발을 씻으시고 자리를 깔고 앉으시었다.

爾時에 **世尊**이 **食時**에 **着衣持鉢**하시고 **入舍衛大城**하사 **乞食**하실새 **於其城中**에 **次第乞已**하시고 **還至本處**하사 **飯食訖**하시고 **收衣鉢**하시고 **洗足已**하시고 **敷座而坐**하시다.

이천오백 년 전 어느 날 아침 시간에 사위성을 무대로 부처님과 1,250 명의 스님들이 걸식乞食하시는 모습을 상상해 봅니다. 부처님께서는 걸식하시기 전에 가사를 입으시고 발우를 드셨습니다. 걸식하시고 공양을 드신 뒤 옷과 발우를 거두시고 발을 씻으셨습니다. '나'라는 생각이 없으신 부처님이시지만 이렇듯 대중을 위해 예의와 규범을 갖추셨습니다.

가난한 집이든 부잣집이든 관계없이 차례차례 걸식하시는 것은 사람들에게 균등하게 복을 짓도록, 기회를 주시기 위해서라고 합니다. 얻어먹는 마음이 있는 사람이 걸식한다면 빚이 된다고 합니다만, 부처님처럼 얻어먹는 마음이 없는 경우에는 음식을 주는 사람에게 복이 된다고 합니다.

이때 부처님께서는 하루에 한때 공양供養하셨던 모양이고, 이러한 식사법은 수도하는 사람들에게 꼭 필요한 수행의 지침이기도 하였을 것입니다. 흔히 사람들은 부처님께서 하루에 한 끼를 드시고 수행하셨다지만, 보통 사람이 어찌 그렇게 할 수 있을까 하며 반문합니다. 이것은 이천오백여 년 전의 부처님과 그 제자들에게나 적용되는 법이지 요즘 우리와는 무관하다고 생각합니다. 그러나 근래에도 과학적으로 엄밀하게 1일 1식一日一食의 타당성을 밝힌 사례들이 많이 소개되었습니다. 다음 안현필 선생의 이야기를 보고 그 의미를 한번 생각해 봅니다.*

> 사막을 여행하는 낙타는 몇 날 며칠을 굶고, 심지어는 물을 안 마셔도 여행을 계속하는데 그들은 분명 무엇인가를 먹고 살아갑니다. 무엇을? 그 등 위에 있는 혹 속의 영양분을 먹고 살아가지요. 그럼 인간이 굶으면 무엇을 먹고 살아가는가요? 우리 몸 속에 있는 불필요하게 저장된 지방과 불순물을 연소시키면서 살아갑니다. 불필요한 지방과 불순물이 다 빠지고 난 다음에 살과 피를 맑게 하는 자연식을 하면 진짜 건강 살이 솟아오르는 것입니다.
>
> 새 살이 솟아오를 때까지 여위어 수척하게 보이며, 그 병살에 붙었던 머리털도 빠지기 때문에 무엇인가 잘못되어 가고 있다고 도중하차해 버리면 영원히 구제받지 못합니다. 여위어서 수척해 보일망정 머리는 명쾌하고 몸은 날아갈 듯 경쾌해집니다. 식균력

---

* 안현필, 『삼위일체 장수법』(한국일보사, 1996)

이 강해지므로 병이 낫게 되는 것입니다. 굶으면 죽는다고 생각하면 죽고, 몸속의 독이 빠져서 오히려 건강해진다고 생각하면 죽는 것이 아니라 오히려 활기차게 살아갈 수가 있어요. 정신이 육체를 지배하기 때문이지요.

일본의 오사카 의과대학에서 연구 실험한 결과, 일주일간 단식할 경우에 백혈구의 수가 2배나 증가하고 식균력食菌力이 20배나 증가한다는 사실이 과학적으로 확증되었지요.

결론적으로 하루에 1회의 식사가 가장 이상적입니다. 자연식을 하면 수면이 5시간이면 충분합니다. 그리고 생식 본위의 자연식을 하면 3시간만 자도 머리가 수정같이 맑아집니다.

1일 1식을 실천하면 비단 건강해질 뿐만 아니라 본질적인 깨달음에까지 이른다는 구체적인 체험담도 소개되고 있습니다. 톨스토이, 간디와 함께 한국의 성인으로 존경받는 다석多夕 류영모(柳永模, 1890-1981) 선생의 이야기를 들어 봅니다.*

류영모는 "나自我가 죽어야 얼靈我이 산다. 석가의 말이나 예수의 말은 내 마음을 죽이는 거다. 살아 있어도 죽은 거다. 내가 한번 죽어야 마음이 텅 빈다. 한번 죽은 마음이 텅 빈 마음이다. 빈 마음에 하느님의 나라, 니르바나 나라를 그득 채우면 부족함

---

* 박영호, 『다석 유영모의 생애와 사상』(문화일보, 1995)

이 없다." 하였다. 류영모는 나를 죽이는 길은 삼독三毒을 버리는 것이라고 하였다.

류영모는 삼독인 탐진치의 뿌리를 뽑기로 하였다. 탐욕의 뿌리인 식욕食慾을 버리기 위하여 하루에 한 끼만 먹기로 하였다. 진애의 뿌리인 증오를 버리기 위하여 성내지 않기로 하였다. 치정의 뿌리인 색욕을 버리기 위하여 해혼解婚을 하여 부부가 남매처럼 지내기로 하였다.

이렇게 내가 죽으면 미움도 없어지고, 미움이 없어지면 원수도 없다. 류영모는 미워하는 진嗔에 대하여 이렇게 말하였다.

"원수를 사랑하라(마태 5:43)고 예수는 가르쳤다. 원수를 미워하는 것만이 원수를 다스리는 것이 아니다. 노자老子는 원수를 덕으로 갚으라고 하였다. 공자는 곧음으로 갚으라고 하였다. 그렇다고 미워할 것을 미워하지 말라는 것이 아니다. 미워할 것은 미워하되 삼독이 일어나지 않게 하여야 한다. 오히려 자신의 삼독三毒을 잘 다스리는 데서 성인聖人이 된다."

이렇게 자아가 없어지자 영아靈我가 탄생하였다. 류영모는 식색食色을 끊은 지 거의 1년이 되는 1942년 1월 4일에 중생重生의 체험을 한다. 그의 말대로 '내가 죽은' 빈 마음에 하느님의 나라, 니르바나 나라가 들어간 것을 깨달은 것이다. 정신 세계에서는 나와 하느님의 나라가 다르지 않다. 하느님의 나라는 하느님의 나, 신격神格의 나인 '얼나'를 말한다.

"우리 마음 깊은 곳에는 줄기차게 올라가려는 신격의 나가 있다. 우리는 모름지기 이 신격의 나인 '얼의 나'를 참나로 깨달아야 한다. 삼독三毒의 나를 쫓아 버리고 '얼나'를 깨달아야 한다."

류영모는 이렇게 말하였다.

"안 먹으면 죽는다. 안 먹고는 살 수 없으니 먹는다는 말은 맞다. 그러나 너무 많이 먹는다. 적게 먹고 편히 살 수 있는데도 많이 먹고 배탈이 나서 고생한다. 식사는 말하자면 먹거리의 장사葬事다. 우리 입이란 열린 무덤이다. 식물 동물의 시체가 들어가는 문이다. 사람은 먹을 때 먹어야 한다. 시도 때도 없이 먹어서는 안 된다.

석가는 한낮에 한 번만 먹어 일중日中이라고 한다. 하루 24시간에 한 번씩 먹는다고 하여 점심이라고 한다. 내가 하루에 한 끼씩 먹어 보니, 몸이 성한 비결은 점심에 있다. 하루에 한 끼만 먹으면 온갖 병이 없어진다. 모든 병은 입으로 들어가는 데서 생긴다. 감당하지 못할 음식을 너무 집어넣기 때문에 병에 걸린다. 사람은 안 먹으면 병이 없다. 욕심을 줄여서 한 점을 만드는 것이 점심이다."

…중략….

한번은 다석 선생님을 모시고 북한산 백운대에 올라간 적이 있었다. 그때 젊은 우리는 목이 말라 헐떡이는데 다석 선생은 입안에 침이 가득히 고인다고 하시고, 우리는 입이 쓴데 다석 선생은 입맛이 달다고 하였다. 우리는 도시락을 먹고도 배가 고팠는데 다석 선생은 아침도 안 드시고 산에서도 아무것도 안 드시고 앞장서서 산을 내려왔다. 우리의 눈에는 기적같이 보였는데, 다석 선생은 1일 1식一日一食에서 오는 당연함이라고 말하였다.

이러한 글들은 건강을 위해서나 수도를 위해서나 1일 1식이 최상의 방법임을 제시합니다. 이와 같은 사례는, 부처님의 행적이 모두 의미가 있으며 깨달을 자료임을 알려주고 있습니다.

또한 아난 존자가 이처럼 부처님의 일상생활의 사소한 부분, 즉 차례로 걸식하시고, 하루에 한 끼 잡수시고, 발을 씻으시는 등을 상세히 기술하고 있는 것은 아마도 '부처님께서는 중생을 제도濟度하는 큰일을 통해서도 설법說法하시고, 또 사소하게 보이는 일상적인 일을 통해서도 똑같이 설법하신다.'라는 깨달음에 근거한 것이며, 아울러 부처님의 일거수일투족은 곧 교훈이요, 설법인 것을 강조하는 것입니다. 이것은 앞으로 금강경 전체를 통하여 수없이 반복되는 부처님의 말씀(금강경의 정신)인 불이不二의 정신과도 같다고 하겠습니다.

2
선현(성현)이 법을 청하다
第二 善現起請分

이때 장로 수보리가 자리에서 일어나 가사를 오른쪽 어깨에 올리고 오른쪽 무릎을 꿇고 합장 공경하여 부처님께 말씀드리기를,

時에 長老須菩提 在大衆中하야 卽從座起하고 偏袒右肩하고 右膝着地하고 合掌恭敬하야 而白佛言하되,

영원히 분별심을 쉬신 부처님과 부처님을 향하는 수많은 제자가 모인 기수급고독원 동산에는 정숙하고 엄숙한 기운이 흐르고 있었을 것입니다. 수보리 존자가 일어나서 내려져 있는 오른팔 소매를 걷어 올려 오른쪽 어깨를 드러내고, 오른쪽 무릎을 땅에 꿇고 합장하는 지극히 공경하는 자세를 취합니다. 그리고 묻습니다.

수보리 존자는 온갖 법이 본래 없다는 이치를 가장 잘 깨달은 수행자로서 해공제일解空第一이라는 별칭으로 불리는, 부처님의 10대 제자 중 한 사람입니다. 이처럼 공空을 깨달은 자에 의한 지혜로운 질문으로부터 심심미묘한 부처님의 세계가 펼쳐지는 것을 기대해 봅니다.

드무신 세존님!

希有世尊하

수보리 존자는 침묵을 깨고 말문을 열었습니다.

'드무신 세존님', 이것은 마음속 깊이 우러나오는 부처님에 대한 찬사입니다. 참다운 제자라면 자기 스승을 공경하지 않는 자가 없겠지만, 제자의 수행 정도가 깊을수록 더더욱 스승의 깊숙이 감추어진 훌륭한 점을 볼 수 있을 것입니다. 소는 소의 소리, 닭은 닭의 소리만을 낼 수 있는 것과 마찬가지로, 사람도 자기 정도의 소리를 하고 자기 능력의 한계 외에는 더 볼 수 없습니다. 그래서 옛말에도 성인이라야 능히 성인을 알아본다(聖人能知聖人)고 하였습니다.

지혜로운 수보리 존자는 여러 해 부처님을 모셨으며, 그동안 자신의 수행이 깊어진 것과 비례해서 부처님의 가없이 넓고도 깊은 마음을 어느 정도 헤아릴 수 있게 되었습니다. 그리하여 때로는 크게 감동하였으며 때로는 깊이 감격하였을 것입니다. 부처님을 향하여 최대의 찬사를 드리고 싶었을 것입니다. 아마도 그는 공자가 가장 사랑하는 제자 안연顔淵과 같이 자기 스승에 대해 찬탄하고 싶었을는지 모릅니다.*

"우러러보면 더욱 높으며, 뚫어 보면 더욱 굳으며, 보면 앞에 있더니 홀연 뒤에 있습니다. 선생님께서는 순순히 사람을 이끌어 가르치되 나를 교양教養으로 넓히고, 나를 예禮로 다듬어 주십니다. 중도에서 돌아서고자 하나 끌려 따라가게 되며, 내 재주를 다하여 따라가도 선생님은 멀리 높이 서는지라, 비록 뒤를 좇고자 하여도 따라갈 방도가 없습니다."

이러한 글을 대하면, 공자님의 인품은 하늘보다도 높고 재주는 바다보다도 깊은 것을 느끼게 됩니다. 이러한 스승의 재주와 인품에 깊이 감동한 안연은 고귀한 성인의 모습을 표현하기 위하여 사람이 동원할 수 있는 최상의 형용사를 다 동원하여 그 마음의 일단을 표현한 것으로 생각됩니다.

수보리 존자의 마음도 안연의 마음과 조금도 다르지 아니하였을 것입니다. 그러나 수보리 존자는 어떠한 찬탄의 형용사보다도 가장 솔직하고 간단한 말인 '드무신 세존님!'을 택하였습니다. 이 간단한 말속에 아마도 천근의 마음을 실어 보냈을 것입니다. 마치 간단한 말속에 깊고 깊은 뜻이 담겨 있는 금강경의 내용처럼.

---

* 공자, 『논어』「자사편」

부처님께서는 부처님을 향해 마음 닦는 모든 이들(보살)을 잘 보살펴 주시며 잘 이끌어 주십니까? 그리고 이들이 최고의 지혜(무상정등정각)를 얻으려고 한다면 어떻게 그 마음을 머무르며 어떻게 그 마음을 항복 받겠습니까?

如來 善_護念諸菩薩하시며 善_付囑諸菩薩하시나니까. 世尊하 善男子善女人이 發阿耨多羅三藐三菩提心인데는 應_云何住며 云何降伏其心이니잇고

수보리 존자는 부처님의 마음을 어느 정도는 헤아릴 수 있었을 것입니다. 아마도 수보리 존자의 지견智見으로는, 부처님께서 마음 닦는 이(보살)들을 항상 보살펴 주시고 이끌어 주시어 드디어 온갖 번뇌로부터 해탈시키시는 것을 알았을 것입니다. 그리하여 깊은 존경의 마음과 함께 감사를 느꼈을 것입니다.

또한 그는 마음속으로, 중생이 깨달음을 얻는 데는 부처님의 '호념 부촉'이 필수적이라는 것도 너무나 잘 알았습니다. 그러므로 부처님께서 보살들을 잘 돌보아 주시고 잘 이끌어 주시는(선호념제보살 선부촉제보살) 것이야말로 참으로 깨달음의 원동력이라는 평소의 소감을 피력하며, 사실이 또한 그러한가를 확인하는 것이라 하겠습니다.

호념護念은 산스크리트 원전에 최상의 은혜를 베푸는 것이라고 합니다. '잘 보살핀다, 잘 돌봐주신다'라는 뜻으로 이해해도 좋습니다. 즉, '어떻게 잘 보살필까?' 하는 정신적인 보살핌이라고 할 수

있습니다.

부촉付囑은 '부탁하고 위촉한다'라는 뜻으로 '어떻게 밝게 해 줄까?' 행동하는 보살핌이라고 할 수 있겠습니다. 예를 들면, 제자를 나무란다든가 달랜다든가 등, 중생을 교화하는 방편은 모두 부촉에 포함된다고 하겠지요.

다음은 혜능 대사의 말씀입니다.*

> 배우는 자들은 스스로 마음을 관觀하여 본성을 깨닫도록 하라. 만일 진실로 깨닫지 못하거든 최상승법을 아는 대선지식大善知識을 찾아서 바른길을 지시받도록 할 것이니라. 이 선지식이 큰 인연이 있어서 중생을 교화하여 견성見性케 하나니, 좋은 법은 능히 선지식에서 발기發起되기 때문이다. 그러므로 삼세제불 십이부경三世諸佛十二部經이 사람 성품 속에 구족具足하건만, 능히 스스로 깨닫지 못하면 마땅히 선지식의 지시를 구하여서 깨닫도록 할지니라.

이것은 선지식의 중요한 역할을 강조한 것으로, 반드시 선지식의 호념부촉이 있어야만 깨달음을 얻을 수 있다고 본 것입니다.

이어서 수보리 존자는 석가모니 부처님께 정말로 묻고 싶었던 말, 즉 부처님처럼 되려면, 그리고 부처님과 같이 최고의 지혜를 얻

---

* 한길로 역, 『육조단경』(법보원, 1996)

으려면 어떻게 수행해야 하는지에 대해 질문합니다.

수보리 존자의 질문이 비교적 구체적이었습니다. 그는 수행하는 데 두 가지 단계가 있다고 보았습니다. 첫째 단계는 수행의 방법(주主)이며, 다음은 깨닫는 방법(항복기심降伏其心)으로 생각하였습니다. "여기 마음을 닦으려는 사람이 고통에서 영원히 벗어나 최고의 지혜를 얻으려면 어떠한 사고방식을 가지고 생활하여야 하며, 이러한 고통을 다시는 되풀이하지 않는 깨달음을 달성할 수 있습니까?" 하는 질문인 셈입니다.

부처님께서 말씀하시되,
착하고 착하다 수보리여, 그대의 말과 같이 여래는 모든 닦는 이들을 보살피고 도와주시느니라. 그대를 위해 설명할 것이니 잘 들어라. 마음 닦는 이들이 무상정등정각을 얻으려고 하면, 이와 같이 그 마음을 머물 것이며 이와 같이 그 마음을 항복받을 것이니라.
네, 그러겠습니다. 세존님, 즐거이 듣기를 원합니다.
佛言하사되,
善哉善哉라 須菩提여, 如汝所說하야 如來 善_護念諸菩薩하시며 善_付囑諸菩薩하시나니라. 汝今諦聽하라 當爲汝說하리라. 善男子善女人이 發阿耨多羅三藐三菩提心인데는 應_如是住며 如是降伏其心이니라.
唯然이니이다. 世尊하, 願樂欲聞하나이다.

"착하고 착하도다." 하시는 부처님의 말씀에는 아마도 '수보리여 참 기특하다. 네가 이제는 성숙하여 나의 속마음을 이만큼이나 헤아릴 수 있게끔 되었구나. 이것은 오로지 부처님에 대한 깊은 공경심과 부지런히 수행한 결과이리라. 참으로 나의 마음을 잘 헤아리며 꼭 필요한 질문을 하였구나.' 하는 마음이 담겼을 것입니다.

부처님께서는 49년간 많은 설법을 하셨지만, 설說하신 그 모든 법문은 당신의 주장을 편 것이라기보다, 대부분 제자들이 물었던 질문에 대한 대답이었습니다. 다시 말하면, 팔만대장경에 실려 있는 모든 부처님의 말씀은 제자들이 그때그때에 필요했던, 제자들 자신의 마음 닦는 방법이었던 것입니다.

부처님 당신이 주장하고 싶으시거나 제자들을 설득시키고자 하는 의지가 있어서 말씀하시기보다는, 각 개인이 그때그때 올라오는 분별 망상을 닦는 데 적절한 말씀을 하셨던 것입니다. 이러한 부처님의 상담을 두고 후세 심리학자들은 심리 치료 또는 심리 상담이라는 이름을 붙여, 부처님은 인류 최초의 가장 위대하신 심리 치료자라고도 합니다.

부처님이 깨달음을 얻으신 후 처음 열두 해 동안 고집멸도苦集滅道의 사제四諦법문을 중심으로 〈아함부〉를 설하셨습니다. 왜냐하면 당시 제자들의 가장 큰 문제가 고통을 해결하는 문제였기 때문입니다. 그 후 당면 문제인 계급의 족쇄를 해결하기 위해서, 이 세상에 절대적인 것은 없고 모든 것은 원인 지은 결과라는 내용의 〈방등부〉를 여덟 해 동안 설說하셨지요. 어느 정도 공부가 되어 마음

밝히는 가장 핵심적인 내용까지도 이해할 수 있는 수준에 도달하자 비로소 마음 닦는 법인 〈반야부〉를 설하시게 되었는데, 금강경은 반야부에 해당합니다.

부처님께서는 수보리 존자의 마음에 드는 질문에 "착하고 착하도다." 하시면서 이렇게 말씀하십니다. 구체적인 내용은 금강경 3분으로 이어집니다.

"그대가 말한 것처럼 여래는 마음 닦는 이들을 정신적으로 보살피고 베풀어주실 뿐만 아니라, 그들을 제도하기 위해 다양한 행동도 하시느니라. 마음 닦는 이들이 무상정등정각을 얻으려고 한다면 다음과 같은 사고방식을 가지고 생활해야 할 것이며(응여시주應如是住), 그럼으로써 깨달음을 얻을 수 있게 되느니라(여시항복기심如是降伏其心)."

3

대승을 하는 바르고 핵심이 되는 길

第三 大乘正宗分

아마도 부처님께서 49년간 설하신 법문 중에서 가장 하시고 싶으셨던 말씀이 이 금강경이라 하겠습니다. 우리가 지금 공부하고자 하는 이 3분은, 금강경 내용 중에서도 가장 핵심이 되는 중요한 내용으로서 부처가 되는 방법, 즉 밝아지는 방법 그리고 윤회하지 않고 영원히 사는 방법을 압축 요약하여 표현하였다고 할 수 있습니다.

수보리 존자는 마음 닦는 방법에 대하여 "마음을 어떻게 머무르고, 그 마음을 어떻게 항복 받는가요?"라고 2분에서 물었습니다. 그런데 부처님께서는 '항복 받는 것'을 먼저 대답하셨습니다. 그러니까 먼저 깨치고(항복기심하고) 그 뒤에 머무르는 것이 마음 닦는 순서인가 봅니다.

부처님께서 수보리 존자에게 말씀하시기를,

모든 부처님을 잘 향하는 이(보살)는 마땅히 이와 같이 그 마음을 항복 받나니, 존재하고 있는 일체의 모든 중생에는 알로 까는 것, 태로 나는 것, 습한 데서 나는 것, 화해서 나는 것, 형상이 있는 것, 형상이 없는 것, 생각이 있는 것, 생각이 없는 것, 생각이 있지도 않고 없지도 않은 것 등 크게 나누어 아홉 가지의 종류가 있는데, 내가 그 모든 중생을 다 남김 없는 열반으로 멸도(제도) 하겠다고 해라. 이와 같이 한량없이 많고 많은 중생들을 멸도滅度했지만, 실제로 멸도(제도) 받은 중생은 하나도 없느니라.

佛告須菩提하사되,

諸菩薩摩訶薩이 應如是降伏其心이니, 所有一切衆生之類 若_卵生 若_胎生 若_濕生 若_化生 若_有色 若_無色 若_有想 若_無想 若_非有想非無想을 我皆令入無餘涅槃하야 而滅度之하리라하라. 如是滅度無量無數無邊衆生하되 實無衆生이 得滅度者니라.

부처님은 수보리 존자에게 "부처님을 잘 향하는 이라면 응당히 이와 같이 그 마음을 항복 받을 것이니"라고 말씀하셨습니다. 여기서 '항복降伏 받다.'의 뜻은 해석하는 이에 따라서 달라질 수 있겠지만, 마음을 깨친다 또는 제도한다는 해석이 좋을 것으로 생각합니다. 그리고 '기심其心'이란 자기가 가지고 있는 마음입니다. 다시 말하면 "부처님을 잘 향하는 이라면, 응당 이와 같이如是 자기가 가지고 있는 그 마음을 깨칠 것이니 또는 제도할 것이니"입니다.

'여시(如是, 이와 같이)'란, 모든 중생의 종류에는 아홉 종류가 있는데 이것을 내가 멸도하겠다고 하는 것을 말합니다(아개영입무여열반 이멸도지). 멸도한다는 말은 제도한다는 말이고, 부처님 만든다는 말이기도 합니다. 그런데 아홉 종류나 되는 그 헤아릴 수 없이 많고 많은 중생들을 멸도하였어도 실제로 멸도 받은, 제도된 중생은 없다는 것입니다(여시멸도무량무수무변중생 실무중생 득멸도자).

중생이란 모든 사람, 가축, 동물, 곤충 또는 저 바다 밑에 있는 물고기, 산에 있는 새, 그리고 영가, 귀신, 이러한 것들을 말합니다. 이렇게 존재하는 일체의 모든 중생을 종류별로 분류하면 알로 까는 것, 태로 나는 것, 습한 데서 나는 것, 화해서 나는 것, 색깔이 있는 것, 색깔이 없는 것, 생각이 있는 것, 생각이 없는 것, 생각이 있지도 않고 없지도 않은 것 등 아홉 가지 종류로 크게 나눌 수 있습니다. 이것을 구류 중생이라고 하는데, 그 수효는 이루 헤아릴 수 없이 많겠지요. 그래서 중생 무변이라고 하지요.

이렇게 많고 많은 중생을 다 부처님 만들겠다고 하라고 했는데, 여기서 부처님 만들겠다는 사람은 보살, 즉 부처님을 잘 향하는 이입니다. 그런데 이들도 중생입니다. 보통 중생보다는 좀 낫게 깨쳤다고 하여 깨친 중생이라고 합니다만, 여전히 중생이지요.

그러면 중생이 어떻게 중생을 제도할 수 있겠느냐는 의문이 생깁니다. 그리고 제도하는 방법도 문제입니다. 설사 내가 실력이 있어

다른 중생을 부처로 만든다고 하더라도 어떻게 하나둘도 아니고 그 많은 중생을 제도할 수 있을까요? 또 그 중생들은 모두 사람으로만 구성된 것도 아닌데 이 모든 중생을 다 부처님 만들라니, 참으로 기가 막힌 이야기라고밖에 할 수 없습니다. 차라리 내가 부처되기를 포기하고 말지, 부처가 되기 위해서 그렇게 하기는 보통 사람으로서 참으로 이해하기 어렵다고 하겠습니다.

그러나 내가 그렇게 많은 중생을 다 부처로 만들었다고 가정해 봅니다. 그렇게 만들었음에도 불구하고 하나도 부처가 된(제도가 된) 중생이 없다니 이 또한 무슨 이야기입니까?

잠깐 여기서 한 가지 생각하고 넘어갈 것이 있습니다. 부처님의 설법은 보통 사람들을 위한 설법이라는 사실입니다. 부처님이 이 세상에 출현하신 것은 근기根機가 수승殊勝한 보살이나 머리가 좋은 수재 또는 능력이 뛰어난 사람들을 위해서가 아닙니다. 아마도 이런 사람들에게는 별로 하실 말씀이 없으실 것입니다. 고통받는 사람들과 보통 사람들을 위해서 오셨습니다. 이들을 고통에서 벗어나게 하려고, 보통 사람들에게 깨달음을 주시기 위해서 부처님께서는 오셨습니다. 따라서 부처님께서는 보통 사람들도 노력하면 이해할 수 있는 수준, 마음만 내면 실천할 수 있는 수준으로 말씀하셨습니다. 자칫 자기의 지레짐작으로 부처님 말씀을 이해하기 어렵고 대보살에게나 어울리는 답변이라고 생각해서, 그 진의眞意를 알기를 포기하여 참 실천을 그만두어서는 아니될 것입니다.

그렇다면 모든 중생을 제도하라는 부처님의 말씀을 어떻게 해석하여야 할까요? 참으로 명쾌한 해석이 있습니다. 백성욱 박사님*의 말씀입니다.**

여기서 알로 깐 중생이란 무엇을 나타낼까. 알은 모체에서 자기가 먹을 것과 영양, 그리고 자신을 전부 껍데기 속에 넣어서 떨어져 나온다. 거기에 깃들인 생명도 온도와 습도만 맞으면 스스로 그 속에서 성장한다. 그러다가 드디어 껍데기를 벗고 나오면, 부모 관계를 전혀 알 수 없는 한 개체로 세상에 나오게 된다. 이것은 남의 은공은 알지 못하고 자기 생체만을 보존하는 마음, 즉 배은망덕하는 마음에서 생긴 결과다.

태胎로 나는 중생은 모든 것을 모체로부터 받아 자라는 것으로, 애초에 모체 속에 씨가 붙어서 모체를 갉아먹고 자라며, 뱃속에서부터 형상을 갖추고, 모체로부터 떨어진 뒤에도 모체를 따라다니며 배우게 된다. 이것은 남에게 바라고 의지하는 마음 때문이며, 이 마음이 태胎로 나는 원인이 되는 것이다.

습濕에서 난 물고기 같은 중생은 제 몸뚱이를 행여 남한테 잃어버릴까 봐 늘 감추는 마음이 만든 결과다.

화생이란 무엇일까. 물이 고여 지저분한 곳에 모기 같은 것이

---

* 백성욱(1897~1981), 한국 최초의 철학 박사(독일 Würzburg 대학교)로, 동국대학교 총장 겸 이사장(1953~1961)으로써 발전에 크게 기여하였다. 당시 불세출의 도인으로 알려졌으며, 저자의 스승이시다.

** 김원수, 『마음을 어디로 향하고 있는가』(김영사, 2018)

생기는 것을 볼 수 있다. 이는 자기를 내세우겠다는 마음을 가진 것이 원인으로, 내세울 자격이 못 되면서 자꾸 드러낼 궁리를 하면 이런 보報를 받게 된다.

형상이 있는 것은 모양은 있어도 내용이 시원치 않은 것이요, 형상이 없는 것은 모양은 없어도 작용하는 귀신과 같은 것이다.

우리의 몸 밖에 있는 이러한 모든 중생을 '결과'라고 할 것 같으면, 우리 마음속에 있는 생각들은 그러한 결과를 가져오게 하는 '원인'을 짓는 중생이라 할 수 있을 것이다. 이 안팎의 모든 중생을 남김없이 다 열반에 들게 하여 제도濟度하겠다고 하라는 뜻은 무엇일까?

마음속에 있는 모든 생각들, 가령 배은망덕한 마음, 남에게 의지하는 마음, 숨는 마음, 자신을 스스로 과장하는 마음, 이랬다 저랬다 하는 마음 따위를 모두 부처 만들겠다고 하라는 뜻이다.

그러나 중생이 어떻게 중생을 부처로 만들 수 있겠는가?

그 한 방법으로 무슨 생각이든지 제도하시는 부처님께 바치자, 즉 맡기자는 것이다. 생각을 부처님께 바친다는 것은 어두컴컴한 자기 생각을 부처님의 밝은 마음으로 바꾼다는 뜻이다. 그러면 자기 마음속의 망념을 부처님 마음으로 바꾸었는지라 제 마음은 비었을 것이요, 제 마음이 비었다면 지혜가 날 것이다.

모든 생각(구류중생)을 부처님 만든다는 것은 그 생각을 부처님께 바치라는 뜻입니다. 자기 생각을 부처님께 바친다는 것은 그 생각을 '부처님' 하는 생각과 바꾸는 것입니다. 부처님께 바침으로써 자기의 생각은 없어지고 그 자리에 부처님이 있게 되니 바로 이것이 부처님 만드는 것이며, 마음속의 중생을 멸도滅度하여 부처님 되게 하는 것입니다. 이 얼마나 시원하고 명쾌한 해석법입니까!

하지만 이렇게 일단 마음에 가지고 있는 중생을 부처님 만들었다(제도하였다) 하더라도, 중생이 무량 무수 무변하게 많다면 세월이 무수히 많이(무량아승기겁) 흘러도 다 멸도(제도)할 수 없으니 결국 깨달을 수도 없을 것입니다. 이 점에서 우리는 해법을 찾지 못해 난관에 빠질 수도 있습니다.

그런데 감사하다고 해야 할지, 돌파구라고 해야 할지요. 이때 석가여래께서 "실로 한 중생도 제도 받은 자가 없느니라(실무중생 득멸도자)."라고 말씀하셨습니다. 이것은 더 나아가지 못하고 멈추었던 수레를 다시 구르게 하는 대목입니다. '실무중생 득멸도자'가 된다면, 그 마음을 '항복기심'한다고 하겠지요.

오조五祖 홍인 대사의 문인 중 신수神秀 대사는 자기의 깨달음을 다음과 같이 표현했습니다.

몸이 보리수라면	身是菩提樹
마음은 밝은 거울 틀일세.	心如明鏡臺
때때로 부지런히 털고 닦아서	時時勤拂拭
먼지 앉고 때 끼지 않도록 하세.	勿使惹塵埃

이 글을 읽고 홍인 대사는 "네가 지은 이 게송偈頌은 본성을 보지 못한 것이다. 겨우 문밖에 이르렀고 문 안에는 못 들어온 것이다."라고 하였습니다. 때때로 털고 닦아도 계속 먼지는 낄 수 있다는 뜻입니다. '먼지가 다 제거되는 때는 언제인가. 헤아릴 수 없이 많은 먼지를 언제 다 제거하나.'라는 생각을 하게 됩니다. 말하자면 '중생이 무량 무수 무변하다면, 다 제도될 때가 있으랴!' 하는 것입니다. 이에 대한 혜능 대사의 게송*입니다.

보리菩提에 본래 나무가 없고　　菩提本無樹
밝은 거울 또한 틀이 아닐세.　　明鏡亦非臺
본래 한 물건도 없는 것인데　　本來無一物
어디에 때가 끼고 먼지가 일까.　　何處惹塵埃

본래 한 물건도 없다는 것은 '실무중생 득멸도자'라고 하신 부처님의 말씀을 새롭게 해석한 것으로, 비로소 먼지가 본래 없다는 소식을 전하면서 해탈의 돌파구를 제시한 것이라 하겠습니다.

부처님을 향해 공부하는 사람 앞에 무수히 많은 장애가 있을 수 있습니다. 각종 고통을 받을 수 있습니다. 하나의 고통은 하나의 중생입니다. 이 중생을 부처님 만들겠다고 하라는 것은 이 마음을 부처님께 바치라는 것이겠지요. 처음에는 정말 있는 것처럼 느껴지

---

* 한길로 역, 『육조단경』(불광출판사, 1996)

던 고통도, 점차 맥을 잃고 고통이 아닌 것처럼 느껴지다가 드디어는 본래 없는 것임을 깨닫게 된다는 것입니다.

불안한 마음 역시 하나의 중생입니다. 이 중생을 부처님 만드는 것은 그 생각을 부처님께 바치는 일입니다. 무수히 바치다 보면 본래 없음을 깨닫게 된다는 것이지요. 불안한 마음이 본래 없다는 것은 혜가 대사의 이야기에서도 느낄 수 있습니다.*

일찍이 달마 대사가 중국 성도成都 소림사의 뒷산에 있는 천연 동굴에서 면벽面壁하며 수도를 하였다. 천연 동굴이니 온돌이 있을 리가 없고 바위 바닥에 마른 풀을 깔아 방석을 삼았고, 조석 끼니는 아침에 한 번 마을에 내려가서 걸식하였다고 한다. 마을에 내려가건 동굴에서건 달마 대사는 도무지 입을 열지 않았다.

이러기를 9년, 이때 혜가慧可라는 한 젊은이가 소림굴에 찾아왔다. 무사 출신이기도 한 혜가는 달마 스님이 선지식임을 알고 (자기 나름대로 영감으로 알았겠지요), 가르침을 받기로 작정하고 와서 법을 물었다. "어떻게 하면 도를 닦아서 깨칠 수 있겠습니까?" 하는 정도의 질문이었을 것이다.

달마 스님께서는 전혀 대답하지 아니하였다. 때는 매우 추운 겨울이었으며 눈도 내렸지만, 혜가 스님은 그곳에서 3일 동안 꼼짝도 하지 않았다. 눈이 가슴까지 쌓이는데도 혜가는 조금도 움

---

* 오고산, 『조사祖師의 선화禪話』(보련각, 1982)

직이지 아니하였다. 드디어 벙어리처럼 지내던 달마 스님이 말문을 열었다.

"네가 정말로 법을 구하는 마음이 간절하다면, 어디 내게 그 믿음의 증표를 나타내 보아라."

혜가는 무인 출신답게 그 자리에서 칼을 쓱 뽑아, 자기의 팔을 뚝 잘라서 달마 대사에게 바치며, "이것이 제 신심의 표시입니다. 저를 제자로 삼아 주십시오." 하였다. 그 정성에 달마 대사가 감복해서 제자가 되는 것을 허락하였다.

그런데 오랫동안 수행해도 혜가 대사의 마음이 편치 않았다. 그러던 어느 날 달마 대사에게 가서 여쭈었다.

"아무리 공부해도 마음이 편해지지 않습니다."

"네가 마음이 불편하다고 하는데, 불편하다고 하는 그 마음을 가져와 봐라."

혜가는 그 불편한 마음이 어디에 있나 생각해 보고는, 그것이 없음을 깨닫게 되었다. 지금까지 불편한 마음이 있는 것인 줄 알고 고통받으며 공부했는데, 깨닫고 보니 가져오라고 해도 가져올 것이 없더라는 것이다.

"가지고 올 마음이 없습니다."

달마 대사께서 말씀하셨다.

"너는 이제 편안함을 얻었다."

"그 마음을 바로 깨쳤느니라." 하는 것이겠지요. 이것이 자기 마음을 부처님 만들어서 '실무중생 득멸도자'임을 알게 된 것이라 하겠습니다. 이 마음을 깨침으로써, 즉 자기 마음에 가지고 있는 중생을 제도함으로써(부처님 만듦으로써), 자신의 사고방식이 바뀌는 것을 항복기심降伏其心이라 하겠습니다.

애욕愛慾과 사랑도 마음속 하나의 중생입니다. 마음속의 중생이 겉으로 나타난 결과가 애욕의 대상입니다. 마음 안팎의 중생을 부처님 만든다면(부처님께 바친다면), 이 또한 본래 없음을 깨달을 수 있을 것입니다.

『삼국유사』에 나오는 조신 대사의 이야기가 생각납니다.

신라 시대의 일이다. 낙산사의 중 조신은 태수의 딸을 좋아하여 상사병이 날 지경이었다. 견디다 못한 조신은 낙산사의 관음보살상 앞에 나아가 태수의 딸과 결혼하게 해 달라고 빌고 또 빌었다. 그러나 그렇게 간곡히 빈 정성도 아무 효험이 없이 태수의 딸은 시집을 가버렸다. 조신은 관음보살상 앞에 나아가 자신의 소원을 이루어 주지 않음을 원망하며 슬프게 울었다. 아침부터 날이 저물 때까지 울던 조신은 지쳐서 깜빡 잠이 들었다.

뜻밖에 태수의 딸이 반가운 얼굴로 나타나 "스님, 저는 스님을 알게 된 후 마음속 깊이 사모해 왔습니다. 시집은 갔지만 자나 깨나 마음만은 스님께로 향하니, 죽어서라도 스님과 한 무덤에 묻히고 싶었습니다. 견디다 못해 이렇게 집을 뛰쳐나와 스님께 왔습니다." 하는 것이 아니겠는가!

조신은 기뻐서 어쩔 줄을 몰랐다. 스님 노릇을 그만두고 그녀와 함께 고향으로 돌아와 살게 되었다.

오십 년의 세월이 흐르는 동안 다섯 아이를 낳았다. 그러나 집이 가난해서 나물죽조차 넉넉히 먹을 수 없을 정도였다. 옷은 너덜너덜 해어져 벗은 몸이 드러날 지경이었고, 드디어는 열다섯 살 먹은 아이가 배고픔에 지쳐 죽게 되었다. 조신은 슬피 울며 길가에 시체를 묻었다. 남은 네 자녀를 데리고 산골로 들어가 띠풀로 집을 얽고 살게 되었다. 그러나 부부는 이미 늙고 병들었다. 게다가 굶주림에 지쳐서 일어나 다닐 수도 없었다. 열 살 된 딸아이가 집집을 돌며 구걸해서 겨우 살았다. 그러나 얼마 안 있어 딸도 개에게 물려 눕게 되었다. 정말 살길이 아득하였다. 부부는 함께 탄식하며 울었다. 아내가 말했다.

"내가 당신과 처음 만날 때는 얼굴도 아름답고 나이도 젊었습니다. 맛있는 음식이 생기면 정답게 나누어 먹었고, 두어 자 옷감이 생겨도 당신과 함께 지어 입었지요. 그렇게 살아온 지 50년, 정은 더할 수 없이 쌓였고 사랑은 깊이 얽혀 하늘이 맺어준 것만 같았습니다. 그러나 이제 몸은 늙고 병은 날로 깊어 갑니다. 추위와 배고픔을 견딜 수조차 없게 되었습니다. 수많은 집을 돌며 구걸할 때 얼마나 수치스러웠습니까? 아이들이 춥고 배가 고파도 이제는 그것조차 어쩌지 못하고 있습니다. 이런 형편이 된 지금에도 부부의 사랑이 있다고 생각하십니까? 젊은 얼굴 예쁜 웃음은 풀잎의 이슬과 같고, 굳게 맹세한 마음은 바람에 날리는 버들가지 같군요. 당신에겐 내가 있어 짐이 되고, 나는 당신 때문에 괴로워하고 있습니다. 곰곰 지난날의 즐거움을 생각하니 그것이 바로 고통이요, 괴로움을 준 원인이라고 생각됩니다. 우리가 어떻게 되었지요? 좋을 때는 함께 있고 어려우면 헤어지는 일은 차마 못 할 짓이지만 모든 게 사람의 뜻대로만 되지 않는 것 같군요. 차라리 여기서 헤어져 따로 사느니만 못한 것 같습니다."

조신도 그런 생각을 했던 터라, 부부는 아이들을 둘씩 나누어 데리고 갈라서기로 하였다.

"나는 고향으로 갈 테니 당신은 남쪽으로 가시오."

감정이 격해지고 서로 잡았던 손을 놓고 돌아서는 순간, 조신은 꿈에서 깨어났다.

꿈에서 깬 조신은 태수의 딸을 사모하는 마음을 깨끗이 떨쳐버리고 일심一心으로 수도하여 낙산 사성四聖이라는 명승 중의 한 분인 조신 대사가 되었다는 이야기입니다.

여기서 태수의 딸(마음속의 애욕)은 조신이 제도濟度하여야 할 중생이었습니다. 태수의 딸을 사모하여 관음보살에게 매달린 것은 '태수의 딸'이라는 중생을 제도하는(부처님 만드는) 조신으로서의 한 방법이었습니다. 그의 방법, 관음보살에게 기원하는 방법으로 '태수의 딸'이라는 중생을 제도하려 하였으나, 제도는 간단하지 않았습니다.

그 외에도 제도하여야 할 중생은 너무나 많았습니다. 다섯 자녀, 즉 가난, 병, 죽음, 늙음, 이별 등입니다. 이 중생 중 어느 하나가 제도된 듯하면 다른 것이 덤벼들고, 다른 중생을 제도한 듯하면 또 다른 중생이 달려들고, 정말 조신에게는 제도하여야 할 중생의 수가 너무나도 많았습니다. 그야말로 무량 무수 무변 중생이었습니다.

견딜 수 없는 지경에 이르렀을 때 '꿈'이라는 돌파구가 없었다면, 그 후 조신의 삶의 모양은 어떠하였을까요? 여기서 '꿈'은 바로 '실무중생 득멸도자'의 설명이라고 할 수 있습니다. 꿈을 깨고 보니 꿈속에서 걱정하였던 여러 가지 일들(無量衆生)이 실제는 없는 것임을 깨닫게 됩니다. 또한 태수의 딸에 대한 사모의 정도 본래 허망한 것임을 깨달았습니다. 본래 없다고 알아지는 것, 이것이 중생을 제도하는 것이고 또 부처님 만드는 일이었습니다.

이것이 조신 대사가 관음보살을 통하여 애욕이라는 한 중생을 제도한 한 예가 됩니다.

왜냐하면 수보리여, 부처님을 향하는 이(보살)가 아상 인상 중생상 수자상을 가지고 있으면 부처님을 향하는 사람(보살)이 아니기 때문이다.

何以故오 **須菩提**여. **若菩薩**이 **有我相人相衆生相壽者相**이면 **卽非菩薩**이니라.

아상我相은 나라는 생각, 인상人相은 너라는 생각, 중생상衆生相은 중생이라는 생각, 즉 미숙하고 어리다는 생각입니다. 인상이 아상과 상대되는 개념인 것처럼, 수자상壽者相도 중생상과 상대되는 개념으로 받아들인다면, 경험이 많다는 생각이라고 해석할 수 있겠지요.

인상 중생상 수자상은 모두 아상이 있으므로 생기는 것이라 할 수 있기 때문에, 모든 상의 뿌리는 '나라는 생각'에 있다고 하겠습니다.

그러면 어찌하여 '나라는 생각'이 형성되는가?

무시겁無始劫으로 연습해 온 애욕의 연습, 즉 몸뚱이 착을 연습한 결과라고 합니다.

아상 인상 중생상 수자상이 있으면 보살이 아니라고 하였습니다. 이것이 '실무중생 득멸도자'의 이유라는 것입니다. 다시 정리하면, 실로 제도 받을 중생이 없는데 그 이유는 '보살은 아상이 없는 연고緣故'라는 말씀입니다.

여기에서는 부처님께서 마음 닦는 사람들에게 공부하는 중요한 자세를 제시하신 것을 발견할 수 있습니다. 무수히 많은 중생을 부처님으로 만드는 일을 하는데, 중생이 실제로 존재한다는 마음의 자세(아상)를 갖는 것은 닦는 사람이 할 바가 아니라는 것입니다. 즉, 제대로 닦는 사람은 무수히 많은 중생을 부처님 만든다고 하여도, 부처님 만들 중생이 본래 없다는 깨달음에서 출발하라는 뜻입니다.

병서兵書 중의 성전聖典『손자병법』에는 다음과 같은 말이 있습니다.*

"싸움에 이기는 군대는 먼저 이긴 다음에 싸움을 구하고, 패배하는 군대는 먼저 싸운 다음에 이기기를 구한다."

싸움에 이기려면 마음으로 먼저 이겨야 한다는 이야기입니다. 이러한 세상의 교훈을 통해서도 부처님의 뜻을 헤아릴 수 있습니다.

"무수히 많은 중생이 존재한다는 생각, 즉 아상我相이라는 것이 본래 없다는 믿음으로 모든 중생을 부처님 만들지어다. 모든 생각을 부처님께 바쳐라."

---

* 『孫子兵法』 '선승이先勝而 후구전後求戰'

4
묘행은 무주로써 한다

第四 妙行無住分

금강경 4분에서 꼭 검토하고 넘어가야 할 중요한 사항이 있습니다. 그것은 수보리 존자께서는 2분에서 '응운하주'를 먼저 물었고 '운하항복기심'을 나중에 물었는데, 부처님께서는 항복기심(깨침)에 대한 말씀을 3분에서 먼저 하셨고, 머무는 법에 대해서는 이곳 4분에서 대답하셨다는 것입니다. 이것은 성불成佛로 가는 과정이 머무른 후 깨치는 것(항복 받는 것)이 아니라, 먼저 깨치고 그다음에 마음이 머물러야 함을 가리키는 대목입니다.

모든 생활이 다 그런 것 같습니다. 모든 일에 있어서 일의 출발은 믿음이 먼저입니다. 믿음이 씨가 되어 일이 시작되고, 그렇게 시작하여 드디어는 완성합니다. 여기서 믿음은 일종의 깨침입니다. 깨쳤으므로 믿음이 오는 것이지요. 아버지가 자식에게 책 살 돈을 주는 것은 자식이 책 살 것을 알기 때문이지요. 안다고 하는 것은 깨침입니다.

마찬가지로 우리가 지금 공부하고 있는 테마인 성불도 '깨침이 먼저'라는 것을 말씀하시고자, 석가모니 부처님께서는 3분에서 깨침, 항복기심에 대해서 먼저 설說하신 것으로 보아야 할 것입니다. 먼저 깨치고(항복기심), 그리고 그 깨침이 제 것이 되도록 하라는 것을 이곳에서 '응무소주 행어보시應無所住 行於布施'라고 말씀하십니다.

『수심결』에는 돈오점수頓悟漸修라는 말이 있습니다. 3분의 '항복기심'이 돈오의 오悟에 해당된다면, 4분의 '응무소주 행어보시'는 점수의 수修에 해당하지 아니할까 생각됩니다. 다음의 『수심결』 내용을 살펴보면 이러한 비유가 타당하다는 것을 더욱 명확히 느낍니다.*

단박 깨친다 함頓悟은, 범부凡夫가 미혹하였을 때 사대四大로써 몸을 삼고 망상으로 마음을 삼아서, 제 성품이 바로 진리의 몸眞法身인 줄 모르고 자기의 영지靈知가 참 부처인 줄을 모르고, 마음 밖의 부처를 찾아 이리저리 헤매다가 홀연히 선지식(불교의 바른 도리를 가르치는 사람)의 지시를 받아 한 생각 빛을 돌리어 저의 본성을 보게 되면(회광반조回光返照), 이 성품은 본래 번뇌가 없고 샐 것이 없는 지혜의 성품(무루지성無漏智性)이 본래 저절로 구족具

---

* 보조국사, 『수심결』

足되어 모든 부처님과 털끝까지도 다르지 않기 때문에 단박 깨친다고 함이다.

돈오를 설명한 말씀인데, 깨침이 바로 3분의 '실무중생 득멸도자'를 아는 것이라 할 수 있겠습니다.

또 점수漸修에 대한 말씀도 알아봅니다.

차차 닦는다 함은, 비록 본디 성품이 부처와 다름없지만 끝없는 과거로부터 익혀온 버릇을 단박 제하기 어려우므로 깨닫고 닦아서 차차 익혀 성태(聖胎, 성인을 배었다는 뜻)를 길러서 오랜 뒤에 성인이 되기 때문에 차차 닦는다고 함이다.

행동에 옮겨서 성태를 기르는 것이 바로 '응무소주 행어보시'가 아닌가 합니다. 다만 돈頓이니 점漸이니 하는 것은 아상의 산물, 즉 분별로써 나타낸 말이라 하겠습니다. 혜능 대사의 말씀을 살펴 봅니다.*

법은 본디 한 종一宗이언마는 사람에 남북이 있고, 법은 곧 한 가지이언마는 보는 데 더딤과 빠름이 있나니, 어찌하여 돈頓과 점漸이라 하느냐? 법에는 돈과 점이 없건만 사람에게는 날카롭

---

* 한길로 역, 『육조단경』(법보원, 1996)

고 무딤이 있으므로 돈과 점의 이름이 있느니라.

따라서 법에는 돈오頓悟도 없고 점수漸修도 없으며, 점오漸悟도 돈수頓修도 없다고 하겠습니다. 오직 '오悟와 수修'만이 있을 뿐, 즉 '항복기심과 머무름'만 있을 뿐이라고 하겠습니다. 단지 사람들이 얼마나 숙세(전생의 세상)에 많은 선근을 심었느냐의 정도에 따라, 돈오점수 돈오돈수 또는 점오돈수 점오점수를 할 수도 있을 것입니다.

깨치고 나니까 습기習氣**마저도 다 없어졌다면, 전생에 비록 깨달음을 얻지는 못하였더라도 탐심을 닦고 보시를 많이 연습한 결과이겠지요. 행동에 옮겨 '깨침과 일치하는 행'을 오랫동안 지속하게 되면 밝은 마음과 밝은 행이 몸에 익어 드디어는 진정한 자기 것이 될 것입니다. 이것은 다시는 어두워지지 아니하게 되는 것을 의미합니다.

그러므로 이곳 4분에서는 깨쳐서 얻어진 머무르지 않는 그 마음(응무소주)으로 행동에 옮기는 것(행어보시)에 대하여 말씀하고 계십니다.

다시 수보리여, 마음 닦는 이(부처님을 향하는 이)**는 당연히 해야 할 것이 뭔가 하니, 응당히 무소주해서 보시를 행할지니라.**

** 습기習氣, 습관으로 형성된 기운이나 습성.

말하자면 보이는 것에 마음이 머무르지(주하지) 않고 하는 보시, 소리라든가 향기라든가 맛이라든가 감촉이라든가 자기 알음알이 같은 것에도 머무르지 않고 하는 보시를 말하느니라.
수보리여, 마음 닦는 이는 마땅히 이와 같이 보시하되 상에 주하지 않을지니.

復次須菩提여, 菩薩은 於法에 應無所住하야 行於布施니,
所謂不住色布施며 不住聲香味觸法布施니라.
須菩提여, 菩薩은 應_如是布施하야 不住於相이니,

무소주無所住란, 마음이 어디에도 머무르지 않는다는 뜻입니다. 사람들이 일으키는 행동, 말, 생각은 모두 다 자신이 지어온 업業으로부터 출발하여 보報를 받으려고 하는 것입니다. 다시 말해서 우리가 내는 마음은 무엇이든지 그것이 좋은 것이든 나쁜 것이든 과보를 받기 위해서 예정된 수순(手順, 일을 진행하는 차례나 순서)을 밟고 있는 것이기도 하고, 또한 어떤 새로운 껍질을 만들기 위해서 마음을 내는 것이기도 합니다.

'말이 씨가 된다.'라는 말이 있습니다. 말이 씨앗을 만드는 것이 아니라, 자기의 업보를 좇아서 말을 한 결과가 그렇게 나타나는 것을 말합니다.

이토록 우리가 내는 마음은 모두 지어 놓은 업으로 인한 보를 받는 쪽으로 기울어져 있는 것이므로, 마음을 내지 않는다면 업보를 향하지 않게 됨을 의미합니다.

그러므로 금강경 4분에서 가리키는 '응무소주 행어보시, 내는 마음도 없이 보시하라.'는 '업보가 없는 곳을 지향하여 보시하라.' 하는 것입니다. 이러한 보시는 자신의 업보를 따라가는 행이 아니기 때문에, 다시 업보를 받지도 않을 것입니다.

자신의 몸뚱이의 충동(몸뚱이 착)이 하자는 대로 행동하는 것은 자기 업보를 백 퍼센트 그대로 따라가는 행이라고 할 수 있습니다. 몸뚱이 착이란 색성향미촉법色聲香味觸法에 착着하는 행동, 즉 본능적인 행동을 말합니다. 충동적으로 어떠한 일을 따르는 것은 자기 자신의 몸뚱이 착을 따라가는 대표적인 예가 될 것입니다. 그렇게 몸뚱이 착을 따라가는 것은 곧 자기의 업보를 따라가는 예정된 수순을 밟는 것이 됩니다.

반면에 몸뚱이 착을 따르지 아니하고 무심無心을 지향한다면 그것은 곧 업장을 소멸하는 행이 되므로 향한 것만큼, 즉 소멸된 것만큼 업보가 없다고 보아야 할 것입니다.

보시布施란 협의와 광의 두 가지로 나누어 쓰이는데, 협의(좁은 의미)로는 '베푼다'는 뜻으로, 마음을 널찍하게 쓰는 것을 말합니다. 자기에게 필요치 않은 것을 잘 보관했다가 필요한 사람에게 주는 마음이지요. 광의(넓은 의미)의 보시는 몸과 마음을 부드럽게 하는 모든 행을 말합니다. 다시 말하면 '살아가면서 행하는 올바른 모든 일'을 보시라 부르는 것이지요. 도둑질(나쁜 일)을 하면서 보시한다는 용심을 가질 수는 없겠지요.

'응무소주 행어보시', 즉 업보를 향하지 않는 보시는 바로 부처님을 향하는 보시입니다. 다른 곳은 모두 다 업보가 있지만, 부처님만은 업보가 없습니다. 업보가 없는 곳이 부처님이 머무르시는 자리입니다. 아버지께 효도하는 것, 처자식을 위해서 일하는 것, 혹은 사회사업을 위해서 보시하는 것도 다 나름대로 업보를 가지고 하는 행위입니다. '업보를 향하지 말고 보시해야 할지니라.' 하는 것은 업보 없는 부처님을 향하여 보시하여야 함을 뜻합니다.

그러면 부처님을 향하는 보시는 어떻게 하는 것일까요?

> 은어불보지인恩於不報之人이란 말이 있습니다. 은혜는 갚을 수 없는 사람(곳)에게 베풀라는 뜻이지요. 젊은이에게 베풀면서 그들이 커서 이다음에 나에게 갚을 것으로 생각한다면 은어불보지인이 될 수 없을 것입니다. 그러나 보답을 기약할 수 없는 늙은이나 병자에게 베푼다면 무주상 보시에 가까운 것입니다. 순수한 마음으로 하는 보시, 이해타산이나 바라는 마음 없이 오직 상대방이 이익되기만을 위해서 하는 보시가 바로 '응무소주 보시'가 될 것입니다. 이것을 '부처님 시봉하는 보시', '부처님 즐겁게 해드리는 보시'라고 말합니다.*

또한 '응무소주 행어보시'를 건강한 제정신으로 보시하는 것이라고도 설명할 수 있습니다. 세상에는 건강인과 불건강인이 있습니

---

* 김원수, 『마음을 어디로 향하고 있는가』(김영사, 2018)

다. 병약하거나 불건강한 사람은 건강한 사람보다 의지하려고 하는 마음이 많습니다. 노인들은 지팡이에, 병자들은 약에 의존하듯이, 의지하려는 것이 불건강한 사람들의 특징입니다. 인간은 색에 의지하려 하고, 성향미촉법에 의지하려 합니다. 색성향미촉법에 깊이 중독되어 있기 때문입니다. 반면 부처님은 색성향미촉법에 의지하지 않는 완전히 건강한 존재입니다.

자기 마음이 무엇을 구한다는 것은 업보를 연습하는 것이고, 무소주無所住가 된다는 것은 업보 없는 곳을 향하는 것이라고 앞에서 말씀드린 바 있습니다. 무소주는 건강한 것을 향하는 것입니다. 건강한 것을 지향한다고 하는 것은 '거짓 나'가 아닌 '참나'를 지향하는 것입니다. 따라서 '응무소주 행어보시'를 색성향미촉법에 휘둘리지 아니하고 온전하고 건강한 제정신으로 보시하는 것이라고도 할 수 있습니다. 자기 참 줏대로 보시하는 것을 말합니다.

그런데 "무소주하면 이미 다 되었지, 무소주한 마음이 어떻게 보시하는 마음을 또 낸단 말인가?" 하고 '응무소주 행어보시'를 생각할 수도 있겠지만, 이것은 보시할 경우에 반드시 무소주하라는 뜻입니다. 보시할 때 어떠한 생각도 하지 말고 '오직 부처님 기쁘게 해드리기 위해서' 하라는 것이지요.

이 '응무소주(또는 부주어상) 행어보시'는 도道의 핵심으로, 마음공부의 가장 중요한 테마입니다. 이것에 관한 이야기를 좀 더 해보겠습니다.

여기 도둑과 거지, 그리고 가난한 사람과 부자가 있다고 합시다.

이들을 서로 비교해 보면 재미있는 점이 많은데, 우선 도둑과 부자를 보면 이들은 서로 비슷한 용심을 가지고 있습니다. 부자는 일하기만 하면 돈이 생긴다는 용심인데, 도둑은 뭐든지 가져오기만 하면 내 것이 된다는 용심입니다. '~하면 내 것이 된다'는 점에서 비슷한 용심입니다. 거지와 가난한 사람은 '일을 안 하겠다'는 점에서 서로 비슷합니다.

그리고 도둑과 거지는 '궁한 마음이 원인이 되었다'는 점에서 서로 비슷합니다. 거지는 행동력이 없는 반면에 도둑은 행동력이 있는 점이 다르지만, 이들의 속마음에 무엇을 기대하는 궁窮한 점은 공통입니다. 궁한 마음이 있으므로 설사 이들이 뭘 보시한다 해도 제대로 보시가 되지 않고 계산에 의한 보시가 되든지 또는 무슨 한恨에 의한 보시가 될 것입니다. 속에 궁기窮氣가 잔뜩 있는 사람이 보시한다면 자기도 모르게 대가를 바라는 보시, 즉 색성향미촉법에 주한 보시가 된다고 봐야 할 것입니다.

그러므로 자기 마음속에 있는 궁기를 제거해야만 제대로 무주상보시를 할 수 있습니다. 더 나아가서 남에게 적극적으로 베풀어 주는 마음이 있어야 보시 바라밀布施波羅蜜을 성취할 수 있습니다. 보시 바라밀은 무주상 보시의 결과로 나타나는, 베푸는 마음의 완성이라 할 수 있습니다. 이에 대한 백성욱 박사님의 설명을 들어봅니다.

직장에 들어간 신입 사원이 첫 봉급을 받으면 대체로는 감사한 마음을 갖는다. 그러나 시간이 지남에 따라 아상我相이라는 놈은 끊임없이 저 잘난 생각과 불만을 갖기 때문에, 점차 직장의 잘못된 점만 찾아서 불평하게 된다. 이런 마음이 지속되면 그 마음은 직장에서 벗어나지 못하게 되고, 오히려 직장에 더 얽매이게 된다. 불평을 하면서도 직장에서 내몰리지나 않을까 더욱 두려워지는 것이다. 마치 누에가 실을 토해 고치를 만드는 연습을 하다가 이윽고 그 속에 갇혀 꼼짝 못하게 되듯이.

마음 닦는 사람이라면 어떻게 하나?

우선 봉급에 감사하다는 생각을 내면서, 직장을 위하여 자기 봉급의 세 배를 벌어 주겠다는 마음을 낸다. 몸으로는 상사의 뜻을 충실히 이행하면서 어떻게 하면 직장에 도움을 줄 수 있을까를 생각하면, 마음이 떳떳함은 물론 돈을 뜻하는 대로 벌 수 있는 지혜가 생기고, 자기 직장이든 다른 직장에서든 환영받는 존재가 될 것이다. 이것은 궁한 마음을 버리고 베풀어 주는 것을 성취해서 얻은 결과라 할 것이며 이것을 보시 바라밀의 실천이라고 한다.*

아마 자기 마음속에 바라는 마음이나 계산하는 마음이 잔뜩 있으면 진실로 봉급의 세 배를 벌어 줄 마음이 나오지 아니할 것입니다. 자기 마음속의 궁한 마음이나 계산하는 마음, 바라는 마음은 어떻게 보면 거지나 도둑의 마음입니다.

---

* 김원수, 『마음을 어디로 향하고 있는가』(김영사, 2018)

장차 무얼 해 먹고사나 하는 마음, 이러한 마음도 궁기窮氣입니다. 궁기가 있는 한, 밝아질 수 없다고 합니다. 궁기가 있으면 늘 헐떡이고 바라는 마음이 있어서, 부처님을 제대로 향할 수 없기 때문이지요. 마음속에 궁한 마음이 없어야 남을 위해 베풀더라도 진정한 보시가 될 수 있을 것입니다. 자연스러운 보시, 몸에 밴 보시, 즐거운 마음으로 하는 보시는 상에 머무르지 않고 하는 보시입니다. 그것을 '부주상보시不住相布施'라고 합니다.

왜냐하면 만약 마음 닦는 이가 상에 머물지 않으며 보시하게 되면, 그 복덕은 이루 헤아릴 수 없이 크기 때문이니라.
수보리여, 어떻게 생각하느냐? 동쪽 허공이 얼마만큼 큰지 헤아릴 수 있느냐?
헤아릴 수 없습니다. 세존이시여.
수보리여, 남서북쪽 그리고 사유(북동, 남동, 남서, 북서) 그리고 위아래의 허공이 얼마만큼 큰지 헤아릴 수 있느냐?
헤아릴 수 없습니다. 세존이시여.
수보리여, 마음 닦는 이가 상에 머물지 않으며 보시한 그 복덕은 이와 같아서 이루 헤아릴 수 없이 크니라. 수보리여, 마음 닦는 이는 마땅히 이와 같은 가르침대로 마음을 갖도록 하여야 할 것이니라.

何以故오 若菩薩이 不住相布施며는 其福德은 不可思量하리라.
須菩提여, 於意云何오 東方虛空을 可思量不아

不也니다. 世尊하.

須菩提여, 南西北方四維上下虛空을 可思量不아

不也니다. 世尊하.

須菩提여, 菩薩의 無住相布施福德이 亦復如是하야 不可思量이니라. 須菩提여, 菩薩은 但應如所教住니라.

복福이란 보시를 자꾸 연습한 결과로 몸과 마음, 주변이 부드러워지는 것을 말합니다. 반복적인 일은 몸과 마음, 주변을 부드럽게 합니다. 근육을 단련시키기 위해서 체조를 하는 것, 수학 문제를 많이 풀어 잘 풀게 되는 것도 모두 복에 해당됩니다. 이 모든 것들은 몸과 마음, 주변을 부드럽게 합니다. 덕德이란, 복을 많이 지은 결과로 마음이 부드러워져 뿌리를 내린 상태를 말합니다.

그러므로 복덕福德은 어떠한 것을 연습한 결과로 몸과 마음, 주변이 익숙해져서 마음이 편안해진 상태를 말합니다. 만일 상에 주住하지 아니하고 보시한다면 그 복덕은 헤아릴 수 없이 많다고 하였습니다. 마치 하늘의 끝이 없는 것처럼 부주상보시不住相布施의 복 또한 끝이 없다고 하셨습니다.

부처님께서는 마음 닦는 방법에 대하여 "모든 중생을 다 부처님 만들겠다고 해라." 하신 뒤, "상에 주하지 않고 보시하라." 하셨습니다. 그리고 그 복덕이 매우 크다는 것을 이야기하셨습니다. 이 복덕이 매우 크다는 이야기는 마음 닦는 사람들에게 매우 필요한 말씀이기도 하고, 또 부처님께서 마음 닦는 사람들에게 꼭 해주시고 싶은 말씀일 것입니다.

비유하면 먼저 상에 주하지 아니한 보시를 하라든지 금강경의 내용을 실천하라든지 하는 것을 논문의 서론이요 본론이라고 한다면, 그 실천으로 말미암아 공덕이 매우 크다고 하는 것은 논문의 결론에 해당한다고 할 수 있겠습니다. 서론과 본론 그리고 결론이 합쳐져야 온전한 논문으로 구실을 할 수 있는 것과 같이, 마음닦는 사람에게는 두 가지가 동시에 필요하다고 생각됩니다.

5
부처님(여래)을 옳게 보라
第五 如理實見分

수보리여, 어떻게 생각하느냐? 몸뚱이를 부처님이라 할 수 있느냐?
아닙니다. 세존이시여, 몸뚱이를 부처님으로 볼 수가 없습니다. 왜냐하면 부처님께서 말씀하신 바 몸뚱이라는 것은 진정한 몸뚱이가 아니기 때문입니다.
須菩提여, 於意云何오 可以身相으로 見_如來不아
不也니다. 世尊하, 不可以身相으로 得見如來니, 何以故오 如來所說身相이 卽非身相이니이다.

부처님께서는 수보리 존자에게 당신의 몸뚱이를 가리키며 "이 몸뚱이를 가지고 있는 나를 여래라고 보는 것이 옳은 것인가?"라고 묻습니다. 수보리 존자는 몸뚱이를 가지고는 여래라 할 수가 없다고 대답합니다. 왜냐하면 부처님이 말씀하시는 몸뚱이라는 것은 중생의 미迷한 생각, 즉 분별심이 만들어낸 것에 불과하기 때문입니다. 다시 말하면, 당신如來께서는 그 몸뚱이를 가지고서 지금 우리를 제도하고 계시지만, 실제로 우리 마음에 밝음을 비추어 주는 것은 당신의 몸뚱이가 아니라 당신의 밝은 마음이라는 뜻이라 하겠습니다. 중국의 단하 천연 선사(739~824)의 이야기입니다.*

단하 선사가 낙양洛陽 혜림사慧林寺에 머물고 있을 때이다. 선사는 겨울 날씨가 하도 차서 법당의 목불木佛을 꺼내다 불을 지폈다. 그 절 원주院住가 달려오더니 펄쩍 뛰며 고함을 쳤다.

"어떻게 이럴 수가 있느냐?"

그러나 단하 선사는 태연하게 말했다.

"나는 부처를 태워서 사리를 얻으려는 참일세."

그러자 그 원주는 더욱 화를 내며 대들었다.

"목불인데 무슨 놈의 사리가 있단 말이오!"

이때 오히려 단하 선사가 호통을 치며 말했다.

"만약 사리가 없는 부처라면 불을 땠다고 하여 나를 책할 것이 없지 않느냐."

이 일을 두고 어떤 스님이 진각 대사에게 물었다.

---

* 홍희, 『선종이야기』(동문선, 1996)

"단하는 목불을 태웠고 그 절 원주는 펄펄 뛰었는데, 누구의 허물입니까?"

진각 대사가 말했다.

"원주는 부처만을 보았고 단하는 나무토막만 태웠느니라."

원주는 목불을 부처로 보았고 단하는 목불을 나무토막으로 보았다는 이야기입니다. 목불이건 몸뚱이건 부처가 아닌 점은 마찬가지입니다.

부처님께서 수보리 존자에게 말씀하시기를,

무릇 있는 바 모든 상은 다 허망한 것이니라.

佛告須菩提하사되,

凡所有相은 **皆是虛妄**이라.

"모든 상相은 분별심으로 되어진 것들로, 허상이다. 그러므로 허망한 것이다."라고 하셨습니다.

'너희는 깊이 병들어 있다. 병들어 있기 때문에 모든 상을 허망하지 않은 것으로 본다. 만일 너희가 건강하다면, 모든 상이 참되지 않고 허망함을 알 것이다.'라고 말씀하신 것입니다.

병약한 사람은 무엇에 의지하지 않고는 견딜 수 없기 때문에 때로는 예쁜 모습에, 때로는 듣기 좋은 소리에 의존합니다. 또 달콤한 맛에 또는 훌륭한 정신에 의존합니다. 이렇게 병약한 이들은 색성향미촉법에 의존하여 독립적인 마음을 낼 수 없습니다. 욕심과 성냄과 어리석음에 깊이 물들어 있습니다.

그렇다면 건강한 사람은 어떠한가? 건강한 다리를 가진 이는 지팡이가 필요 없듯이, 또 밝은 눈을 가진 이는 안경이 필요 없듯이, 마음이 건강한 이들은 색성향미촉법에 의지하지 않을 수 있습니다. 따라서 색성향미촉법으로 인해서 나오는 분별심은 허망하다고 알 것입니다.

만일 모든 상相을 보되
그것이 분별로써 만들어진 상相으로 볼 것(알 것) **같으면,**
비로소 여래를 볼 수 있느니라.
若見諸相이 **非相**이면 **則見如來**니라.

제상諸相(모든 相)이란 석가세존의 몸뚱이를 포함하여 외양으로 나타나는 모든 상은 물론, 자기 마음속에 있는 모든 생각을 말하는 것이며, 비상非相은 외양으로 보이는 모든 것(상)이 어두운 마음이 지어낸 허상인 것처럼, 자신이 가지고 있는 모든 생각은 다 옳지 않다는 뜻입니다.

다시 말하면 자신이 가지고 있는 모든 생각은 자기 몸뚱이를 보호 유지하고 더 나아가서는 다채롭게 발전시키자는 생각뿐으로, 그 근본은 자기 몸에 대한 애착(몸뚱이 착), 즉 아상에서 근원하기 때문에 나의 모든 생각은 온전하지 않다는 것입니다. 아무리 좋은 일을 하겠다고 생각하여도 그 생각은 온전치 않습니다. 진리를 찾겠다는 생각도, 심지어는 부처님을 향하는 그 생각까지도 아상이 깃들어 있습니다.

그러니까 자기가 가지고 있는 모든 생각은 다 옳지 않다는 것이지요. 자기의 모든 생각은 유위법有爲法으로, 아상의 그림자이지 실상은 아닙니다. 실상이란 것은 어떤 '앎'이나 느낌이 아닙니다. 그저 여여부동如如不動할 뿐입니다.

그러면 어떤 것이 진정 옳은 것(앎)인가?

'내가 가지고 있는 모든 생각은 옳은 것이 아니다. 온전하지 않다. 아상의 분별심이 만든 상이다.'

이렇게 알 때, 색성향미촉법에 휘둘리지 않은 건강하고도 올바른 제정신으로 제대로 알게 되는 것이지요. 또 이때 비로소 여래를 볼 수 있다는 것입니다.

부처님께서는 3분에서 항복기심을 위해서 무슨 생각이든지 부처님 만들라고 하셨고, 4분에서 참된 머무름을 위해서는 부처님 시봉하기 위한 행위를 하라고 하셨습니다.

그렇다면 그 부처님이란 어떠한 부처님을 말하며, 어떻게 보는 것이 올바르게 부처님을 보는 것일까요?

부처님께서는 이렇게 말씀하십니다.

"모든 생각이란 다 잘못되었다고 하는 데서 얻어지는 부처님을 말하는 것이며, 마음에 아무런 그림을 그리지 않는 것이 올바르게 부처님을 보는 것이다."

다음 이야기에서는 부처님을 향하는 자세가 어떠해야 하는지 설명하고 있습니다.

부처님이 어떠한 분인지 마음에 그리지 마라. 미륵존여래불은 다음에 오실 부처님이니 어떠니 하는 분별 또한 갖지 말고 그냥 미륵존여래불을 염송하여라.

흔히 아미타불을 염송하는 사람들은 수염이 텁수룩한 영감을 마음에 그리고, 관세음보살을 염송하는 사람들은 예쁜 여인을 마음에 그리기 때문에, 다음 생에 텁수룩한 영감 모습이나 예쁜 여자의 몸을 받는 경우가 많다는 이야기가 있다. 부처님은 형상이 없는데, 상상하는 것은 곧 제 마음이니 주의할 일이다.*

설령 석가여래께서 어정어정 걸어오시는 일이 있다 하더라도, 여기에 자신의 분별이 조금이라도 포함되어 있을 때는 모두 허망한 것으로 알아야 합니다. 우주 삼라만상도 모두 제 마음의 그림자일 뿐입니다. 경계나 꿈에서 나타난 석가모니도 모두 제 마음의 그림자입니다. 그러므로 우리가 바치는 대상인 부처님도 우리의 의식 속에 어떤 형태로든지 형상화해서는 아니 됩니다. 아무러한 상相도 없는, 바치기만 하는 부처님인 것입니다.

기도를 열심히 하여 부처님의 가피라고 생각되는 결과가 얻어졌

---

* 김원수, 『마음을 어디로 향하고 있는가』(김영사, 2018)

다고 해도, 부처님의 가피라는 판단은 바쳐야 합니다. 이래야 부처님을 제대로 보는 것이고 또 사물도 제대로 보는 것입니다.

야부冶父 스님은 "산은 산이요 물은 물이니, 부처가 어느 곳에 있는가?"**라고 하였습니다. 이것은 산을 산으로 볼 것이지 다른 것으로 보지 말라는 가르침입니다. 내 마음에 분별심이 많으면, 산을 산으로 보이지 않게 합니다. 바쳐서 내 분별을 다 닦았을 때, 내 마음은 깨끗한 거울처럼 사물을 그대로 비추게 됩니다. 때 묻지 않은 연고로, 때는 보이지 않고 사물도 있는 그대로 보이게 될 것입니다. 산을 비추면 산이 보일 것이요, 강을 비추면 강이 보일 것입니다.

색성향미촉법에 휘둘리지 않고 온전한 제정신, 4분의 응무소주의 마음으로 사물을 볼 때 여래를 옳게 보는 것이지, 별도의 부처님이 어디 있겠느냐는 것입니다. 다음 이야기를 깊이 음미해 봅니다.***

부처님은 아니 계시다.
나를 밝게 해주는 이가 나의 부처님일 뿐이다.

** 『금강경오가해』
*** 김원수, 『마음을 어디로 향하고 있는가』(김영사, 2018)

6

올바르게 믿는다는 것이 얼마나 드문 일인가

第六 正信希有分

금강경 5분까지는 성불의 핵심을 말씀하셨습니다. 6분에서는 어떠한 것이 올바른 신행의 자세인가를 설하십니다. 아상, 인상, 중생상, 수자상 그리고 법상, 비법상까지도 갖지 아니하여야 함을 말씀하십니다. 그러기 위해서는 부처님의 가르침에 신심을 내어 공부하되, 계를 지키고 마음을 닦아 드디어는 깨침을 자기 것으로 하여야 한다고 하십니다. 그러나 결국에는 부처님의 가르침까지도 훌훌 벗어 버려야 함을 설하십니다.

수보리 존자가 부처님께 말씀드리기를,
세존이시여, 세존께서 설하신 이와 같은 말씀과 글귀를 듣고 참다운 믿음을 내는 중생이 있겠습니까?

須菩提白佛言하되

世尊하, **頗有衆生**이 **得聞如是言說章句**하고 **生_實信不**잇가

부처님께서 3분에서 "실무중생 득멸도자"라고 말씀하시니까, 공부하는 이들이 생각하기를 '다른 것은 다 없다 하더라도, 부처님의 세계는 그래도 뭔가 있지 않겠는가?' 하는 분별을 냈을 것입니다. 4분의 무소주無所住가 부처님 세계를 지향하는 것이니까요. 그러나 그곳 부처님 세계도 "범소유상 개시허망 약견제상 비상 즉견여래", 즉 '부처님의 세계를 상이 있는 줄 알고 본다면 잘못된 것이다.'라고 하셨습니다.

우리는 세상에 뭐가 있는 줄 알고, 제도할 중생이 있는 줄 알고, 또 깨칠 무엇이 있는 줄 알고 깨치려고도 하는데, 있다고 보니까 할 것도 있고, 어려움도 있고, 죽음이라는 것도 있는 것처럼 보입니다. 그러나 부처님께서는 이런 것들이 모두 다 실제로 있는 것이 아니라고 하십니다. 더 나아가 부처님 세계까지도 없다는 것입니다. 그러니 이것이 얼마나 알기 어려운 말입니까?

그래서 수보리 존자가 묻습니다. "알기 어려운 이러한 이야기를 듣고서 참다운 믿음을 내는 사람이 과연 있겠습니까?"

부처님께서 말씀하시기를,

그런 소리 하지 마라. 여래의 몸뚱이가 멸한 후 후오백세에도 계를 가지고 마음을 닦는 이가 있어, 이 글귀에 믿는 마음을 내어

참답게 하는 중생이 있으니, 마땅히 알라. 이 사람은 과거 한두 부처님 셋 넷 다섯 부처님 처소에 선근을 심었던 것이 아니라, 한없이 많은 천만 부처님 처소에 모든 선근을 심고, 이 글귀를 듣고서는 한 생각이나마 깨끗한 믿음을 냈었던 사람이니라.

佛告須菩提하사되,

莫作是說하라. **如來滅後後五百歲**에 **有_持戒修福者 於此章句**에 **能生信心**하야 **以此爲實**하면, **當知是人**은 **不於一佛二佛三四五佛而種善根**이라. **已於無量千萬佛所**에 **種諸善根**하고 **聞是章句**하고 **乃至一念**이나 **生_淨信者**니라.

석가여래께서는 "그런 소리 하지 마라. 여래께서 돌아가신 후 후오백세(말법 시대)에도 계행을 지키고 복을 닦는 사람이 있어 이 글귀에 '참 그렇겠구나.' 하고 믿는 마음이 생겨서 이 믿음을 참實답게 하는 중생이 있다."라고 말씀하십니다.

여기서 마음 닦는 과정을 엿볼 수가 있는데 깨침(믿음)을 실답게 하기 위해서는 믿음을 내는 것뿐만 아니라, 반드시 지계와 수복을 실천해야 함을 설하신 것에 주목해야 할 것입니다.

계를 가지는 것(지계持戒)은 마음의 안정감을 갖기 위한 제반 행위를 말합니다. 마음이 미안未安에 머무르지 않게 하는 것이 지계라고 했습니다.* 계를 지킴으로써 마음이 미안에 머물지 않게 된다

---

* 김원수, 『마음을 어디로 향하고 있는가』(김영사, 2018)

면, 마음이 안정되어 공부가 잘될 것입니다. 마음이 산란해서는 공부하기가 매우 힘듭니다.

공부 정도에 따라서 가져야 할 계의 종류는 달라질 것입니다. 사냥을 좋아하는 사람이나 도둑질할 마음이 있는 사람에겐 '살생하지 마라. 도둑질을 하지 마라.' 하는 계가 적당할 것입니다만, 전문적으로 마음 닦는 이가 가질 계는 어떤 것인지 생각해 봅니다.

먼저, 공부 시간을 지키는 것이 첫 번째가 아닐까 생각합니다. 일찍 잠자리에 들고 일찍 일어나는 것이 건강에 좋다고 합니다. 마음 닦는 이들도 어두운 기운이 동할 때 돌아다니지 않고, 밝은 기운이 열리는 새벽에는 일찍 깨어 있는 것이 좋을 것입니다.

둘째, 음식은 적게 먹고 몸은 부지런히 움직이라는 장수법도 있듯이, 음식을 적게 먹고 가능하다면 육류나 가공식품을 먹지 않으며, 저녁 늦게 식사하지 않는 것도 마음 닦는 수행에 필요할 것입니다. 지금 인도에서 부처님처럼 존경받는 라마나 마하리쉬**도, 음식을 절제하는 것이 마음을 안정시키는 데 매우 중요하며, 적당한 음식을 선택하는 것이 수행에 꼭 필요한 요건임을 강조했습니다.

> 음식은 마음에 영향을 끼친다. 어떠한 요가 수행에서도 절대적으로 채식이 필요하다. 왜냐하면 채식을 하면 마음이 더욱 순수하고 조화롭게 되기 때문이다. 이미 깨달은 사람이라면 무엇

** 라마나 마하리쉬, 『나는 누구인가?』(슈리크리슈나다스아쉬람, 2022)

을 먹든 거의 차이가 없다. 육체가 움직이면 음식이 필요해지며, 음식을 섭취하면 수면이 필요하다. 따라서 움직임이 없으면 잠을 잘 필요가 없다. 삶을 유지하는 데는 아주 소량의 음식으로도 충분하다.

세 번째로는 몸의 자세를 들 수 있겠습니다(조신調身). 허리를 펴고 코끝과 단전을 일직선상으로 일치시키고 가부좌하면, 눈이 빛나고 마음의 안정을 찾을 수 있습니다. 이런 자세를 갖게 되면 숨도 자연스레 고르게 되고(조식調息), 조심調心도 됩니다.

이 세 가지는 특히 공부하시는 분들이 마음을 안정하는 데 큰 도움이 되리라 여겨집니다.

다음은 수복修福에 대하여 살펴보겠습니다. 세상에서 보통 '복'이라고 할 때는 유루복(有漏福: 원인 지은 것이 끝나면 없어지는 복)을 말합니다. '복'이란, 연습을 자꾸 한 결과로 익숙해지는 것, 즉 몸과 마음과 주변이 부드러워지는 것을 말합니다. 돈 버는 방법에 익숙해져서 돈이 자연스럽게 따르게 되면 세상에서는 돈복이 있다고 합니다. 대인 관계의 기술을 익히고 실천하여 대인 관계가 부드럽고 사람들이 그를 따르면 인복人福이 있다고 합니다. 예능이나 스포츠에 익숙해져서 달인이 된다면 그 또한 복이라고 하겠습니다. 그러나 모두 유루복이 되겠지요.

익숙지 않은 것을 익숙하게 만드는 것은 '닦는다'로 표현하기보다 '짓는다'로 표현하는 것이 맞을 것입니다. 없는 것에서 무엇이 있게 하는 개념이니까요. 그런데 여기서는 '수복修福, 복을 닦는다.'라고 표현합니다. '닦는다'는 원래 있는 것을 닦아서 깨끗이 한다고 하는 개념입니다. 마치 거울에 때가 끼었다고 할 때, 거울을 닦아서 깨끗하고 맑은 거울이 되게 하는 것처럼 말입니다. 그래서 '닦는 복修福'은 유루복이 아니라 무루복을 말합니다.

무루복은 영원한 복이라고 말할 수도 있고, 원인 지어 생긴 복이 아니므로 끝이 없는 복이라고 말할 수도 있습니다. 즉, 마음의 때를 닦아 불성이 나타나도록 하는 것을 말하니 '닦는다'고 하는 것이 옳을 것입니다. 여기서 말하는 수복은 '응무소주 행어보시'를 말하는 것입니다.

다음으로는 믿는 마음信心에 대해서 알아보도록 하겠습니다. 믿는 마음은 일종의 깨침이며 지혜입니다. 이해하여야 믿는 마음이 나지, 이해하지 못하면 믿어지지 않습니다. '아, 그렇지.' 해야 믿어집니다. 금강경을 독송하는 공부도 믿어지는 분들이 하는 것이지, 믿어지지 않는 사람들은 이 공부를 할 수 없습니다. 이러한 믿는 마음은 지혜입니다. 아마 숙혜宿慧라고 해야 할 것입니다. 전생에 닦은 지혜이지요.

따라서 '능생신심 이차위실能生信心 以此爲實'은 숙혜가 있어서 이 금강경 글귀에 믿는 마음을 내는 것이 가능하고, 이것이 씨가 되어 자라서 열매를 맺게끔 실다워진다는 뜻이라 하겠습니다. '능생신심 이차위실'의 실례로, 혜능 대사의 이야기를 새로운 각도로 조명하는 지혜로운 어떤 분의 말씀을 인용하여 보겠습니다.

육조六祖 혜능 대사의 속성은 노씨였는데 오조五祖 홍인 대사를 뵌 뒤에는 혜능으로 불리게 됩니다. 그는 중국 남쪽 신주 고을에서 살던 글도 모르는 나무꾼이었습니다. 아버지를 세 살 때 여의고, 나무를 해서 팔아 홀어머니를 봉양하며 살았습니다. 어머니하고 업보가 상당히 지중했나 봅니다.

이 분은 일하기를 싫어하지 않으셨습니다. 그러니 돈을 벌기 위해서 나무를 한다기보다는 나무하는 것 자체를 즐겼습니다. 즐거운 마음으로 나무를 하다 보면 시간도 잘 가고 일도 쉽게 되었으며, 어느덧 나뭇짐도 커졌습니다. 또 그것이 자연스럽게 돈으로 연결되는 것을 느끼며, 의식적으로 일할 때와 무심히 일할 때와의 차이도 느꼈을 것입니다. 어쩌다 좀 열심히 해야겠다고 의욕이 앞서 일하게 되면, 단순히 즐거운 마음으로 일했던 날과는 확연히 차이 나게 더 힘들고 지루했으며, 나무도 얼른 팔리지 않았는가 봅니다.

이렇게 '의식적으로 일하는 것'과 그저 '무심한 상태로 일하는 것'의 차이를 느끼던 중, 어느 날 객점에 나무를 팔고 나가려다가, 길손인 한 스님이 읽는 금강경 소리를 듣게 된 것입니다. 그 내용 중에서도 "응무소주 이생기심, 마땅히 머무르는 바 없이 마음을 내라."라는 글귀에서 평소에 자신이 나무를 하거나 팔 때 느끼고 있던 것을 실감하였으며, 자신이 미처 표현하지 못했던 것을 대신 말해 주는 것 같이 느꼈습니다. 그래서 지대한 관심으로 묻습니다.

"당신이 읽는 것이 뭐요?"

"금강경이라는 불경이오."

"그럼 스님은 그 금강경을 어디서 배웠습니까?"

"나는 황매현 동선사에서 공부하는 스님이오. 그 절에는 오조 홍인이라는 산 부처님이 계시는데 제자만도 천 명이 넘소. 옛날 달마 대사께서 멀리 인도에서 오셔서 선禪의 도리를 전하신 이후 홍인 대사가 5대 조사가 되시오. 홍인 대사는 늘 제자들에게 금강경을 읽게 하시고 자기 스스로 자성을 깨우치라고 일러 주셨소. 그래서 나도 금강경을 수지독송하며 선을 닦는 중이오."

이것이 계기가 되어 혜능은 홍인 대사가 계신 황매산에 가게 됩니다. 홍인 대사는 혜능이 법기法器임을 간파하였지만, 아직 때가 아님을 알고,

"이놈, 오랑캐 놈이 쓸데없는 말을 마구 지껄이는구나. 잔소리하지 말고 방아를 찧어 복을 짓도록 해라." 하였습니다.

천여 명의 식량을 방아 찧는 일이 여간 힘든 것이 아니었으나 혜능은 힘든 것을 피하지 않고 동시에 즐기며 의연하게 거리낌 없이 몸을 잊고 도를 향하여 나아갔답니다. 방아를 밟을 때 자신의 몸이 가벼워서, 방아를 잘 찧기 위하여 큰 돌을 허리에 매달고 일하다가 허리와 다리를 다친 적도 있었다고 합니다. 일할 때는 언제나 홍인 대사를 생각했을 것입니다. 즉, 부처님을 향했을 것입니다.

이렇게 방아 찧기를 8개월 동안 합니다. 그러던 어느 날, 아무

도 없는 밤 삼경에 혜능은 홍인 대사로부터 그렇게 기다리던 금강경 해설을 듣게 되는데, 금강경 10분의 '응무소주 이생기심'이라는 구절에 이르자 크게 깨달았습니다. 홍인 대사는 혜능이 깨친 것을 알고 "그래, 이제 너는 깨달았다." 인가하시며 석가여래의 의발을 줌으로써 법을 부촉합니다.

나무꾼 노씨 청년이 즐겨 나무하던 일은 '유지계수복有持戒修福'이 될 것이고, 동선사의 스님이 읽던 금강경의 구절 중 응무소주 이생기심이라는 말에 깨침을 낸 것이 바로 '능생신심能生信心'이 될 것입니다. 이것이 깨침이고 숙혜라 할 것입니다.

노씨 청년이 홍인 대사(부처님)를 마음으로 향하며 방아를 찧는 8개월 동안 신심의 싹이 자랐을 것이며, 이로 인해 더욱 부처님과 가까워졌을 것입니다. 이것을 '이차위실以此爲實'이라 하겠습니다. '이차위실'이란, 어설프게 그냥 아는 것을 자기 것으로 만들어 실답게 하는 것을 말합니다. 혜능 대사가 방아를 찧고 복을 지으며 홍인 대사라는 산 부처님을 항상 향함으로써 깨달음을 자기 것으로 하는 것은 '이차위실'하는 과정이라고 할 것입니다.

"계를 가지고 마음을 닦는 사람이 이 글귀에 믿는 마음을 내어 실답게 된다."라는 말씀은, 실답게 되기 위해서는 반드시 지계持戒와 수복修福을 실천하여야 하고 깨끗한 믿음을 내야 함을 의미합니다.

"이 사람은 과거 한두 부처님, 셋 넷 부처님 처소에 선근을 심은 것이 아니라, 무량한 천만 부처님 처소에 모든 선근을 심었었고, 이 글귀를 듣고서는 한 생각이나마 깨끗한 믿음을 냈었던 사람이니라." 하신 것을 보면, 아마도 부처님께서는 제자들에게 가끔 다음과 같은 말씀을 하셨으리라 생각됩니다.*

"너희들은 참으로 오기가 힘든 자리에 왔다. 한두 생 원願을 세워서 이 자리에 올 수 있는 것이 아니다. 이곳에 공부하러 올 수 있는 것은 여러 생을 벼르고 별러서 된 것이다. 왜냐하면 사람으로 태어나기 힘들고, 사람으로 태어나도 불법을 만나기 힘들고, 불법 중에도 정법(선지식)을 만나기 힘들고, 정법(선지식)을 만나도 믿어서 깨치기 힘들거늘, 이러한 일이 어찌 한두 생에 심은 복으로 가능하겠느냐. 이곳에 공부하러 오는 사람들은 참으로 선택받은 사람이요, 복 많은 사람이요, 여러 생 깊은 선근을 쌓은 사람들이다. 그러니 부디 이 좋은 기회를 놓치지 말고 부지런히 공부하여 반드시 금생今生에 깨달음을 얻도록 하라."

이러한 말씀은 아무나 할 수 있는 말씀이 아니고 실제로 숙명통이 나서 그곳에 오는 이들의 한두 전생뿐만 아니라 몇천 생, 몇만 생을 쭉 훑어볼 수 있는 능력이 있어야만 할 수 있을 것입니다.

금강경 공부는 선근이 박약하면 만나기도 어렵고, 만난다 하더

---

* 김재웅, 『머무는 바 없이 마음을 내라』(용화, 1992)

라도 좋아하기는 더욱 어렵다는 말씀입니다.

수보리여, 여래는 다 아시고 다 보시느니라. 계를 지키고, 복을 닦고, 이 금강경의 장구를 보고(듣고) 능히 믿는 마음을 내는 모든 중생이 이같이 한량없는 복과 덕을 얻음을.

須菩提여, **如來悉知悉見是諸衆生**이 **得_如是無量福德**이니

깨달은 사람이 정하는 말씀을 결정이라고 합니다. 확언이라고 할까요? 약속이라고 할까요? 도인에게는 불필요한 말이 없습니다. 말씀하시면 그것이 곧 현실입니다. 왜냐하면 아상이 없기 때문이지요. 칭찬하는 것도, 저주하는 것도 현실이 된다고 합니다.

연등 부처님께서 "당신이 이렇게 공부를 잘하는 것을 보니 얼마 후 틀림없이 부처가 되어 호를 석가모니라고 할 것이다."라고 말씀하신 것은 바로 결정이 되며 실제와 다르지 않습니다. 그대로 되어집니다.

여기서 '실지실견'이란, '확실히 그렇다.'라는 결정과 약속의 뜻이 있습니다. 여래께서 확언하신 것입니다.

"이 글귀에 믿는 마음을 내어 그것이 실다워지는 이 사람은 마음 닦는 법을 이번에만 들은 것이 아니고 전에도 많이 들어서 이 말을 듣고 '이 말이 참 옳구나.' 생각하고 올바른 믿음을 냈던 사람이므로, 마음에 망념妄念을 가지지 않고 이 가르침(금강경)대로 하기만 하면 자기 성리가 밝아지게 되는 복과 덕을 확실히 얻는다."

이것은 또한 금강경 2분에서 말씀하셨던 '여래 선_호념제보살 선_부촉제보살'의 한 예를 보여 주신 것이기도 합니다.

그리고 부처님께서는 아상 인상 중생상 수자상, 그리고 법상과 비법상이 없는 것을 '무량복덕'이라고 설명하십니다. 인류가 겪는 모든 불행한 일, 재앙, 빈곤 등은 공산주의니 자본주의니 하는 이데올로기적 체제상의 문제 때문에 생겨난 것이 아니라, 모두 사람들이 가지고 있는 아상 인상 중생상 수자상, 그리고 법상과 비법상 때문입니다. 아상 인상 중생상 수자상, 그리고 법상과 비법상이 없으면 이기주의가 사라지고 감옥도 사라지고 모든 문제점이 다 사라져, 틀림없이 질서 있고 평화로우며 경제적으로도 번영된 사회가 될 것입니다. 문제를 만들고 불행과 재앙을 일으키는 것이 바로 아상 인상 중생상 수자상, 그리고 법상과 비법상이라고 하겠습니다.

이렇게 볼 때 상을 가지지 않는 것이 큰 복이 될 수 있으리라고 생각할 수 있습니다. 여기서 '무량복덕'이라는 것은 우리가 상상할 수 있는 복보다는 훨씬 고차원의 복, 영원한 복이라는 뜻이며, 영원의 세계도 분명히 있는데, 그것은 아상 인상 중생상 수자상이 없을 때 나타남을 선언하신 것입니다. 다음과 같이 말씀하시는 것을 상상해 봅니다.

깨끗이 믿는 마음 내어
계를 지키고 복을 짓고
아상의 껍질을 벗으면

영원의 세계가 있다.
모든 것이 구족해 있는 것을
내가 알았으며
내가 분명히 보았으니
확실히 약속하노라.

아상이 없는 세계는 바로 우주와 우리가 둘이 아니며, 부처님과 우리가 둘이 아닌 그러한 세계입니다. 원래부터 우리는 부처님과 둘이 아니라는 것이지요. 그런데 지금 우리는 자재하시고 구족하신 부처님과 거리가 먼, 아주 고달프고 부족한 것이 많고 보잘것없는 존재로 전락하고 말았는데, 그 이유가 모두 아상 인상 중생상 수자상, 그리고 법상과 비법상을 가지고 있기 때문이라고 합니다.

따라서 이러한 상들이 없다고 한다면, 우리는 부처님과 다르지 않은 지혜와 능력, 즐겁고 평화로운 세계를 체험할 수 있을 것입니다.

왜 이같이 한량없는 복과 덕을 얻었다고 하는가 하면, 그는 믿음을 자기 것으로 하였으므로 아상 인상 중생상 수자상이 다시는 없으며 법상도 그러하고 또한 비법상도 다시는 없기 때문이다. 아상 인상 중생상 수자상이 왜 다시는 없다고 하는가 하면, 그가 만약 상을 취한다고 하면 그는 곧 나라는 생각, 남이라는 생각, 모른다는 생각, 경험이 많아서 잘 안다는 생각을 하

게 되고, 만약 올바른 것을 취한다 해도 그것은 곧 아상 인상 중생상 수자상이 있게 되는 것이다. 왜 그런가 하면 '이것이 옳은 것이구나.' 하는 생각을 마음에 가지면, 그 생각이 하나의 상이므로 그 상이 밝은 기운을 막기 때문이다.

何以故오 是諸衆生은 無復我相人相衆生相壽者相이며 無法相이며 亦無非法相이니이라. 何以故오 是諸衆生이 若心取相이면 則爲着我人衆生壽者며 若取法相이라도 卽着我人衆生壽者니, 何以故오 若取非法相인데는 卽着我人衆生壽者니라.

무량복덕을 얻는 이유가 아상 인상 중생상 수자상, 그리고 법상과 비법상이 다시는 없기 때문이라고 설하십니다. 왜 다시는 없다고 표현했을까요?

이 글귀에 믿는 마음을 낸 이 사람은 깨침, 믿음을 자기 것으로 했으므로, 즉 '이차위실'했으므로, 아상 인상 중생상 수자상, 법상과 비법상이 또다시 깨쳐야 할 일로서 자기에게 생기지 않는다는 것입니다.

올라오는 생각(중생)을 부처님 만들어(부처님께 바쳐) 깨친다고 할 때, 언제까지 바쳐야 하는가? 그것의 정체를 깨달을 때까지입니다. 그때까지는 풀어야 할 과제로 남습니다. 미완성의 과제라면 자기에게 되풀이해서 올 것이며, 확실히 깨치면 더는 자기에게 오지 않을 것입니다. 이때가 '이차위실'이 된 때이며, '다시는 없다.'라고 할 수 있을 것입니다.

『능엄경』에서 아상을 다음과 같이 자세히 풀어서 설명하고 있습니다.

어떠한 것을 허망한 소견이라 하느냐? 아난아, 세상 사람들이 눈에 삼이 서면 밤에 등불을 볼 적에 이상하게 오색이 영롱한 등무리를 보나니 너는 어떻게 생각하느냐? 이날 밤 등불에 나타나는 등무리는 등불의 빛이냐, 견見의 빛이냐? 아난아, 만일 이 등무리가 등불의 빛이라면 삼 서지 아니한 사람은 어찌하여 보지 못하며 삼 선 사람만이 보느냐? 만일 견見의 빛이라면 견이 이미 등무리 빛이 되었으니, 삼 선 사람이 등무리를 보는 것은 무엇이라 하겠느냐? 아난아, 또 이 등무리가 등불을 여의고 따로 있다면 곁에 있는 병풍이나 휘장이나 책상을 볼 때도 등무리가 있어야 할 것이니, 견을 여의고 따로 있다면 눈으로 볼 것이 아니거늘 어찌하여 삼 선 사람만이 눈으로 보느냐? 그러니까 빛은 실로 등불에 있으니, 견의 삼병이 등무리가 된 것인 줄 알지니라. 등무리와 견의 병이 모두 삼눈 탓이지만 삼눈 탓임을 보는 것은 삼병이 아니니, 그러므로 이 등무리가 등불 탓이라 견 탓見이라 할 것이 아니며, 또 등불 탓이 아니라 견見 탓이 아니라 말할 것도 아니니라.

여기서 삼눈은 아상 인상 중생상 수자상에 해당하겠지요. 법상은 진리라는 생각이고, 비법상은 진리가 아니라는 생각입니다. 예를 들면, '인과는 있다.'라고 본다면 법상이 될 것이고 '인과란 없다.' 라고 본다면 비법상이 될 것입니다.

> 그래서 법도 취하지 말 것이며 또 법 아닌 것도 취하지 말아야 할 것이니, 이런 연고로 여래가 너희 비구에게 말하기를 "내가 설한 법은 마치 강 건너는 뗏목과 같으니, 법도 당연히 버려야 할 것인데 법이 아닌 것이야 말해 무엇하겠느냐." 하는 것이다.
> 是故로 不應取法이며 不應取非法이니 以是義故로 如來常說하사되, 汝等比丘는 知我說法을 如筏喩者니 法尙應捨온 何況非法이랴.

자기를 괴롭히는 사람이 있을 때, 그 생각을 바치다 보면 결국에는 편안해지면서 그 사람 때문에 내가 공부하게 되었다는 생각이 들게 됩니다. 이런 경험을 통해서 괴롭히는 사람과 은인이 다르지 않다는 말을 실감할 수 있습니다.

반면에 나에게 부족함이 없도록 하여 주는 은인이라 하여도 그의 도움이 나의 몸뚱이 착 연습만 계속하게 한다면, 은인이 변해서 원수가 될 수 있을 것입니다. 즉, 원수도 바치면 은인이 되고, 은인도 방심하면 원수가 되는 것입니다. 원수니 은인이니 하는 그 뿌리는 둘이 아니기 때문입니다.

또 다른 예로, 누구를 좋아하는 마음이 너무 심하면, 그것이 변해서 미워하는 마음이 될 공산은 많습니다. 미워하는 마음을 잘 바치다 보면 그 마음이 또다시 바뀌어서 좋아하는 마음이 될 수 있습니다. 좋아하는 마음과 미워하는 마음의 뿌리는 둘이 아닙니다.

이와 같이 분별을 쉬고 보면, 서로 다르다고 하여 구분하는 것이 하찮은 일임을 알게 됩니다. 실제로 둘이 아니기 때문입니다. 그런데 우리는 둘로 나누기를 좋아하고 분명한 의견을 제시하기를 좋아합니다. 그러나 분명히 구분 지어 얘기할 이러한 성질이 어디에 있느냐는 것입니다. 이들은 다 분별심으로 이루어진 것이고 불완전한 것입니다.

깨달아야 분명한 것이지, 분별심의 세계에서는 분명한 것이 없습니다. 그러므로 옳은 것에도 집착하지 말고 그른 것에도 집착하지 말라는 가르침을 '불응취법 불응취비법'이라고 설하셨습니다. 옳은 것에도 집착하지 않고, 옳지 않은 것도 취하지 아니하지 않음으로써 둘 다 사는 길을 '중도中道'라는 단어에서 찾을 수 있을 것 같습니다. 이와 관련된 재미있는 비유가 있습니다.

『삼국지』에서 장남인 조비가 왕이 되기 전에 조조는 조비보다 문재가 뛰어났던 셋째 조식을 더 사랑했습니다.* 조비는 세자 자리를 두고 다투었던 조식을 항상 라이벌로 생각하고, 기회만 있으면 처치하려고 하였습니다. 아상은 이와 같이 형제고 도덕이고 없게 합니다. 부모와 자식, 스승과 제자, 임금과 신하간의 질서를 파괴하

---

* 이문열 역, 『삼국지』(민음사, 1988)

는 것도 아상입니다.

조조가 세상을 떠난 후 임금이 된 조비가 조식을 죽이기 위해 적당한 구실을 찾고 있었다.

"나와 너는 정으로 보면 형제이나, 의로 보면 임금과 신하이다. 그런데도 너는 어찌 재주만 믿고 감히 신하의 예를 업신여겼느냐? 용서해도 사사로운 정으로는 아니될 것이니, 그리 알고 내 말을 잘 듣거라. 일찍이 아버님께서 살아 계실 때 너는 항상 글을 가지고 뽐냈으나, 나는 그게 늘 미덥지 않았다. 남이 지은 글로 그러는 게 아닌가 싶었는데, 이제 알아봐야겠다. 네게 일곱 걸음 걸을 틈을 줄 터이니, 그동안에 시 한 수를 읊어 보아라. 만약 그것을 해낸다면 너는 죽음을 면할 것이요, 해내지 못한다면 중한 벌을 면치 못하리라. 그만한 재주도 없고서야 어찌 용서를 바랄 수 있겠느냐?"

조식은 시 한 수를 읊었다.

콩깍지를 태워 콩을 볶누나. 煮豆燃豆萁
솥 속의 콩은 울고 있다. 豆在釜中泣
원래 한 뿌리에서 자랐는데, 本是同根生
어찌 이리 급하게 볶아대는가? 相煎何太急

조식은 자기 형제의 일을 콩과 콩깍지를 빌려 절묘하게 노래하였습니다. 조비도 원래 둔한 사람이 아니어서, 이 시를 듣자 자신도 모르게 주르르 눈물을 흘렸답니다. 그러니까 법과 비법이란 콩과 콩깍지와 같아서 한 뿌리(아상)에서 나온 것이므로 서로 다른 것 같아도 실은 다르지 아니하니 이것을 불이不二, 둘이 아니라는 이치라 할 것입니다. 조식의 이런 지혜는 불이법의 마음에서 나올 수 있었을 것입니다.

다음은 불이법에 대한 말씀입니다.*

생사와 열반을 둘로 여깁니다만, 만일 생사의 성품을 보면 곧 생사가 없어져서 생사에 얽매임이 없고, 그렇다고 풀 것도 없어서 생기지도 아니하고 멸하는 것도 아닙니다. 선의 보살이 말하였다.

죄와 복을 둘로 여깁니다만, 죄의 성품이 복과 더불어 다름이 없는 것을 통달하여서, 금강의 지혜로써 이 모양을 결정코 깨달아 죄에 얽매임도 없고 죄를 풀 것도 없는 것이 불이법문에 들어가는 것이라 하겠습니다. 사자 보살이 말하였다.

아我와 무아無我를 둘로 여깁니다만, '아'라는 것을 오히려 얻을 수 없거늘 '무아'를 어찌 얻는다고 하겠습니까? 그러니 나의 참 성품을 보는 자는 다시는 둘이라는 견해를 일으키지 않을 것입니다. 보수 보살이 말하였다.

---

* 이영무 역해, 『유마경』(월인출판사, 1988)

그러므로 법도 버려야 하고 같은 뿌리인 비법도 마땅히 버려야 하겠지요(불응취법 불응취비법).

부처님께서는 당신께서 설하신 법(마음 닦는 법)도 마치 강 건너는 데 필요한 뗏목이나 널조각 또는 배와 같다고 하십니다. 강을 다 건너갔으면 배에서 내려야 하는데 강을 다 건너고도 여전히 배에서 내려오지 아니하고 그대로 타고 있으면 되겠느냐는 것이지요.

마음 공부는 불법에 의지해서 닦아야 할 것입니다. 강 건너는 데 뗏목이 필요하듯, 아상 인상 중생상 수자상을 닦는 데에는 불법을 뗏목으로 삼아야 할 것입니다. 그리고 강을 다 건넌 후에는 뗏목에서 내려야 하는 것처럼, 마음 닦아 참으로 밝아지고 나면 불법까지 헌 옷을 벗어버리듯 하여야 한다는 것입니다.

'강 건넌 후에는 뗏목도 버려야 할 판에, 강 건너는 데 아무짝에도 소용없는 돌멩이 같은 것을 붙들고 있어서는 더욱 안 되지 않느냐? 강을 건널 수도 없지 않느냐?' 하는 뜻의 '법상응사 하황비법'의 말씀을 끝으로 6분을 접습니다.

7
얻은 바도 없고 설한 바도 없다
第七 無得無說分

수보리여, 어떻게 생각하느냐? 여래인 이 몸이 아누다라삼막삼보리를 얻었느냐? 그리고 설한 법이 있느냐?

수보리 존자가 말씀드리기를,

제가 부처님께서 설하신 바를 이해하기로는 정한 법이 있지 않으므로 그것을 이름하여 아누다라삼막삼보리라 합니다.

須菩提여, **於意云何**오 **如來 得阿耨多羅三藐三菩提耶**아 **如來有所說法耶**아

須菩提言하되,

如我解佛所說義로는 **無有定法**을 **名阿耨多羅三藐三菩提**며

정해졌다고 하는 것은 무엇이 '있다'는 것을 의미합니다. 그런데

정해져 있지 아니한 것, '무유정법無有定法'을 아누다라삼막삼보리라고 하였습니다. '있지 않다'는 것은 형상이 없다는 것입니다. 아누다라삼막삼보리를 제외한 다른 것들은 정해져 있는 법이 있고 형상이 있다고 이해하면 될 것입니다.

예를 들어, 아인슈타인의 상대성 이론을 옳게 설명하려면 전문가가 전문용어로써 전문적 지식을 가진 사람에게 설명하여야 할 것입니다. 전문적인 지식이 없는 보통 사람들이 상대성 이론을 듣는다면, 좀처럼 이해하기 어려울 것입니다. 비단 상대성 이론뿐만 아니라 어떤 특이한 이론이나 기술도 설명할 때 전문적인 용어를 동원할 수밖에 없는데, 이와 같이 전문적인 용어를 사용해서만 할 수 있는 것이라고 한다면, 그것은 정해져 있는 법이 있다고 할 것입니다.

그런데 아누다라삼막삼보리는 어떠합니까?

언뜻 생각할 때 아누다라삼막삼보리는 아주 대단히 높고 고상하며 심심미묘한 법으로서, 보통 사람들이 이해하기 매우 어려운 것이기 때문에, 아누다라삼막삼보리를 설명하는 사람은 불교에 대한 전문적인 지식도 많아야 하고 오랫동안 수도를 한 분이어야 하고, 또 그런 수준의 사람이 들어야 그 이야기(아누다라삼막삼보리)를 이해할 수 있을 것이라고 생각하기 쉽습니다. 그런데 실제로는 그렇지 않다는 것입니다.

아누다라삼막삼보리라고 하는 것은 전문적인 것이 아니어서 그것을 설명하는 데 전문적인 용어를 동원할 필요가 없으며, 그것을 설명할 소재도 항상 우리 가까이에 있다는 것입니다. 보는 것, 들는 것, 냄새 맡는 것 등 우리 주위에 두루두루 편재해 있다는 것입니다. 그렇기 때문에 불교의 전문적인 용어로만 아누다라삼막삼보리를 설명한다면 그것은 아누다라삼막삼보리가 아니라고 봐도 될 것입니다. 왜냐하면 '아누다라삼막삼보리'와 '설법'이 무유정법이기 때문입니다.

우리 귀에 익숙한 대도무문大道無門이라는 말은 대도大道에는 들어가는 문이 없다는 뜻인데, 아누다라삼막삼보리(대도)는 정해진 코스로만 들어가는 것이 아니라, 정해진 법이 있지 않으므로 어느 곳으로도 들어갈 수 있다는 의미이기도 합니다.

금강경 8분에서 '소위불법자 즉비불법'이라고 한 것처럼, 불법을 심오한 이론을 동원해서 설명한다면 그것은 이미 불법이 아니듯, 아누다라삼막삼보리도 설명할 소재는 무궁무진하게 어느 곳에나 있습니다. 듣는 사람에 따라 설명이 달라지는 것이 아누다라삼막삼보리의 특성이기 때문입니다. 이해하기 쉬운 예를 들어보기로 합니다.*

> 부처님이 영산회상靈山會上에서 설법하실 때, 하늘에서 연꽃이 떨어지거늘 범천왕이 이를 받아서 부처님께 올렸다. 부처님께서는 말없이 꽃 한 송이를 높이 들어 대중에게 보이셨다. 당시에 수많은 대중이 모였건만 이것이 무슨 뜻인지 알아차리지 못하고 사람들은 눈이 먼 듯 귀가 먹은 듯 어리둥절하여 부처님의 얼굴만

---

* 오고산, 『조사祖師의 선화禪話』(보련각, 1982)

쳐다볼 따름이었는데, 오직 마하가섭이라는 제자만이 알아차리고 미소를 지으며 기쁜 마음으로 부처님을 쳐다보았다.

그래서 부처님은 마음으로써 마음을 전하는 제자를 얻었다고 기뻐하시며 "나의 정법안장正法眼藏과 열반묘심涅槃妙心을 너에게 전하니, 네가 간직하고 유포해서 끊어지지 않게 하라." 하시고 발우와 금란가사를 마하가섭에게 전해 주셨다 한다.

또 옛날 중국에 구지 스님의 암자에 여승이 찾아왔다. 마침 해가 저물었기에 구지 스님이 자고 가라고 하였더니 비구니 스님이 말하였다. "스님이 선에 대한 법문을 한 가지 말해 주시면 자고 가겠지만, 그렇지 못하다면 바로 가겠나이다. 그런즉 아무 법문이나 좋으니 한마디를 일러 보십시오."

그러나 선이 무엇인지 모르는 구지 화상은 말이 막혀서 대답을 못 하니, 비구니는 비웃으며 그만 가 버렸다. 구지 화상은 비구니가 간 뒤에 홀로 탄식하기를, '내가 사나이 장부로서 선지를 깨달은 장부 기상을 내보이지 못하고 여자에게 부끄러운 꼴을 당하고 말았으니, 내일이라도 이 암자를 떠나 선원으로 가서 참선 공부를 하리라.'라고 결심하였다.

그랬더니 그날 밤 꿈에 산신이 나타나서, "스님, 이곳을 떠나지 마십시오. 장차 큰 선지식이 오셔서 스님에게 선법문을 설해 줄 것이외다." 하였다. 이런 일이 있은 지 십여 일 뒤에 천룡 스님이 암자에 오셨다. 구지 화상이 그 스님께 전날에 선지를 몰라 비구니에게 망신당하였다는 말씀을 올리고, 선지에 대한 법문을 청했다. 천룡 스님은 아무 말도 없이 손가락 하나를 세워서 보여 주었다. 구지 화상은 이것을 보고 크게 깨쳤다고 한다.

그 뒤에는 누가 구지 화상에게 와서 법문을 청하면, 손가락 하나만 세워 보이고 입으로는 한마디의 말도 없었다. 그러나 그들 중에는 손가락만 보고 깨친 이가 많았다고 한다. 구지 스님은 돌아가실 때, "나는 천룡 스님에게 손가락 하나를 세워 보이는 법문으로 깨닫고, 평생을 써도 다 못 쓰고 가노라." 하였다.

조주 스님 또한 "달마 대사가 서쪽에서 온 뜻이 무엇입니까?" 하고 묻는 제자에게 달마 대사가 서쪽에서 온 뜻은 어떠하다며 장황하게 설명하는 것이 아니라, "뜰 앞에 잣나무"라고 대답하였다.

부처님께서 연꽃을 높이 든 뜻은 물론 단순히 연꽃을 보여 주려는 것이 아닙니다. 부처님은 연꽃을 통해서 부처님의 뜻, 바로 아누다라삼막삼보리를 나타내고자 했을 것입니다. 구지 스님이나 조주 스님 역시 손가락이나 '뜰 앞에 잣나무'로써 그들의 깨달음의 모습을 나타내려고 하였을 것입니다.

이처럼 깨달음은 비록 같지만 그 깨달음을 나타내는 방법은 사람과 환경에 따라 달랐고, 깨달음을 나타내기 위하여 한결같이 어떠한 전문적인 술어를 사용하지 않았습니다. 우리 주위에서 얼마든지 볼 수 있고 알 수 있는 보통 말을 사용해서 그 사람 수준에

맞게 설명하여 그가 밝아지게 한 것입니다.

갑이 밝아지는 데 필요한 이야기와 을이 밝아지는 데 필요한 이야기는 같지 아니하나, 이로부터 얻어지는 밝음, 즉 아누다라삼막삼보리는 동일하다 하겠습니다.

또한 정함이 있지 않은 법을 부처님께서 설하시었습니다.

亦無有定法을 **如來可說**이니

거울은 사물을 그대로 비춥니다. 어느 한 가지만 비추는 것이 아니라, 비추이는 것은 무엇이든지 비추는 능력이 있습니다. 거울에 사과를 비추면 사과가 나타나고, 감자를 비추면 감자가 나타납니다.

아누다라삼막삼보리도 모든 것을 다 비추어 아는 지혜입니다. 상대하는 사람이 탐심을 가지고 있는 사람이라면 그의 탐심을 비추고, 궁한 마음을 가지고 있으면 그의 궁한 마음을 비춥니다.

따라서 아누다라삼막삼보리를 얻은 이는 이 아누다라삼막삼보리로써 여러 중생이 가지고 온 어두운 마음을 낱낱이 보시고, 그 어두운 마음들이 하나하나 밝아지도록 그에게 적합하게 설명해줄 수 있습니다. 이렇게 하시는 말씀이 바로 설법이며, 어느 한 가지만 이야기해 주신 것이 아니고 상황에 따라 그리고 상대하는 사람에 따라 그에게 맞는 법을 설하신 무유정법인 것입니다.

다시 말하면, 석가모니 부처님께서는 큰 지혜로 마음 닦는 이의 업장과 분별을 보시고, 그때그때 그들에게 필요한 '그들의 소리'를 일러 주셨던 것입니다.

아마도 부처님께서 중생에게 가장 가르쳐 주고 싶은 것이 있다면, 부처님께서 얻으신 아누다라삼막삼보리를 남김없이 펴서 보여 주는 것일 겁니다. 그러나 깨달은 이가 중생을 위해서 찬란한 진리를 설명해주려고 하여도 그 사람이 깜깜하다면 아무리 가르쳐 주려고 해도 가르쳐 줄 수가 없겠지요. 자기 지혜만큼만 알기 때문입니다.

그러면 어떻게 해야 그를 조금이라도 밝게 해 줄 수 있을까요?

그 사람에게 알맞은 정도로 이야기합니다. 그 사람 정도만큼, 그 사람의 분위기만큼 비추는 것이지요.

지금 사람들이 어둡기도 하려니와 고통으로 괴로워하고 있다면, 무상의 아누다라삼막삼보리가 아니라 당장 이 고통을 해결하는 것이 그들의 진리일 것입니다. 그래서 부처님께서는 고생부터 면하도록 얘기할 수밖에 없었을 것입니다. 아마도 고통을 해결하는 부처님의 법문 속에는 당신의 진정한 뜻, 즉 무상의 아누다라삼막삼보리의 뜻이 다소라도 포함되어 있을 것입니다. 이것이 『아함경』입니다.

고통의 문제가 해결되니까 계급 차별의 문제가 당면 문제가 되어, 이것을 해결해주시기 위해서, 모든 것이 원인 지어 결과를 이룬다는 뜻의 〈방등부〉를 설하셨습니다. 〈방등부〉의 말씀을 통해서도 부처님의 진의를 흘려 넣으셨을 것입니다. 부처님의 진의란, 모든 중생을 밝게 해 주시겠다는 뜻이겠지요.

고통의 문제, 계급 차별의 문제가 해결되자 이제는 바야흐로 부처님의 본 뜻을 펼 때라 생각하시고 한마음 닦아 성불한다는 내용의 〈반야부〉를 설하셨습니다.

이것은 중생들의 근기나 정도에 따라 법문을 달리 하신 것으로, '무유정법 여래가설'이 되는 것입니다.

어려운 상황에 처한 사람은 우선 그 상황을 해결하여야 진리를 생각하게 될 것입니다. 부처님께서 우선 어려운 상황을 해탈하는 가르침을 주셨다고 해서, 가르침의 목표가 화목하게 잘사는 것이라고 할 수는 없겠지요. '잘사는 것이 부처님의 뜻이라고 주장하지 마라. 다시 말하여 부처님께서 『아함경』을 설하셨다고 해서 『아함경』이 부처님의 본 뜻이라고 하지 마라. 그것은 그 사람의 환경, 처소, 분위기, 그리고 그 사람이 가진 한恨에 알맞은 이야기를 해서 결과적으로 밝아지도록 유도하기 위한 것이었을 뿐이다.' 하는 것이 아마도 부처님의 진의를 옳게 이해하는 것입니다. 다소 어려운 말이지만 좀 더 함축성 있는 표현이 있습니다. 바로 원효 스님의 말씀입니다.*

> 모든 부처님이 삼승三乘**을 설한 것은 수행하여 가는 계위(階位, 계층이나 등급)의 차별을 보임이요 승乘의 차별은 아니며, 사람의 차별은 설할지언정 승의 차별은 아니다. 모든 부처님이 삼승을 설함은 적은 공덕을 보여 많은 공덕을 알게 한 것이다(삼승법

---

* 원효, 『법화경종요』

** 삼승三乘, 성문승 연각승 보살승

을 설하여 일승으로 인도한 것). 불법 가운데 승의 차별은 없다. 왜냐? 법계법法界法이 차별이 없기 때문이다.

부처님께서 사람의 취미나 소질에 따라 세 가지 종류로 설법하셨지만, 실로 부처님께서 설하시고 싶은 것은 한 가지일 뿐이라는 말씀입니다.

왜냐하면 부처님이 설하신 법(법문)은 모두 다 취할 수 있는 것이 아니며 또한 설명할 수 있는 것도 아니고 진리라고 할 수도 없으며 진리가 아니라고도 할 수 없습니다.

何以故오 **如來 所說法**은 **皆不可取**며 **不可說**이며 **非法**이며 **非_非法**이니이다.

마음을 닦고 삼매를 얻으려는 사람에게 부처님께서는『능엄경』에서 다음과 같이 말씀하셨습니다.

세상 사람들이 삼매를 닦으려 하거든 음욕을 끊게 할 것이다. 음욕을 끊지 않고 선정을 닦는다는 것은 모래를 삶아서 밥을 지으려는 것과 같아서 백천 겁을 지내어도 다만 뜨거운 모래일 것이다. 이것은 밥이 될 근본이 아니라 모래인 까닭이니라. 죽일 마음을 끊지 아니하면 반드시 귀신의 길에 떨어지니라. 내가 열반한 뒤 말법 시대에 이러한 귀신 무리가 세상에 매우 성행하여,

고기를 먹고도 보리에 이르는 길을 얻는다 하리라. 중생의 고기 먹는 사람을 어찌 불제자라 하겠느냐. 이 고기 먹는 사람들은 설사 마음이 열리어 삼매를 얻은 듯하여도, 모두 나찰들이라, 과보가 끝나면 반드시 나고 죽는 고통의 바다에 빠질 것이다.

이와 같은 가르침戒은 마음의 안정定을 얻어 지혜慧를 얻게 하는 데 꼭 필요한 가르침으로, 진리가 아니라 할 수 없습니다(비비법非非法).

그러나 그 수도인이 오로지 한 마음으로 이 가르침을 지성껏 실천하여 자신의 전생 모습을 보게 되었고, 전생의 모습이 무수히 많은 살생, 음욕으로 얼룩진 것을 발견하였다면 어떻게 해야 하겠습니까? 다음과 같은 슬기로운 분의 말씀을 생각해 봅니다.*

석가여래 문하에 들어와 제자가 된 사람들은 출신 계급과 교육 수준과 자란 환경이 각양각색이었다. 높은 지성을 갖춘 제자들이 있었는가 하면, 깡패나 도둑이나 걸인이었던 사람조차 있었다. 그래서 이들이 비록 세존의 가르침을 거울삼아 수도를 했지만, 과거의 습관을 버리지 못해 때로는 사회적으로 지탄指彈받을 일을 저지르는 경우도 있었다. 그래서 부처님께서는 '살생하지 마라. 도둑질하지 마라. 간음하지 마라. 이를 어기면 성불할 수 없다.' 하는 계율을 만들어 그들을 단속하게 되었다.

---

* 김원수, 『마음을 어디로 향하고 있는가』(김영사, 2018)

그 후, 제자들은 공부가 상당히 진전되어 저마다 자신의 전생을 볼 정도에 이르렀다. 그런데 그들이 스스로의 전생을 보니 무수히 많은 살생, 도둑질, 간음으로 얼룩진 것이 아닌가!

'살생, 도둑질, 간음의 계율을 어기면 성불할 수 없다고 하셨는데, 이젠 우린 다 틀렸구나.' 그들은 그만 낙심하였다.

이 마음을 본 문수보살이 갑자기 석가여래께 달려들어 죽이려 하였다. 무슨 뜻일까?

지혜 제일의 문수보살이 석가여래께 달려들어 죽이려 한 것은, 부처님의 말씀이 모두 부동의 진리라고 믿는 고정관념을 타파하기 위함입니다. 이런 경우에 부처님께서 제정하신 계율에 매달리는 것은 올바르지 않다는 뜻입니다. 바로 '비법非法'인 것입니다. 다음의 내용을 보면 문수보살이 석가여래를 죽이려고 한 의미를 더욱 분명히 알 수 있습니다.*

두 젊은이가 부처님 밑에서 수도하고 있었다. 그런데 부처님 처소는 부처님을 뵙기 위해 곳곳에서 모여든 사람들로 들끓었다. 두 비구는 '이렇게 시끄럽고 분주하니 어떻게 수도에 전념할 수가 있겠는가. 어디 조용한 수도처를 찾아보아야겠다.' 하고 뜻을 모아, 부처님 곁을 떠나 인가에서 멀리 떨어진 산속 동굴로 가서

---

* 김원수, 『마음을 어디로 향하고 있는가』(김영사, 2018)

수도를 하였다.

그러던 어느 날, 한 비구가 생필품을 구하기 위해 마을로 내려갔다. 그가 떠난 후 갑자기 하늘이 어둑어둑해지더니 비가 쏟아지기 시작하였다. 비는 저녁때가 다 되어서야 그쳤고, 바로 그때 마을로 내려간 비구의 누이동생이 오빠를 만나기 위해 비에 흠씬 젖은 채 동굴에 나타났다. 홀로 남아 있던 비구는 친구의 누이동생이 날이 다 저물어서 비에 젖어 오들오들 떨며 찾아왔는데 오빠가 없다고 그냥 돌려보낼 수가 없었다. 그는 화톳불을 지펴 여자를 앉혀 옷을 말리게 하고 더운 음식을 장만해 주었다.

날은 저물어 어둠이 깔렸는데도 친구는 돌아오지 않았다. 화톳불 곁에 앉은 여자의 얼굴이 발갛게 달아올랐다. 그는 내부 깊숙한 곳에서 꿈틀거리는 욕정을 느꼈다. 여자의 상기된 모습이 한동안 잊고 지내던 정념에 불을 당긴 셈이었다. 이윽고 욕정의 불길에 휩싸인 그는 그만 자제력을 잃고 여자를 범하고야 말았다. 불길이 사그라지고 제정신으로 돌아온 그는 생각할수록 어이가 없었다. '순간의 욕망을 참지 못하고 파계를 하다니.' 그는 가슴을 치며 후회하였다.

한편, 밤늦게 마을에서 돌아온 비구는 그들을 보고는 아연실색하였다. 그는 격분하였다. 친구도 친구려니와, 외딴곳에서 수도하는 젊은이 앞에 나타나 화근을 일으킨 누이동생이 더욱 괘씸하였다. 흥분한 그는 성스러운 수도자를 파계시킨 구제받지 못할 요망한 계집이라며, 순간적으로 누이를 죽이고 말았다. 자신의 발밑에 죽어 넘어진 누이동생의 시체를 보는 순간, 그는 정신이 번쩍 들었다. '나는 간음보다 더한 살생이라는 계율을 범한 것이 아닌가! 이제 어찌할 것인가.'

두 비구는 끌어안고 목놓아 울었다. 그처럼 엄청난 파계를 했으니, 이제 도를 이루기는커녕 지옥에나 떨어질 것이 아니겠는가. 앞길이 막막해진 둘은 부처님 처소로 내려왔다. 부처님께 말씀드리고 자신들이 구제받을 길이 있는지 여쭈어보고 싶었지만, 그들에게는 그럴 만한 용기가 없었다. 그래서 계율 제일이라는 우팔리 비구를 찾아가 자초지종을 물었다. 그러나 우팔리 비구는 그것은 불가능하다고 냉정하게 잘라 말했다. 그들은 다시 사리불과 목건련을 비롯하여 부처님의 십대 제자들을 두루 만나 자문을 청하였다. 그러나 그들 역시 두 사람의 딱한 처지를 동정하면서도 시원한 답을 주지는 못하였다.

간음과 살생이라는 파계의 멍에를 걸머지고 더 살아갈 희망과 의욕을 상실한 그들은 마침내 자살을 결심하기에 이르렀다. 당시 수도자들에게 자아의 울타리를 벗어나, 부처님의 경지로 나아가는 성불은 생명보다도 값진 것이었다. 그때 마침 유마힐이 두 파계자 옆을 지나가게 되었다. 울부짖는 두 비구의 사연을 알게 된 유마힐이 지혜의 눈으로 살펴보니, 두 사람의 선근은 우팔리 비구보다 훨씬 깊었다. 두 비구를 살려야겠다고 생각한 유마힐은 그들과 함께 우팔리 비구에게 갔다.

유마힐은 우팔리 비구에게 물었다.

"우팔리 존자시여, 이 두 사람의 죄는 과연 어디에 존재할까요? 마음 안입니까? 혹은 밖입니까? 아니면 중간입니까?"

이에 대해 우팔리 비구는 대답을 못 하고 안절부절하였다. 유마힐이 그에게 말하였다.

"우팔리님, 만약 그 마음이 깨달음을 얻는다면 그 마음은 여전히 더럽혀져 있겠습니까? 그렇지 않습니다. 죄라는 생각은 망상이고 망상은 때와 같습니다. 우리의 모든 관념은 물속에 비친 달, 거울에 비친 그림자와 같이 우리의 망상에서 생긴 것입니다. 때를 닦으면 맑은 거울이 드러납니다. 망상을 없애면 그대로 청정한 마음입니다. 이 이치를 아는 사람이야말로 참으로 계율을 지키는 사람이며 깨달은 사람입니다."

유마힐의 말에 두 비구는 비로소 절망에서 벗어나 다시 수도에 전념하여 높은 경지까지 도달하였다.

전생을 본 비구들이 살생, 투도偸盜에 집착하는 것이나 이들 두 비구가 간음과 살생에 매이는 것은 해害가 되므로 '개불가취皆不可取'며 '불가설不可說'이 될 것입니다.

모든 깨달은 분들은 무위법으로써 차별을 나타내시기 때문입니다.

所以者何오 **一切賢聖**이 **皆以無爲法**에 **而有差別**이시니이다.

도인의 깨달음은 다 같지만 법문 듣는 사람의 정도가 모두 다르기 때문에, 그에 따라 도인의 말씀도 달라질 수밖에 없겠지요. 즉, 차별이 있을 수밖에 없겠지요. 『아함경』이나 『방등경』에서 말씀하신 것은 모두 사람의 정도에 따라서, 처한 환경에 따라 달리 말씀하신 것임을 앞에서도 말씀드린 바 있습니다. 말씀에 차별이 있다면, 표정도 차별이 있고 따라서 인상도 차별이 있으리라 생각할 수 있습니다.

마음의 병으로 괴로워하는 어떤 사람이 도인을 찾아와 질문을 했다.

"도인도 지옥 가는 수가 있습니까?"

"때때 지옥을 가지."

"어느 때에 지옥을 가나요?"

"그대와 같은 사람을 만날 때면."

성리를 깨닫고 도인이 되신 분들은 혼자 있으면 유유자적하게 열반의 상태(상락아정)를 즐기게 되겠지요. 그러나 답답한 마음을 가진 사람이 소원을 들고 도인에게 찾아와 '뭐 하나 좀 해주시오.'라고 질문하면, 도인은 그 사람 기운을 그대로 느끼면서 답답해질 것입니다. 표정도 어두워질 것입니다. 마치 지옥에나 간 것처럼. 병든 중생이 찾아와서 괴로워할 때 보살도 앓는다고 하지요. 중생의 병을 비춘다고 할까요.

항상 대자대비하게 생각되는 석가모니 부처님도 늘 자비롭게만 대해주신 것이 아니라 꾸중도 꽤 많이 하셨던 것 같습니다. 부처님께서 열반하실 때 '이젠 잔소리할 사람이 없어져서 잘 되었구나.' 하면서 손뼉 친 제자들도 많았다는 기록을 보면, 부처님의 모습이 누구에게나 자비롭게만 비추지 않았으리라 쉽게 생각할 수 있습니다.

부처님께서 지금 오셨다고 생각해 봅니다. 아마도 성내는 마음이 많은 사람에게는 아주 엄한 인상이시고, 부처님을 공경하는 사람에게는 지극히 부드러운 인상일 것입니다. 자기 마음이 슬프고 외로울 때 부처님을 보면, 부처님도 우울하고 슬프게 보일 것입니다. 그리고 자기 마음에 환희심이 나고 즐거울 때는 부처님도 아주 유쾌한 모습으로 비칠 것입니다. 자기 업장에 따라서 부처님 모습도 수시로 다르게 나타나는 것입니다.

이렇게 아상이 없는 사람은 같은 얼굴과 같은 음성과 같은 깨달음이지만, 대하는 사람에 따라 다양하게 느낌을 주고 자극을 주어 결국에는 밝아지게 인도합니다. 이 모두 무위법이지만 차별을 나타내는 일들이라 하겠지요.

8

올바른 진리에 의해서 새로이 태어나라

第八 依法出生分

금강경 8분에서는 금강경을 수지독송하는 공덕이 매우 크고 소중함을 강조하시며, 그 이유는 일체 모든 부처님과 밝아지는 방법을 모두 이 금강경을 통해서 얻을 수 있기 때문이라고 하였습니다. 그리고 불법의 실천을 '하겠다'고 하지 말고 실제로 하라고 말씀하십니다.

수보리여, 어떻게 생각하느냐? 어떤 사람이 삼천대천세계에 가득 찬 칠보로 남을 위하여 베푼다면 이 사람의 얻은 복덕이 많으냐, 어떠냐?
수보리 존자가 대답하기를,
매우 많습니다. 세존이시여.

須菩提여, 於意云何오 若人이 滿三千大千世界七寶로 以用布施하면 是人의 所得福德이 寧爲多不아

須菩提言하되,

甚多니다, 世尊하.

삼천대천세계란 옛날 인도 사람들의 우주관으로 본 세계로, 수미산이라는 큰 산을 기준으로 하여 우리가 지금 살고 있는 이곳, 수미산 남쪽을 남섬부주라는 세상으로 보았습니다. 그리고 우리가 사는 이곳 말고도 북쪽에 북구로주, 서쪽에 서구다니주, 동쪽에 동승신주라는 세상이 또 있는 것으로 보았습니다. 우리가 살고 있는 남섬부주라고 하는 이 세상은 가장 살기 어렵고 박복한 곳으로 본 반면, 북구로주는 사람의 수명이 만 세에 이르며 가장 유복한 곳으로 보았습니다.

이렇게 수미산을 중심으로 동서남북에 각기 네 개의 세상이 모여서 하나의 세계를 이룬다고 보았습니다. 이러한 세계가 천 개 모이면 소천 세계가 되고, 소천 세계가 천 개 모이면, 즉 백만 개의 세계가 모이면 중천 세계가 되고, 또 중천 세계가 천 개 모이면 대천 세계가 된다고 합니다. 대천 세계를 수식으로 따지면 십억 개의 세계가 됩니다. 한 세계에서 소천으로, 소천에서 중천으로, 그리고 중천에서 대천으로, 이렇게 천을 세 번 곱하였다 하여 삼천대천세계라고 합니다.

십억 개의 세계라고 하면 요즘 은하계의 세계보다 큰지 작은지는

몰라도 매우 큰 세계임은 틀림없습니다. 또 그 세계에 가득 채운 칠보(금, 은, 차거, 마노, 산호, 호박, 진주)를 요즘 돈으로 환산하면 천문학적 액수가 될 것입니다. 그런데 그것으로 보시를 한다는 것입니다.

보시는 남에게 무엇을 베풀어 준다는 뜻으로, 넓게 쓰는 마음을 가져야 할 수 있는데, 보시행 속에는 정신적 요소인 덕과 물질적 또는 육체적 특성을 나타내는 복이 포함되어 있습니다.

대부분 사람은 보시하는 것을 정신적으로는 향상한다고 생각하지만, 물질적으로는 손해라고 생각하는 것 같습니다. 그런데 사실은 다른 사람들에게 보시하면 그것이 반드시 복이 되어 돌아온답니다. 금생에 또는 내생에라도 반드시 돌아온다고 합니다. 마치 땅에 씨를 심으면 싹이 나서 나무가 되고 거기서 많은 열매가 되어 돌아오는 것처럼, 부처님께서 보시 공덕에 대해서 많은 예화를 들어주셨습니다만, 우리 주변에서 일어나는 다음과 같은 이야기는 더욱 보시의 공덕을 실감 나게 합니다.*

현재 우리나라 유수의 대기업 회장으로 있는 임모 씨의 실화입니다(본인의 양해를 얻지 못하여 이름을 밝히지 못합니다). 임모 씨의 할아버지는 전북 부안에서 삼천 석을 하는 이름난 부자였는데 마음 또한 넉넉했던 모양입니다.

어느 날 그 할아버지가 마을에 나갔다가 우연히 해산한 산모

---

* 김종묵, 『인과의 세계』(원불교 출판사, 1985)

가 먹을 것도 없고 추운 방에서 땔감도 없이 고생하는 것을 보고 측은한 마음이 들어서 쌀 서 말과 미역을 주었습니다. 또, 가난한 사람이 죽어 장례 치를 비용이 없어 시신을 수숫대로 감싸 지게에 지고 가는 것을 보았을 때도 관과 짚신 등을 마련해 주었습니다.

그러한 소문이 인근에 퍼지게 되자 형편이 어려운 집에서는 너도나도 그 할아버지에게 손을 벌리게 되었습니다. 아이를 낳거나 초상이 나면 으레 찾아와 쌀과 미역, 짚신 등을 달라는 일이 끊이지 않았습니다. 그 할아버지는 싫증을 내지 않고 계속 이들을 돌보아 주었습니다.

그러다 보니 삼천 석 재산도 오래 지탱하지 못하고 가세는 점점 기울게 되었습니다. 그 할아버지는 할 수 없이 가산을 정리하여 정읍으로 이사하였고 오래지 않아 세상을 떠났는데, 초상집 마당에 빚쟁이들이 몰려 소란을 피우게 되었답니다. 그 할아버지의 아들인 임모 씨의 아버지는 그 빚을 대신 떠맡고 옷베 행상을 하며 차츰 빚을 갚아 갔습니다.

그러던 어느 날 임모 씨의 어머니의 꿈속에서 그 할아버지가 자신의 등에 업히려는 것이었습니다. 비록 꿈이기는 해도 민망스러워서 "아버님 왜 이러세요?" 하며 뒤를 보니, 어느새 아이의 모습으로 등에 업혀 있었습니다. 이 태몽으로, 시아버지가 이 집에서 태어난다는 소문이 동네에 퍼졌습니다.

태어난 아들은 무명의 청년일 때도 '지금은 임 씨가 가난하지만, 그 지은 바대로 크게 성공할 것이다.'라는 소문이 있었습니다. 과연 그 청년은 제조업을 바탕으로 성공하여 대기업을 이룩하였고, 지금은 세계적인 기업으로 계속 번성 일로에 있습니다. 그리고 주목해야 할 일은 이 회사 주요 간부직에서 잡역까지 정읍 부근 사람들이 많다는 것입니다.

왜냐하면 이 복덕은 복덕의 성품이 아닐새 그러한 연고로 부처님께서는 복덕이 많으냐고 물으셨습니다.

何以故오 **是福德**이 **卽非福德性**일새 **是故**로 **如來說福德多**니이다.

석가여래께서는 "삼천대천세계에 가득한 칠보를 가지고 보시한다면 그 사람의 복덕이 많겠느냐?"라고 물었고, 수보리 존자께서는 "매우 많습니다. 세존이시여, 왜냐하면 이 복덕은 복덕의 성품이 아닌 연고로 부처님께서는 복덕이 많으냐고 물으셨습니다."라고 복덕과 복덕성을 구분하여 대답합니다.

보시하는 대상에 따라 얻는 복덕에 대한 부처님의 말씀을 들어 봅니다.*

악한 사람 백 명에게 밥을 먹여 주는 것이 선한 한 사람에게 밥 먹이는 것만 못하며, 선한 사람 천 명에게 밥을 먹여 주는 것

---

* 『四十二章經』

이 오계를 지키는 한 사람 밥 먹이는 것 같지 않으며, 오계를 지키는 사람 만 명에게 밥을 먹여 주는 것이 수다원 한 사람 밥 먹여 주는 것 같지 못하며, 수다원 백만 명에게 밥 먹여 주는 것이 사다함 한 명 밥 먹여 주는 것 같지 않으며, 사다함 천만 명에게 밥 먹여 주는 것이 아나함 한 사람 밥 먹이는 것보다 못하다. 아나함 일억 명에게 밥을 먹여 주는 것이 아라한 한 명 밥 먹이는 것 같지 못하고, 아라한 십억 명 밥 먹이는 것보다는 벽지불 한 사람 밥 먹이는 것이 낫고, 벽지불 백억 명 밥 먹이는 것보다 한 부처님께 공양하는 것이 낫고, 부처님 천억 명을 공양하는 것보다 생각도 없고 주住함도 없으며 닦을 것도 증득證得할 것도 없는 분을 공양하는 것이 낫다(不如飯無念無住無修無證之者).

이렇게 악한 사람에게 보시하는 것에서부터 부처님께 보시하는 것까지의 예를 들었습니다. 이들에게 보시한 원인으로 받는 결과는 끝이 있는 복, 즉 유위복에 해당하며, 생각도 없고 머묾도 없으며 닦을 것도 증득證得할 것도 없는 분을 공양해서 얻은 복은 다함이 없는 영원한 복, 바로 무위복이며 복덕성에 해당한다고 하겠습니다.

왜냐하면 부처님께 보시한 복덕이 비록 수승하기는 하여도 언젠가 없어질 때가 있지만, 자신이 닦아서 얻은 복덕은 영원히 없어지지 아니하기 때문입니다. 이러한 영원성 있는 복덕이야말로 복덕의 참 성품이라 하겠습니다.

혜능 대사도 복덕성에 대하여 "자성으로 하여금 제유에 떨어지지 않게끔 하면 이것이 복덕성이다令自性 不隨諸有 是名 福德性."라고 설명하고 있습니다. 자기 마음이 무언가 '있다, 없다'에 끌려다닌다면 이미 복덕의 성품이 아닙니다. 자성이 '있다, 없다'라는 생각에 떨어지지 않게끔 하는 성질 또는 능력이 복덕성이며, 영원성이 있는 복덕입니다.

'있다, 없다'라는 소견을 내는 것은 마음이 건강하지 않기 때문입니다. 건강한 사람의 눈에는 허공에 아무것도 보이지 않으나 삼눈을 앓는 사람의 눈에는 허공에 꽃이 정말로 있는 것으로 보이는 것처럼 말입니다. 꿈속에서 본 것을 '있다'라고 한다면 건강한 마음을 가졌다고 할 수 없을 것입니다. 우리 마음이 아주 건강하다면, 무엇이 '있다'라고 보는 것은 착각임을 알 것입니다. 우리 마음을 '있다, 없다'에서 벗어나게 하는 것, 늘 건강한 마음을 유지할 수 있게 하는 것, 이것이 복덕성입니다.

이처럼 복덕성을 '늘 마음을 건강하게 하는 것'이라고 설명한다면, 어렴풋이 그 뜻이 짐작되는 듯해도 실감 나게 이해하기란 참으로 어렵습니다. 그래서 주위에서 일어나는 일을 가지고 복덕과 복덕성을 설명할 수 있는 사례를 찾아보았습니다.*

세계에서 제일가는 부자인 미국의 자동차왕 헨리 포드는 "만

---

* 단 카스터, 『정신력의 기적』(현암사, 1977)

일 별안간에 전 재산과 사업을 잃어버렸다고 가정하면 당신은 어떻게 하겠소?"라는 질문에 "나는 모든 사람이 근본적으로 필요한 물건이 무엇인가 새로 생각해 내서, 그 필요에 대하여 누구보다도 값싸고 한결 효과적인 것을 공급하여 5년 이내에 다시 수억 달러의 대부호가 되어 보일 수 있지요."라고 대답하였다고 합니다.

세상에는 부자라도 돈 버는 방법에 대해서 통달하지 못한 사람이 훨씬 많겠지만, 아마도 헨리 포드(Henry Ford, 1863~1947, 포드 자동차회사의 창업자)는 세계에서 제일가는 부자이기도 하면서 돈을 만드는 방법에 대해서도 통달한 것 같습니다. 돈을 만드는 데 통달할 수 있다면 돈이 많다고 자랑하지도 않을 것이며, 돈이 없는 사람을 업신여기지도 않을 것이며, 돈이 없어진다고 하여 두려워하지도 않을 것입니다. 돈에 대해 건강하다고 표현할까요. 돈에 대한 집착이나 분별심이 사라졌다 할 것입니다. 이것은 돈에 대한 깨달음, 즉 복덕의 성품에 해당합니다.

보시와 보시 바라밀은 그 의미하는 바가 매우 다릅니다. 단순히 베풀어 주는 일을 보시라 합니다. 보시를 하면서 풍요롭고 즐거워지며 다른 사람으로부터 칭송을 받을 수 있습니다. 보시를 인연으로 한 복덕이라 하겠습니다.

한편, 보시 바라밀은 보시를 연습함으로써 물질에 대한 욕심에서 벗어나 지혜를 밝혀 깨달음을 얻는 것입니다. 물질에 대한 욕심에서 벗어나 지혜를 밝히는 일이란, 바로 풍요롭고 즐겁게 되는 '방법'을 깨치는 일입니다.

헨리 포드가 큰 부자가 된 것은 보시로 인연된 결과이지만, 돈 버는 방법을 통달한 것은 보시를 연습함으로써 물질에 대한 욕심에서 벗어나 지혜가 밝아졌기 때문에 나타난 결과라 하겠습니다. 돈 버는 방법에 대한 깨달음, 이것은 돈에 대한 욕심에서 벗어났기 때문에 가능한 일이며, 계속 연습한다면 부처님의 지혜로까지 연결될 수 있을 것입니다. 따라서 부자가 되는 방법을 깨닫는 일은 세상의 일이지만 동시에 마음 닦는 일도 되며, 이것을 연습하여 깨달음을 얻게 되는 것이 보시 바라밀이라 하겠습니다.

어떻게 하여야 복덕성을 얻느냐?

문제는 어떻게 방법론을 체득하느냐 하는 것입니다. 지식이나 기술에 관한 것이라면 보통은 일정한 목표를 달성하는 방법론이 제시되어 있고, 그 방법론에 의지하여 전문가가 되는 것이 가능합니다. 그러나 무형적인 목표를 달성하는 방법론은 제시하기 어렵습니다.

예를 들어 자연과학이나 의학과 같이 비교적 형태를 갖춘 학문은 어떠한 방법론으로 대가의 탄생이 가능할 것입니다. 또한 대가들은 자기가 터득한 방법론을 후학에게 소개하고 가르쳐서 그들을 자기 수준으로 이끌어 올리는 것도 가능할 것입니다.

그러나 인격이라든지 미술, 음악과 같은 추상적인 목표를 달성하고자 하는 경우에, 특정 방법론을 연습하는 것만으로 대가가 탄생하기는 어려울 것입니다. 이런 경우의 대가는 다분히 선천적 또는 운명적으로 이루어지는 경향이 있다고 하겠습니다. 따라서 대가가 되려는 후학들에게 자기가 이룩한 영역을 가르쳐 줄 방법을 제시하기가 더욱 어렵습니다. 최면술과 같은 무형의 능력도 후자의 경우에 속합니다. 다음은 독학으로 최면술에 능숙해진 분의 이야기입니다.

나는 최면술을 무척이나 배우고 싶어 최면에 관한 책이라면 무엇이든지 다 구해 읽었고, 또 여러 사람에게 얘기를 듣고 온갖 방법을 다 써봤는데도 도무지 최면술을 배울 수가 없었다. 아무리 해도 안 돼 아주 지쳐서 '최면술이고 뭐고 다 포기해야겠다. 내 능력으로는 최면술을 배울 수가 없구나.'라며 드디어 포기하고 말았다. 그러고는 맥이 쭉 빠져서 최면술에 관한 생각을 완전히 잊고 멍해 있었다.

그런데 그 순간에 느닷없이 최면 거는 방법이 하나하나 터득되면서, 그때부터 최면 거는 것에 대해서는 자신감과 일가견을 가지게 되었다. 그리고 최면술을 배우고자 하는 후학들에게 스스로 터득한 최면술을 들려줄 수 있었다.

이것은 지식이나 기술처럼 노력이나 특정한 방법을 계속 반복함으로써만 이루어지는 것이 아니라는 것입니다. 확실히 되는 방법을 말하라면, 노력과 연습 이외에, '하겠다'는 아상이 없어져야 된다는 이야기이지요.

"아상을 없애는 방법으로 될 수 있다."라고 말한다면 방법치고는 지극히 불확실한 방법을 제시하는 셈입니다. 그러나 또한 가장 확실한 방법론을 제시한 셈이기도 합니다.

실제로 복덕이 변해서 복덕성이 되려면 위의 예처럼 아상을 없앰으로써 가능할 것입니다. 아상이 없이 보시하면 부자가 되는 방법을 깨칠 수 있을 것입니다. 마찬가지로 남에게 사랑을 받는 방법, 명예를 얻는 방법, 건강과 장수를 얻는 방법, 전쟁에서 이기는 방법과 같은 무형의 목표 달성은, 세상에서는 이룰 수 있는 묘안은 거의 없고 불가능에 가깝게 생각되지만, 아상을 없애는 방법을 통해서 가능할 것입니다.

못생긴 사람이 변해서 금생에 양귀비 같은 미인이 된다는 것은 거의 불가능한 일이라고 생각됩니다. 그러나 그것도 아상을 없애는 연습을 함으로써 가능할는지도 모릅니다. 『현우경賢愚經』에 나오는 이야기에서 그 방법을 검토해 봅니다.

부처님이 사위국 기수급고독원에 계실 때이다. 당시 프라세나지트 왕의 큰 부인인 마리는 딸을 낳아 이름을 파사라(금강이란 뜻)라 하였다. 그 딸은 얼굴이 추악하고 살갗은 거칠어 낙타 가죽과 같았으며 머리털은 억세어 말총과 같았다. 왕은 그 딸을 보고는 조금도 기쁜 마음이 없었다. 그래서 궁 안에 명령하여 정성껏 단속하여, 다른 사람들이 그를 보지 못하게 하였다.

딸이 자라서 시집갈 나이가 되자 왕은 매우 걱정스러웠으나 별다른 방법이 없었다. 그래서 신하에게 명령하였다.

"그대는 지금 나가서, 큰 성바지였으나 지금은 가난한 이를 찾아 데리고 오라."

신하는 분부를 받고 어떤 빈궁한 큰 성바지의 아들을 찾아내었다. 왕은 그에게 다음과 같이 이야기하였다.

"내게 딸이 하나 있는데 얼굴이 매우 추악하여 출가할 곳을 찾았으나 아직 적당한 곳이 없다. 들으니 그대는 지금은 비록 가난하지만 큰 성바지였다. 재물은 모두 내가 공급하겠다. 바라건대 그대는 거절하지 말고 내 딸을 받아들여라."

장자 아들은 꿇어앉아서 아뢰었다.

"대왕의 분부를 받들겠습니다. 가령 왕이 개를 주신다 해도 받아들여야 하거늘, 하물며 공주님을 어찌 받아들이지 않을 수 있겠습니까?"

왕은 곧 딸을 그 가난한 이의 아내로 주고 그들을 위해 궁전과 집을 짓고 문을 일곱 겹으로 만들게 하였다. 그리고 사위에게 명령하였다.

"너는 자물쇠를 가지고 있으면서 혹 밖에 나갈 일이 있거든 문을 밖에서 잠가야 한다. 내 딸은 세상에 둘도 없이 추악하다. 바깥 사람들이 그 꼴을 보지 못하도록 항상 문을 잠그고 으슥한 곳에 가두어 두라."

왕은 곧 재물과 모든 필요한 것을 사위에게 대주어 모자람이 없게 하고, 벼슬까지 주어 대신을 삼았다. 그는 귀족들과 날마다 번갈아 가며 연회를 베풀었다.

그때 파사라 공주는 스스로 죄업을 꾸짖으며 한탄하였다.

"나는 전생에 무슨 죄를 지었기에 남편의 미움을 받아 항상 어두운 방에 갇혀 있으면서 해도 달도 보지 못하는가?"

그리고 이렇게 생각하였다.

'지금 부처님이 세상에 계시면서 일체중생을 이익되게 하셔서, 괴로운 이는 모두 그 구원을 받는다는데….'

여인은 지극한 마음으로 멀리서 세존께 예배하면서 빌었다.

"원컨대 저를 가엾이 여기시어 제 앞에 나타나 잠깐 가르쳐 주소서."

여인의 정성과 공경하는 마음은 참으로 순수하고 돈독하였다. 부처님은 그 뜻을 아시고 그 집으로 오시어 여인 앞에서 땅에서 솟아올라 먼저 검푸른 머리털을 나타내었다. 여인은 고개를 들어 부처님 머리를 보고 못내 기뻐하며 공경하는 마음이 더욱 깊어졌다. 그러자 그 여인의 머리털도 저절로 가늘고 부드러워지면서 검푸르게 변하였다.

부처님은 다시 얼굴을 나타내었다. 그 여인이 크게 기뻐하자, 얼굴이 단정해지면서 추악한 모양과 거친 피부는 저절로 사라졌다. 부처님은 다시 상반신을 나타내시어 금빛처럼 빛나는 몸을 그 여인으로 하여금 보게 하였다. 여인은 부처님 몸을 보고는 더욱 기뻐하였다. 추악한 몸은 곧 사라지고 몸은 단정해졌다. 마치 선녀처럼 기묘하여 이 세상에서 아무도 따를 자가 없었다.

부처님은 그 여인을 가엾이 여기시고 다시 온몸을 나타내셨다. 여인은 눈도 깜짝이지 않고 자세히 살펴보며 기뻐서 어쩔 줄을 몰랐다. 그러자 그 여인의 온몸도 단정해져서, 세상에서는 드문 뛰어난 용모로 되었다. 추악한 모양은 흔적도 없이 사라졌다.

부처님께서는 이 추한 여인을 절세의 미인으로 만들기 위해 처음에 검푸른 머리털을 나타내셨습니다. 그러고는 상반신을 나타내시고 드디어는 온몸을 나타내셨습니다. 여인의 몸이 바뀌었습니다.

여인은 부처님의 모습을 보고 기뻐하며 마음속으로 부처님의 모습을 그렸습니다. '마음에 부자를 그리면 부자가 되고, 가난을 그리면 가난해진다. 마음속에 그리는 대로 이루어진다.'라는 말대로 이 여인은 부처님의 모습을 열심히 그렸습니다. 그러나 그리는 것만으로, 연습과 노력만으로 이루어지는 것은 아닙니다. '미인이 되겠다.' 하는 아상이 있는 한, 이루어지지 아니합니다. 아상이 없을 때 이루어집니다. 대부분은 아상이 없어지고 미인이 되겠다는 생각이 완전히 없어지는 내생에야 이루어질 것입니다.

추한 여인은 일심으로 부처님께 향했습니다. 간절히 또 간절히, 추한 껍질을 벗게 해 달라고 부처님께 빌었습니다. 간절히 그리고 일심으로 부처님께 향하는 순간, '미인이 되겠다.'라거나 '나는 추하다.' 하는 아상이 사라졌고, 이 순간에는 오직 부처님만이 있었을 뿐입니다.

즉, 『현우경』은 부처님의 신통력을 강조한 것만이 아니라, 일심一心으로 마음에 그리고 아상을 없앰으로써 추녀가 변해 미인이 되는 방법론을 제시한 것이며, 이 방법으로 후대의 추녀들도 미인이 될 수 있다고 가르쳐 주는 것입니다. 자신이 미인이 되는 방법을 터득해서 다른 사람에게 가르칠 수 있다면, 그리고 다른 사람을 미인으로 만들었다면, 이는 '복덕성을 얻었다.' 할 수 있지 않을까요?

복덕성과 복덕의 관계는 무주상 보시와 상에 주해서 행하는 보시의 관계와 맥락을 같이한다고 하겠습니다. 무주상 보시를 행하는 것은 한량없는 복(복덕성)을 얻는 원인이 되고, 상에 주해서 행하는 보시는 일시적인 복덕을 얻는 데 불과합니다.

만약에 어떤 사람이 이 경 내용 중에 최소한 사구게라도 수지하고 다른 사람에게 이야기한다면, 그 복덕은 앞에서 말한 그 복덕보다도 크나니

若復有人이 **於比經中**에 **受持乃至四句偈等**하야 **爲他人說**하면 **其福**이 **勝彼**니

내지乃至는 '또는, 혹은'이라는 뜻이지만, 문맥상으로 '최소한'이라는 뜻으로 보면 경의 진의에 어긋나지 않고 문장도 부드러울 듯합니다. 사구게四句偈는 문학적 형식을 빌려 법문을 찬송하는, 아름다운 운율을 가진 넉 줄로 된 시로, 게송이라고도 합니다. 여기에서는 금강경 내용을 포함하고 있는 간단한 글귀 정도로 해석해도 무방할 것입니다. 수지受持는 무아, 무심의 심정, 즉 진실한 마음으로 마음의 문을 열고 부처님의 가르침을 받아 배워 믿고, 자기의 것으로 하여 수행한다는 뜻입니다.

정리하면, '만약에 어떤 사람이 이 경 내용 중에서 최소한 간단한 글귀라도 수지하고 다른 사람에게 이야기한다면, 그 복은 앞에서 말한 그 복보다도 크다.'라고 할 수 있을 것입니다. 이 공덕이 큰 이유에 대하여 생각해 보겠습니다.

전에 어떤 연애 소설을 쓰는 이가 전생과 내생을 훤히 안다는 도인으로 소문난 스님을 찾아와 질문하였다.

"저의 다음 생은 어떻게 되겠습니까?"

"너는 화탕 지옥에 갈 것이다."

"어째서 그렇습니까?"

"너는 연애 소설을 쓸 때 네 마음이 뜨끈뜨끈했을 것이다. 그런데 네 마음만 아니라 그 글을 읽는 많은 사람의 마음도 뜨끈뜨끈하게 하였다. 그러니까 네 주위의 온 우주가 뜨끈뜨끈할 것이다. 그러하니 너는 뜨끈뜨끈한 결과를 받지 않겠느냐?"

이것은 좋은 일이건 나쁜 일이건, 혼자서 하는 것보다는 여럿을 위하여 하는 경우에 돌아오는 과보의 범위도 더욱 광대함을 나타내는 글입니다. 그러니까 우선은 자기가 금강경을 이해하고 실천하고 깨달아서 편안해진 뒤에는, 다른 사람을 위해서 편안해지도록 이야기해 주는 것이, 혼자서 알고 있는 것보다 상당히 큰 공덕이 될 것입니다.

더욱이 이 금강경은 부처님과 깨달음을 낳는 경, 즉 부처님의 지혜인 무상정등정각(위없이 높고 바르고 두루한 깨달음)을 이룬다는 경이기 때문에, 그 복이 삼천대천세계에 가득한 칠보로 보시한 복덕보다도 크다고 하신 것입니다.

왜냐하면 시방삼세의 모든 부처님 그리고 그 모든 부처님이 얻으신 진리의 깨달음이 모두 이 경에서 나왔기 때문이니라.

何以故오 **須菩提**여, **一切諸佛**과 **及諸佛阿耨多羅三藐三菩提法**이 **皆從此經**이 **出**이니라.

과거의 부처님과 현재의 부처님 모두 이 금강경의 말씀에 의해서 성불할 수 있었으며, 모든 부처님이 밝아질 수 있었던 그 무상정등정각이 모두 이 금강경에서 나왔음을 이르는 말씀입니다.

이러한 금강경의 가르침을 실천하는 수행 방법을 한마디로 말한다면 '중생을 부처님 만드는 법'이라고 할 수 있습니다. 그러니까 이 '중생을 부처님 만드는 법'으로 과거의 부처님도 현재의 부처님도 성불할 수 있었고, 미래의 부처님도 이 방법으로 성불할 것이며, 또한 이 법으로써 모든 중생이 밝아질 수 있음을 이르는 말씀이 "일체제불 급제불아누다라삼막삼보리법 개종차경 출"이라고 할 수 있습니다.

수보리여, 소위 불법자라 하는 것은 불법이 아니다.

須菩提여, **所謂佛法者**는 **卽非佛法**이니라.

'이런 것이 불법이오.' 하고 주장한다든지 '나는 불법을 잘 실천한다.'라고 하는 것은 실제로 불법을 행하는 사람이 아니라 '불법을 합네.' 하면서 실제로는 불법을 행하지 않는 '소위불법자所謂佛法者'에 해당한다고 할 수 있습니다. 이런 사람일수록 실제로 불법과는 거리가 먼 생활을 하는 경우가 많은데, 이것을 '즉비불법卽非佛法'이라 할 것입니다.

세상일도 이와 유사한 경우가 많습니다. 부모가 자식을 사랑하는 일은 천륜이요, 지극히 당연한 일로 여겨집니다. 그런데 부모라고 하면서 '자식을 사랑합네' 한다든지 '자식 사랑'이라고 주장한다면, 이들은 자식 사랑을 하지 않든지 또는 친부모가 아닐 공산이 많습니다. 마찬가지로 불법이란 본래 부처와 중생이 둘이 아닌 것을 깨닫는 법이어서 부모가 자식 사랑하는 것이나 물이 높은 곳에서 낮은 곳으로 흐르는 것처럼 당연한 것인데, '불법을 합네' 한다면 이 사람은 하는 척하는 사람이거나 불법을 하지 않는 사람일 것입니다.

'불법을 합네' 하는 사람은 불법을 행하는 사람이 아니라는 가르침은 우리의 일상생활에서도 참으로 많이 발견할 수 있습니다. 중국 당나라에서 다음과 같은 재미있는 이야기가 전해 옵니다.*

> 중국 역사에는 여자 임금이 딱 한 사람 있다. 바로 당나라의 측천무후다. 측천무후는 훌륭한 남자를 늘 곁에 두고 국정에 관

---

* 김원수, 『마음을 어디로 향하고 있는가』(김영사, 2018)

한 의견을 듣고 싶었지만 아무래도 주위의 눈총이 두려웠다.

그래서 그녀는 좋은 꾀를 생각해 냈다. 당대에 덕망 높기로 유명한 두 스님을 궁궐로 초대한 것이었다. 한 스님은 당시 국사로 있던 충국사忠國師였고 또 한 스님은 신수神秀 대사였다. 함께 있으려면 조금이라도 여색을 탐해서는 아니 되겠기에 측천무후는 두 스님 중 좀 더 여색에 초연한 스님을 고르려는 것이었다.

"스님들도 때로는 여자 생각이 나십니까?" 측천무후가 두 스님을 떠보았다. 이에 대해 충국사는 "우리는 절대로 그런 일이 없습니다."라고 답하였다. 그러나 신수 대사는 "몸뚱이가 있는 한 그런 생각이 없을 수 없겠지만 다만 방심치 않을 뿐입니다." 하였다.

측천무후는 두 스님을 목욕탕으로 들여보냈다. 그러고는 반반해 뵈는 몇몇 궁녀를 홀딱 벗겨서 스님들 때를 닦아 드리게 하였다. 그래 놓고 자신은 목욕탕 꼭대기 유리문을 통해 스님들을 관찰하였다. 그런데 이게 어찌 된 일인가! 절대로 여색에 동하지 않는다던 충국사는 몹시 흥분하여 어쩔 줄 몰라 했고, 몸뚱이 착이 없을 수 없다던 신수 대사는 여여如如하여 조금도 달라짐이 없었다.

측천무후는 "물에 들어가니 길고 짧음을 알겠더라入水見長." 하는 시를 짓고, 이후 신수 대사를 곁에 늘 모시고 국정을 논하였다.

충국사는 당시 측천무후의 국사로 있었던 사람입니다. 그는 자기 자신은 청정하다고 주장하였지만 실지로는 닦지 않았던 것이 분명합니다. 불법을 즐기지는 아니했던 사람임이 틀림없습니다. 무형의 불법을 좋아하기보다는 명예나 가시적인 성과를 더욱 좋아하였을 것입니다. 이런 경우의 사람은 '소위불법자'가 될 것이고 따라서 '즉비불법'이라 할 수 있습니다. 그러나 신수 대사는 '불법을 합네' 하지도 않으면서 실지로 불법을 하는 사람, 불법을 참 좋아하는 사람이라고 할 수 있습니다.

유명한 사람으로 평이 나 있는 사람일수록 실제로 그렇게 내실 있는 사람이 아닐 공산은 크다고 보아야 할 것입니다. 유명해졌다는 것은 저절로 되었다기보다는 자기가 유명해지려고 노력했다고 보아야 합니다. 가만히 있으면서 저절로 유명해지기는 쉽지 않을 것입니다. 순수하게 일을 좋아한다든지 순수하게 도를 좋아하는 사람이라면, 유명해지는 것하고는 관계가 없을 것입니다. 이처럼, 유명하다고 하는 것은 사실은 중요한 것이 아니라는 뜻으로 '소위불법자 즉비불법'을 이해할 수도 있습니다.

그래서 도인들은 한 군데 오래 머물러 있지 않는다고 합니다. 어느 한 곳에 머물면 사람들이 모여들게 되고 유명해지기 쉽겠지요. 유명해지면, 실제로 공부에 전념하기보다는 더욱 유명해지려고 노력하게 되어, 자연히 본래 목적인 공부와는 거리가 멀어지게 될 것입니다.

대원군이 중창한 것으로 알려진 경복궁은 원래 천보살이라는, 불도에 굉장히 조예가 깊은 분이 지었다는데, 그분이 계시는 곳엔

늘 많은 사람이 모여들어 공부하였답니다. 그런데 사람들이 모이고 유명해지면 공부에 지장을 받게 되어서, 소리 없이 그 절을 떠나 새로운 곳에 가서 조용히 공부하였다고 합니다. 그러다가 다시 사람들이 많이 모여들고 유명해지면 또 그 절을 떠나 다른 곳으로 가곤 했다는 것입니다. 그러한 분들은 유명해지는 것이 목적이 아니었을 것입니다. '소위불법자 즉비불법'을 깨달은 분의 행동이라 할 수 있겠지요.

9

진리는 한 모양이라고 하지만, 그것도 본래 없다

第九 一相無相分

금강경 9분에서는 성과(聖果, 수행으로 얻은 참된 결과)인 수다원, 사다함, 아나함, 아라한도 얻은 것이 없음을 설하십니다. 진리는 오직 형상이 없는 한 모양임을 나타내고 있습니다.

수보리여, 어떻게 생각하느냐? 수다원이 정말 수다원이 되었다면 '내가 수다원의 경지를 얻었다'는 생각을 하겠느냐?
수보리 존자가 대답하기를,
아닙니다. 세존이시여, 수다원은 입류로 불리며 성자의 축에 들어간다고 합니다마는, 들어가는 바도 없고 또 색성향미촉법에도 들어가지 않으므로 그것을 이름하여 수다원이라 합니다.
수보리여, 어떻게 생각하느냐? 사다함이 정말 사다함의 경지를

얻었다면 '내가 사다함의 경지를 얻었다'는 생각을 하겠느냐?

수보리 존자가 대답하기를,

아닙니다. 세존이시여, 왜냐하면 사다함은 이름이 일왕래이지만 실제로는 왕래가 없기 때문에 그 이름을 사다함이라고 하기 때문입니다.

수보리여, 어떻게 생각하느냐? 아나함이 정말 아나함의 경지를 얻었다면 '내가 아나함의 경지를 얻었다'고 생각하겠느냐?

수보리 존자가 대답하기를,

아닙니다. 세존이시여, 왜냐하면 아나함은 이름이 불래이지만 실제로 불래도 없는 것이기 때문에 그런 연고로 아나함이라고 부르기 때문입니다.

수보리여, 어떻게 생각하느냐? 아라한이 아라한의 경지를 실제로 얻었다면 '내가 아라한의 도를 얻었다'고 생각하겠느냐?

수보리 존자가 대답하기를,

아닙니다. 세존이시여, 왜냐하면 실로 법이 있지 않으므로 이름하여 아라한이라고 하기 때문입니다.

須菩提여, 於意云何오 須陀洹이 能作是念이면 我得須陀洹果不아

須菩提言하되

不也니다. 世尊하, 何以故오 須陀洹은 名爲入流로되 而無所入하야 不入色聲香味觸法이 是名須陀洹이니이다.

須菩提여, 於意云何오 斯陀含이 能作是念이면 我得斯陀含果不아

須菩提言하되

不也니다. 世尊하. 何以故오 斯陀含은 名이 一往來로되 而實無往來ㄹ새 是名斯陀含이니이다.

須菩提여. 於意云何오 阿那含이 能作是念이면 我得阿那含果不아

須菩提言하되

不也니다. 世尊하. 何以故오 阿那含은 名爲不來로되 而實無不來ㄹ새 是故로 名이 阿那含이니이다.

須菩提여. 於意云何오 阿羅漢이 能作是念이면 我得阿羅漢道不아

須菩提言하되

不也니다. 世尊하. 何以故오 實無有法을 名이 阿羅漢이니이다.

부처님의 말씀을 듣고 깨달음에 이르는 데는 네 단계가 있나 봅니다. 첫 단계가 수다원입니다. 수다원은 성인의 대열에 들어섰다는 뜻으로, 도를 즐기는 맛을 알기 시작한 사람입니다. 도를 즐기려면 6분의 말씀처럼 계를 지니고 복을 지어야 합니다.

'복'이란 어떤 행위를 자꾸 반복한 결과로 몸과 마음, 환경(주변)이 부드러워지는 것을 말합니다. 어떤 목적을 가지고 되풀이해서 하는 연습은 모두 복 짓는 일에 속한다고 하겠습니다. 업보가 부드러워진다고도 할 수 있겠지요. 복을 지으면 덕이 생깁니다. '덕'이란 복을 지은 결과 부드러워진 것을 말합니다.

이렇게 되면 공부도 할 맛이 나고, 공부가 할 맛이 나면 도를 싫어하지 아니하고 계속 좋아할 수 있게 됩니다. 이러한 상태를 도의 맛을 아는 입류入流, 즉 수다원이라 하겠습니다. 몸뚱이 착을 거스

르는 일과 공부하는 일이 이제는 싫고 귀찮은 일이 아니라 즐거운 일로 변한 것입니다. 도를 즐기므로 시간 가는 줄을 모르는 낙도망년樂道忘年의 경지에 이르는 것입니다.

그러나 공부를 계속하여 경지가 더욱 높아지면 높아질수록 숙세宿世에 지어 놓은 자기의 업장들이 하나씩 하나씩 자꾸 다가와 "어서 나를 해결해 주시오. 어서 나도 해결해 주시오." 하면서 극성을 부린다고 합니다. 무시겁으로 별별 죄업을 다 저질렀기 때문이지요. 이것을 도고마성道高魔盛이라고 할까요. 외부의 업보(장애)가 약하면 금생에 쉽게 해결(해탈)할 수도 있지만, 죄업이 심하면 가만히 앉아서 마음으로 수도하는 노력 외에 몸뚱이의 노력(연습하여 복 짓는 일)이 절대적으로 필요합니다.

심한 경우에는 복 짓고 혜를 닦는 육체적, 정신적 노력을 기울여도 금생에 해탈할 수 없는 죄업이 있기도 한 모양입니다. 예를 들면 마음속에 깊이 새겨 넣은 한恨이 남아 있는 한, 금생에는 깨달음을 얻기 힘들다고 합니다. 이런 사람들은 더 오랜 시간 부처님을 향하면서 몸뚱이를 더욱 수고롭게 해야, 즉 몇 생 동안 몸뚱이로 복을 더 지어야 깨닫게 될 것입니다.

다음 이야기를 보고 함께 검토해 보지요.*

옛날 묘향산 금선대에 두 스님이 열심히 수도를 하고 있었다.

---

* 김원수, 『마음을 어디로 향하고 있는가』(김영사, 2018)

그러던 어느 날 한 스님이 그만 수도 생활에 싫증이 났다. 그동안 실컷 닦았으니 수도는 좀 쉬었다가 하고, 한양이라는 곳이 어떻게 생긴 곳인지 한번 구경이나 하고 와야겠다고 생각하였다. 스님은 부랴부랴 짐을 꾸려서, 한양을 향해 길을 떠났다.

묘향산에서 나와 박천을 지나 막 푸줏간 앞을 지날 때였다. 우연히 푸줏간을 들여다보니 한 젊은 백정이 날카로운 칼로 한참 고기를 바르고 있었다. 난생처음 보는 광경이었다. 하도 신기하여 넋을 잃고 바라보니, 날랜 손놀림으로 뼈와 뼈 사이 구석구석 붙어 있는 살점까지 깨끗이 발라내는 백정의 칼 솜씨가 혀를 내두를 정도였다. 그는 감탄한 나머지 생각하였다.

'옳거니, 저 백정이 뼈마다 구석구석까지 살점을 발라내듯이 마음도 그렇게 철저히 닦아야 하겠구나!'

생각이 여기에 미치자, 스님은 철저히 닦는 것을 배우기 위하여 즉시 몸을 버리고 그 푸줏간 집의 아들로 태어나게 되었다. 마침 젊은 백정은 아내를 맞이하여 아기를 간절히 원하는 때였으므로…. 아상이 많이 닦인 순수한 마음의 소유자는 한 생각에 빠지면 즉시 일이 성사되는 법이다. 푸줏간 아들로 태어난 스님은 성장하여 소원대로 고기 다루는 일을 하게 되었다.

한편, 묘향산에 남아 수도를 계속하던 스님은 세월이 흘러 어느덧 팔십여 세가 되었다.

'누가 곁에 있어야, 죽으면 시체라도 거두어 줄 텐데…. 한양 구경을 떠난 스님은 영 돌아오지 않으려나. 떠난 지 벌써 이십여 년

이 되었는데도 소식이 없는 것을 보면, 분명히 무슨 일이 생긴 게지.'

스님이 정定에 들어 관찰하니 그 스님은 멀리도 안 가고 박천 언저리에 푸줏간 백정이 되어 있었다. 푸줏간 안을 들여다보니, 과연 열심히 고기를 다루는 젊은이가 있었다.

'흐음, 그래. 한양 구경도 못 하고 겨우 푸줏간 백정이 되었구먼.'

닦아서 도를 깨쳐야 할 사람이 고기 다루는 일에 빠진 것이 측은하고 안타깝기도 하여, 스님은 그를 다시 발심시키기로 하였다. 스님은 푸줏간 앞에서 크게 세 번 목탁을 두드렸다. 목탁 소리를 들은 젊은 백정은 제정신이 들며, 자신의 전생을 기억해 냈다. 그는 즉시 칼이며 도마며 고기를 다 내던지고 스님을 따라나섰다.

백정 노릇을 하던 스님의 마음속에는 한양 구경을 하고 싶은 한恨이 있었습니다. 이러한 한이 남아 있는 한, 공부에 온전한 취미를 갖기는 어려울 것이며, 따라서 깨달음을 얻기도 어려울 것입니다. 백정 노릇도 해 보면서 복을 짓고 그 마음을 해탈한 다음에는 스님의 마음에 별다른 장애가 없으니 공부에 온전한 취미를 가질 수 있으며, 더 높은 깨달음에도 도달할 수 있을 것입니다.

수다원은 성인의 첫 단계입니다. 마음에 해결해야 할 과제가 상당히 남아 있습니다. 그것이 다 해결될 때까지는 깨달음을 잠시 유보할 수밖에 없습니다. 일곱 번을 더 인간의 몸을 받고, 복을 짓고 완전히 한을 풀어야 깨달음을 얻을 수 있습니다. 사다함은 천상에

한 번 갔다가 인간 세계에 다시 오면, 즉 다음 생만 더 닦으면 도인이 됩니다. 아나함은 사바세계에는 더이상 인연이 없어, 죽은 뒤 하늘나라에는 태어나도 사바세계에 다시 태어나지 않을 정도로 닦을 것이 적은 경우입니다. 내생에 천상으로 가서 바로 도인이 된다고 하여 '불래'라고 합니다.

몸뚱이에 병이 없는 사람을 건강한 사람이라고 합니다. 마음에 걸림이 적다면 정신적으로 건강하다 할 수 있겠습니다. '마음에 걸림'이란 일종의 병적 요소로, 정신을 약하게 하며 불건강의 원인이 됩니다.

수다원의 정신 건강은 어느 정도인가? 그는 색성향미촉법에 흔들리지 않아서 "너는 성인의 문에 들어섰다. 7생 후에는 밝아진다." 하여도 마음이 흔들리지 않을 정도로 건강하다는 것이지요.

잘난 척하는 것은 자기 정신이 건강하지 못해서 그렇습니다. 도를 즐기는 마음, 부처님을 향하는 마음이 부족해서 그러합니다. 건강한 사람은 웬만한 자극에 동요하지 않는데, 약한 사람은 조금만 자극을 줘도 흔들흔들하지 않습니까?

사다함은 "너는 사다함 정도가 되었다." 해도 조금도 잘난 척하지 않고 마음이 흔들리지 않을 정도로 된 것은 물론이요, 실로 한 번 갔다 오면 깨달은 이가 된다고 하지만 왕래라는 분별조차 없을 정도로 마음이 건강한 사람입니다.

아나함은 수다원이나 사다함보다도 더 건강합니다. 내생에 된다고 하지만, 된다고 하는 생각조차도 없을 정도로 건강한 사람입니다.

아라한은 더욱 건강해서 자극이란 본래 없다는 것을 깨달은 사람을 말합니다.

『능엄경』에 나오는 그 비유가 참으로 적절합니다. 삼눈을 앓는 사람은 허공에 꽃이 꼭 있는 것처럼 보이지만, 삼눈을 앓지 않는 건강한 사람에겐 허공에 꽃이고 뭐고 아무것도 없지 않습니까? 이처럼 건강한 사람은 '내가 수다원과, 사다함과, 아나함과, 아라한도를 얻었다.' 하는 분별을 내지 않는다고 할 수 있겠지요.

아라한은 금생에 바로 도인이 되는 이, 또는 금생에 깨친 이(도인)를 말합니다. 부처님께서 다시 수보리 존자에게 "아라한이 '내가 아라한의 도를 얻었다'고 하면, 그가 아라한의 경지를 실제로 얻었겠느냐?"라고 묻습니다. 아라한은 무학無學이라고도 하지요. 더 이상 배울 것이 없다는 뜻입니다. 깨달아 도인이 된 사람을 의미합니다. '본래 법이란 것도 없다. 모두 헛되고 헛된 것이다.'라는 진리를 깨달은 분이 아라한입니다. 선근이 깊으며 죄업이 엷고, 열심히 복 짓고 수도한 사람은, 금생에 아라한도를 얻을 것입니다.

사람들은 모두 그 근기가 같지 아니하여, 선근이 깊고 신심이 많은 사람은 부처님의 말씀을 듣고 쉽게 이해하고 공경심을 내지만, 신심이 적고 공경심이 적은 사람은 공경심을 내는 것이 마음의 노력만으로는 역부족이므로, 수천 배의 절을 하는 등 육체적인 노력을 기울여야 할 필요가 있습니다. 부처님을 깊이 공경하는 사람은 부처님의 말씀 한마디에 모든 욕심을 버릴 수 있지만, 욕심이 많은 사람은 시주금을 냄으로써 비로소 어느 정도 탐심을 제거할 수 있습니다.

다시 말하면 준비가 덜 된 분, 즉 숙세에 덜 닦은 분은 준비가 많이 된 분처럼 쉽게 깨달음을 이루지 못하므로, 마음만으로는 부족하고 몸뚱이의 노력까지 동원하여야 '항복기심'이 되어 마침내 깨달음에 이를 것입니다.

금생에 복을 열심히 짓고 드디어는 깨달음을 성취해 아라한이 된 사람과 그렇지 못한 사람들의 이야기를 들어 봅니다.*

부설浮雪은 신라 사람으로 십여 세에 불국사에서 중이 되어 경, 율, 론 삼장을 섭렵한 뒤에 도반인 영희靈熙, 영조靈照와 함께 중국으로 유학의 길을 떠나게 되었다. 지금의 포항에서 배를 타면 남해로 돌아서 서해로 빠져 중국으로 가는 것이 예정된 항로였다. 그런데 남해를 지나면서 심한 풍랑을 만난 배는 마침내 난파되고 말았다. 이쯤 되고 나니 세 스님의 마음은 약해지지 않을 수 없었다. 꼭 유학을 가야만 성불할 수 있느냐는 생각이 든 것이다.

결국 이들은 유학을 포기하고 두류산(지금의 지리산)으로 가서 토굴을 파고 참선하기 시작했다. 여기서 3년을 지낸 스님들은 다시 길을 떠나 천관산 천관사로 가서 몇 해 더 수도했다. 그다음은 내장산 깊숙이 있는 묘적암에서 3년을 지냈다.

---

* 오고산, 『조사祖師의 선화禪話』(보련각, 1982)

불국사를 떠나온 지 약 20년, 이들은 어디를 가나 함께 다녔고 또 머물 적에도 함께 머물렀다. 세 사람이 도반이긴 하지만 나이가 맨 위인 부설이 형 노릇을 했고, 그다음이 영희 영조의 순이었다. 묘적암에서 3년을 살고 나니 또 다른 명승지로 자리를 옮기고 싶어졌다.

"그럼 어디로 갈까?"

영희, 영조가 다른 데로 가자고 조르니 부설은 그들의 의견을 물었다.

"오대산으로 가세."

"오대산은 문수 대성의 상주 도량이라 하지 않는가? 기왕 중국에 못 갔으니 우리나라 명산이라도 두루 돌아보아야지."

이들은 미리 의논해 놓고 부설을 졸랐다.

"자네들이 원한다면…."

부설도 굳이 마다할 이유가 없었으므로 두 도반의 뜻에 동의하였다.

내장산에서 호남평야를 가로지르며 북으로 향하던 영희, 영조는 부안 지역의 보안산이 아득히 보이자, 기왕 지나는 길이니 보안산을 마저 보고 가는 게 어떠냐고 부설을 졸랐다. 이들은 보안산을 향하여 가는 도중 김제 만경평야에 접어들어 두릉골이라는 마을에서 하룻밤 지내게 되었다.

그런데 일이 꼬이느라고 이튿날부터 비가 주룩주룩 내리기 시작하였다. 하는 수 없이 여러 날 묵게 되었는데, 그러는 사이 그

댁 외동딸인 묘화 아가씨가 부설의 모습을 보고 그만 반해서, 죽기로써 지아비로 모시겠다고 발버둥을 쳤다. 지아비가 되어 주지 않으면 죽어서 원혼이 되어 따라다니겠다는 것이었다. 처음에는 일소에 붙였으나 묘화의 부모가 간청하자 부설은 숙생의 업연을 절감하고 묘화 아가씨의 청을 들어주기로 하였다. 물론 두 도반은 적극 말렸지만, 부설의 결정을 돌이킬 수 없었다.

부설은 그 후 십여 년 동안 아들딸 낳고 농사짓고 포교도 하며 지냈다. 부설의 나이 오십이 넘어서자 서서히 가산을 정리하여 보안산으로 집을 옮겼다. 이제는 세속 사람들도 어지간히 교화시켰으므로 자신의 공부에 매진하고 싶었다.

보안산으로 집을 옮기고, 뒤뜰에 토굴을 파고 사립문을 돌담으로 막아 구멍 하나만을 뚫어 조식 끼니를 먹으며 오롯이 정진에 힘썼다. 혹 그를 찾아오는 사람이 있으면 중풍 든 행세를 하였으므로 몇 달이 안 가서 외부 사람들의 자취는 완전히 끊기고 말았다.

묘화 부인은 남편의 뒷바라지에 최선을 다하였다. 부인은 손수 농사일을 보살피고 남매를 가르쳤으며, 남편의 공부를 헌신적으로 도왔다. 그러고 5년, 그는 이 토굴에서 회갑을 맞았지만 그런 것을 알지도 못하였고, 오로지 정진에 힘쓴 끝에 하루는 허공이 무너지고 대지가 가라앉는 경지에 이르러 문득 확철대오하였다.

그러던 어느 날 영희와 영조 도반이 그를 찾아왔다. 세 사람은 그동안의 공부를 시험하게 되었다. 부설은 부인에게 병 세 개에

물을 담아 오라 하였다.

"모름지기 공부란 입으로 하는 것이 아니고 실제로 참구하고 닦는 데 있으니, 우리 이 병을 깨되 물은 쏟지 마세."

병을 각각 노끈으로 동여매어 시렁에 매달아 놓고, 각자 자기 실력을 보이는 계기가 마련되었다.

처음에는 영조가 병을 쳤다. 물이 쏟아졌다. 다음은 영희가 쳤다. 그도 마찬가지였다. 맨 마지막에 부설이 막대를 들고 잠시 잠잠히 앉았더니 병을 탁 쳤다. 그런데 이게 어인 이변인가? 병은 깨어져 산산이 부서졌는데 병 모양의 물은 대롱대롱 매달려 있는 게 아닌가!

부설은 이윽고 입을 열었다.

"자네들이 비구의 계를 지니고 온전히 문수 대성의 도량에서 정진하였으니 나보다 월등히 앞선 줄 알았는데 도리어 진세에 묻힌 나보다도 못하니, 이래서야 무슨 출가 공덕이 있겠는가? 병이 깨지자 물이 함께 쏟아진 것은 자심自心이 생멸에 이끌린 증거요, 병은 깨졌지만 물이 매달린 것은 자심이 생멸에 이끌리지 않은 것 아니겠는가? 부디 아직 기운이 쇠하지 않았으니 더욱 분발하여 정진하고 또 내 남매도 지도해 주기를 바라네. 나는 두 해 전에 깨치고 바로 열반에 들려고 하다가 우정 자네들과의 약속을 지키느라 오늘이 있기를 기다렸네."

세상 사람들의 눈으로 본다면 부설 스님이 파계했다고 하겠지만,

아마도 부설의 입장에서는 파계가 아니고 숙세에 맺은 지중한 업보 해탈의 계기였으며, 깨달음을 위해 필요한 보조 수단이었을 것입니다. 자식 낳고 농사짓고 포교하는 일이 보통 사람들의 일인 것 같아도, 부설로서는 깨달음을 위해 복 짓는 일이었습니다.

부설이 전생에 더욱 잘 닦고 부처님 향하는 마음이 더욱 돈독하였더라면 묘화 아가씨와 결혼하지 않고도 깨달을 수 있었을 것입니다. 비록 그렇지는 못했을지라도 몸뚱이를 던져 부지런히 복을 지음으로써 법기法器가 되기에 부족한 조건을 극복하였고, 드디어 금생에 깨달음을 성취할 수 있었습니다.

그러나 영희나 영조는 부설보다 좋은 조건을 갖추었지만, 부설처럼 도를 좋아하고 부처님을 좋아하지 못하였나 봅니다. 부설이 묘화 아가씨와 결혼했을 때 영희나 영조는 속으로 무시했습니다. 부설은 이미 끝난 사람이라고. 이처럼 다른 사람을 무시하는 마음은 자기가 잘났다는 마음이며 건강하지 못한 마음이요, 도를 즐긴다고 할 수 없는 마음이요, 부처님을 좋아하지 않는 마음입니다.

세존이시여, 만약 아라한이 '내가 아라한의 경지를 얻었다'고 생각한다면, 그것은 곧 아상 인상 중생상 수자상에 착着하여 생각하는 것입니다.

세존이시여, 부처님께서 말씀하시길 제가 남과 다툼이 없는 삼매를 얻어서, 삼매 공부하는 사람 중에서도 제일 잘하고 있다고 하신다면, 그것은 이 공부하는 사람들 가운데 제일인 아라

한이라는 뜻일 것입니다.

제가 아라한의 경지를 얻었다고 생각하지 않기 때문에, 이렇게 아라한의 경지를 얻었다는 욕심에서 떠날 수 있게 되었습니다.

세존이시여, 제가 아라한의 경지를 얻었다고 생각한다면, 세존께서는 수보리야말로 아란나행을 즐기는 사람이라고 말씀하시지 않을 것입니다. 저(수보리)는 실제로 무쟁삼매의 수행을 잘하고 있다고 생각하지 않기 때문에(實無所行), 세존께서 수보리가 아란나행을 즐긴다고 말씀하십니다.

世尊하, 若阿羅漢이 作是念하되 我得阿羅漢道라하면 卽爲着我人衆生壽者니이다. 世尊하, 佛說我得無諍三昧하야 人中最爲第一이라하시면 是第一離欲阿羅漢이니이다.

我不作是念하되 我是離欲阿羅漢이니이다.

世尊하, 我若作是念하되 我得阿羅漢道라하면 世尊하, 則不說須菩提가 是樂阿蘭那行者니 以須菩提 實無所行일새 而名須菩提 是樂阿蘭那行이니다.

진실한 수도인은 실제로 자신이 어느 정도의 수준이 되는지 알려고 하지 않습니다. 오직 부처님을 향하고 도를 즐길 뿐입니다. '내가 어느 정도일까?' 하는 것은 그들의 관심사가 아닙니다. 다만 스승인 부처님께서 "너는 이런 정도다." 하고 이야기해 주실 때만, 자신의 정도가 그런가 할 뿐입니다.

깊은 산속에서 일심으로 부처님을 향하는 스님이 있었습니다. 그 스님은 수도의 참맛을 아는지, 세월 가는 줄 모르고 수도에 전념하고 있었습니다. 하루는 지나가던 사람이 스님에게 물었습니다.

"스님, 이 산에 오셔서 수도하신 지 얼마나 되십니까?"

"글쎄, 얼마나 되었나? 아 참, 잘 모르겠는데. 그런데 생각해 보니, 내가 와서 저 앞에 있는 벚나무가 세 번 꽃피는 것을 보았네."

이 스님은 공부한 연륜에 대해서는 아무 관심이 없었습니다. 그러니까 몇 년 수도하였다는 자부심도 아상도 있을 리 없습니다. 그에게 수도하였다는 분별(아상)이 있었다면 즉시 몇 년 수도하였다는 대답을 할 수 있었을 것입니다. 그러나 그는 분별이 없이, 오직 수도만 즐겼을 뿐입니다. 누가 물었을 때, 벚나무가 세 번 꽃피웠다는 것을 기억해 냈을 뿐입니다. 이것은 오로지 수도에만 전념할 뿐, 다른 일은 전혀 관심의 대상이 아니라는 심경을 나타낸 것입니다.

마찬가지로 부처님께서 수보리에게 "너는 다툼이 없는 삼매를 얻은 사람 중에서 가장 제일이다." 하시니까, 그때까지 자기가 어느 정도인지 전혀 관심 없이 지내던 수보리 존자는 그제야 자신이 다툼이 없는 삼매를 얻은 사람 중에서 가장 제일 나은가보다 생각하였을 것입니다.

다툼이 없는 삼매를 얻은 사람 중에서 가장 제일이라는 것은 가장 욕심을 벗어난 아라한이라는 뜻입니다. 그러나 이렇게 칭찬해 줄 때도 자신(수보리)이 아라한이라는 자부심을 나타내지 아니하였을 것입니다. 들뜨지도 않았을 것입니다. 한 번 확인하고는 그만입니다. 다시 무심할 뿐입니다.

수보리 존자는 부처님의 칭찬에도 전혀 흔들리지 아니할 만큼 건강하고, 실제로 무엇이 '있다, 없다'라는 생각에서 벗어나 있기 때문입니다. 이것을 '아란나행을 즐긴다.'라고 할 수 있겠지요. 정신적으로 건강한 사람은 '있다, '없다'라는 생각에서 벗어나 있는 반면, 정신적으로 약한 사람들은 '기다, 아니다', '있다, 없다'에 매달립니다.

10

부처님의 세계를 장엄하라

第十 莊嚴淨土分

금강경 2분에서 수보리 존자가 성불에 관하여 '응운하주'와 '운하항복기심'을 질문하였고, 부처님께서는 3분에서 9분까지 그에 대하여 답하셨습니다. 그리고 10분에서는 부처님께서 쭉 설하신 내용들을 올바르게 보고 실행하는 방법을 설하십니다. 즉, '응무소주이생기심'은 수보리 존자의 질문에 대한 대답의 결론이며, 성불하는 구체적인 방법인 것입니다.

부처님께서 수보리 존자에게 말씀하시기를,
어떻게 생각하느냐? 여래가 연등 부처님 회상에서 진리를 얻은 바가 있느냐?
아닙니다. 세존이시여, 부처님께서 연등 부처님 처소에 계실 때

진리를 실제로 얻은 바가 있지 않습니다.

佛告須菩提하사되,

於意云何오 **如來 昔在然燈佛所**에 **於法**에 **有所得不**아

不也니다. **世尊**하, **如來 在然燈佛所**에 **於法**에 **實無所得**이시니이다.

금강경은 한문도 쉽고 글도 쉬워서 보통 사람들도 조금만 공부하면 다 아는 것 같이 느껴지기도 하겠습니다만, 좀 더 깊숙이 들어가면 알기 어려운 내용이 많습니다. 마치 선사의 화두와 같이 한 문장 한 문장이 깊은 뜻이 있어서 의미를 알 듯도 하고 모를 듯도 한데, 이것은 분별이 쉬고 마음이 닦여야 분명히 알아질 것입니다.

세상 사람들에게 "사는 목적이 무엇이냐?"라고 묻는다면, 대부분 "내 몸뚱이를 보존하고 몸뚱이를 즐겁게 하기 위해서 산다."라고 할 것입니다. 여기서 말하는 '몸뚱이'란 정신적인 것과 육체적인 것을 포함하며, 말하자면 자기의 생각, 사상, 감정과 육체를 통틀어 지칭하는 것입니다. 이들은 몸뚱이를 보존하고 몸뚱이를 즐겁게 하려고 여러 가지 필요한 것을 찾아 평생 많은 수고를 합니다. 많은 것을 쌓아 두려고 합니다. 돈, 지위, 사랑, 권세, 명예, 명성, 영화 등을 찾아서 많은 애를 씁니다. 이러한 것들이 몸뚱이를 보존하고 즐겁게 한다고 보기 때문입니다. 자식을 훌륭하게 잘 키우려고 하는 것도 결국은 자신의 몸뚱이를 즐겁게 하기 위한 행위일 뿐입니다.

이렇게 자기 몸뚱이를 보존하고 즐기며 사는 방식은 보통 사람

들로서는 당연할 것입니다. 이들은 몸뚱이를 보존하고 즐기는 것에 너무나 길들어져 있어서 매사에 겉으로 나타난 것에만 가치를 둡니다. 그러다가 때로는 '이렇게 사는 것이 옳게 사는 것인가?' 또는 '이렇게 사는 삶이 내가 가야 할 길이 아닌데!'라고 느끼기도 합니다.

이들은 세상을 잘사는 길과 부처님을 향하여 마음 닦는 길을 다른 것으로 봅니다. 그래서 때로는 그 사이에서 갈등을 느끼고 번민하기도 합니다.

세상을 잘사는 길과 부처님을 따르는 길은 전혀 반대되는 길일까요, 아니면 서로 유사한 길일까요? 이것은 매우 오래전부터 논의해 온 문제입니다. 진실로 부처님을 향하는 사람일수록 갈등을 많이 느끼지만, 이러한 갈등과 번민은 부처님을 향하게 하는 원동력이 될 수 있습니다.

한 불자의 이야기를 들어 봅니다.*

내가 10년 전 ○○ 대학 학장으로 임명받아 취임하던 때, 40대 중반의 젊은 학장이라고 제법 호기를 가지고 대학의 발전을 위하여 의욕과 노력을 보였던 것 같다. 학회나 지방회의에 가게 되면 그 주위의 유명 사찰을 방문할 때가 많았고, 그때마다 부처님께 참배하고 나서 본교와 제자를 축원하는 마음으로 복전함에 꼭 작은 공양이라도 잊지 않았다. 그리고 그 공이 있었던지

---

* 정환담, 『교수신문』(1994. 4)

우리 대학이 성장하는 기세가 보이기도 했다.

2년이 번쩍 지나 학장 임기가 끝나고 나니 외로움과 서운한 생각이 그지없었다. 이전에는 모든 것을 상의하던 동문 교수들이 이제는 나를 멀리하는 듯한 서운한 마음이 일어나는 것을 금할 길이 없었다. 그 원인이 무엇인가도 알 수 없었다.

그 후 태안사의 청화 큰스님을 찾아뵈었다. 그 자비스러운 존안을 대하고 나서 나의 괴로움의 근원이 바로 그분의 교훈대로 탐貪 진嗔 치痴 만慢 의疑, 오독심五毒心이며, 특히 나에게는 학장 2년에 얻은 학장병이라는 자만심이 나도 모르게 자라고 있음을 깨닫게 되었다.

큰 법당에서 부처님 전에 하심하는 마음으로 몇 차례 백팔 배를 올리고, 온몸이 흥건하게 젖은 채로 부처님 앞에 가부좌하고 있으니 '땀구멍마다 아만상이 다 새어 나오고 나서 이제는 본래의 평범하고 순진한 평교도로 환원되었구나.' 하고 생각되었다.

그때 한 가지 중요한 것을 깨달았다. '사람은 올라가기도 어렵지만 내려오기는 더욱 어렵구나!' 오늘날 서양식 승리주의 교육만을 받아 온 우리 사회의 풍토에서는, 어느덧 저 위로 대통령부터 저 밑으로 통반장까지 모두 올라가는 것만 배우고 가르치다 보니, 잘 내려가는 데 대한 지혜와 마음의 여유를 잃은 지 오래된 것 같다.

4년 전 선거에서 내가 다시 학장으로 선출되고 나서, 동료 교수들로부터 학장 당선에 관한 인사말을 요구받고서, "나는 여러 분께 감사하다는 말씀을 드리지 않겠습니다. 왜냐하면 학장의 자리는 공적 소임에 정성을 다하여 지켜 갈 자리이므로, 개인의 영광이나 명예나 이해로 생각하는 마음이 앞설까 염려해서입니다." 하고 말했던 것을 분명히 기억하고 있다.

두 번째 학장 때는 노력하고 반성했으나 아직도 아만의 때꼽재기가 더덕더덕 마음속에 붙어 있음을 느낀다. 나를 나로만 보고 우리로는 보지 않는 것이 아만심의 원인이 아닐까 생각한다.

스위스의 대통령 임기는 1년이라고 한다. 쉽게 내려오는 공부는 우리로 돌아가는 공부가 아닐까? '나는 내려가서는 안 돼. 나는 못살아서는 안 돼.' 이런 생각이 사회 지도층까지 깊어지니 우리의 시련은 남의 시련이고, 자기만의 행복과 이익을 분리하여 생각하기에 익숙하다. 고전 사상을 많이 공부하신 선배 교수가 하신 말로 마무리 말을 적는다.

"사람은 철들수록 외로워지고, 외로워질수록 현명해진다."

이 세상에서 누가 가장 외로웠을까? 실은 부모가 외롭고, 스승이 외롭고, 수행자가 외롭다. 아마도 성인이 가장 큰 외로움을 극복하였을 것이다.

올라가는 것을 세상을 잘사는 길로 보고, 슬기롭게 내려가는 것을 부처님 따르는 길이라고 본 저자는 두 가지 길에서 갈등했고, 그 조화를 위해 노력하는 모습을 보이고 있습니다. 세상살이에서 추구와 갈등의 반복은 발심의 계기가 되고, 부처님을 향한 발심은 보통 사람이 마음 닦는 이로 변하게 합니다.

그렇다면 마음 닦는 이(보살)가 살아가는 방법은 어떠할까요?

마음 닦는 이는 세상을 살면서 세상에서의 성공이 아니라, 마음 닦는 데 목표를 둡니다. 세상의 부귀영화는 자기의 업장을 닦음으로써 나타나는 결과일 뿐이라 생각하고, 자기 마음을 부지런히 닦습니다. 세상에서 소위 '성공했다' 하는 것은, 자기의 내면의 것이 드러났거나 인연이 있어서 되어진 것임을 알기 때문이지요.

마음 닦는 이는 세상에서 성공의 열쇠라고 하는 '노력'을 '업보를 부드럽게 하는 것(해탈), 마음을 비우는 행위'라고 봅니다. 비록 세상일을 위하여 노력했어도 노력의 결과는 업보 해탈이고, 겉으로 보기에는 소원 성취이나 속으로는 업장을 덜어내는 일, 곧 마음을 비우는 일이라고 보는 것입니다.

그가 이룬 '목표'라고 하는 것은 원래 인연이 있어서 되어질 것인데, 업장이 그것을 덮고 있을 때는 드러나지 못하다가 업장을 닦으니까 업장이 닦여진 만큼, 마음 비운 만큼 본연의 것이 드러난 것으로 보는 것이지요. 다시 말해서, 원래 그 목표는 업장만 닦으면 드러날 수 있는 것인데 상(아상 인상 중생상 수자상)을 가지고 있어서 드러나지 않던 것이, 상(업장)이 닦임으로써 닦여진 만큼 실체가 드러난 것으로 봅니다.

보통 사람들은 대부분 하나하나 쌓아 가는 것을 최고의 가치로 아는 반면, 마음 닦는 사람들은 하나하나 비워 가서 나중에는 더 이상 비울 것이 없이 완전히 비우게 되는 것을 최고의 가치로 삼습니다. 부富나 명예와 같은 외형상의 성취도 모두 업장을 해탈하고 마음을 비웠기 때문에 인연이 있어 나타난 모습(결과)으로 봅니다. 그러나 세상의 소원 성취를 업보 해탈의 근본으로 보는 것일 뿐, 마음 닦는 일과 세상일을 다른 것으로 보는 것은 아닙니다.

보통 사람은 무엇이 쌓이는 것으로 보지만 닦는 사람은 업보 해탈 또는 마음을 비워 가는 것으로 본다는 측면에서, 가치관만 다를 뿐 내용상으로는 다르지 않다는 것입니다. 실로 세간의 일이나 출세간의 일이 다르지 않다고 하여 혜능 대사는 다음과 같이 말했습니다.

> 불법은 세간에 있는 것. 세상을 떠난 깨달음이 아니다.
> 세간을 떠나 보리를 찾음은 토끼 뿔을 구함과 같네.

수도의 과정에서 나타난 수다원, 사다함, 아나함, 아라한의 성과聖果 역시 마음 비운 정도의 차이일 뿐입니다. 여기 10분에서는 석가모니 부처님께서 깨치신 것도 '얻은 바가 없다.'라고 설하셨습니다. 금강경 9분과 10분은 한 줄거리로 되어 있어서 별도로 나누지 않아도 좋을 것으로 생각됩니다. 9분에서 먼저 수다원을 얻은 바가 있느냐고 물으시고, 차츰차츰 정도를 높여 사다함, 아나함, 아라한에 관하여 물으셨습니다. 그리고 10분에서는 당신을 예로 들어 성과聖果를 계속 설명하십니다.

"내가 연등 부처님 처소에서 깨달음을 얻었다고 하는데, 내가 소득이 있었느냐?"

이것은 세상 사람들의 마음을 표준으로 하는 질문입니다. 보통 사람 같으면 소득이 있다고 대답할 것입니다. 깨쳤다고 하니, 얻은 것이 있다고 대답하겠지요. 하지만 수보리 존자가 "실무소득"이라고 대답할 수 있는 이유는, 부처님께서 깨달으셨다는 것은 소득이 있고 플러스하는 것이 아니라, 그저 부처님이 업장을 하나하나 덜어서 원래 내면에 있던 본연의 모습이 드러난 것이기 때문입니다.

세상 표준으로 본다면 지식을 얻는다든지, 돈을 얻는다든지, 명예를 얻는다든지, 지위가 높아진다든지, 공부가 무르익는다든지 또는 도통하는 것을 하나하나 쌓아 가고 향상되는 것이라 하겠지요. 그러나 밝은 눈으로, 즉 닦는 입장으로 보면 그것은 발전이 아니라 업장을 하나하나 덜어 가는 것입니다.

'소득'이라는 것은 자꾸 쌓아 가는 것이고 플러스하는 것인데, 닦는 이는 업장을 하나하나 덜어 가며 결국에는 모든 업장을 다 없애는 것이 목적이므로, '소득'이 있을 수 없지요.

다시 말하면, 무엇이 하나 나아졌다거나 발전했다고 하는 것을 보통 사람들은 '나아졌다. 성공했다.'라고 하겠지만, 닦는 사람이나 밝은 사람들처럼 '업장業障 하나 덜어냈다. 원한이 빠져나갔다.'로 봐야 혜안으로 정확히 본 것입니다.

신통神通이나 뭐 하나 크게 깨쳤다고 하는 것도 마찬가지입니다. 세상 사람들의 시각으로 보면 크게 무엇 하나 얻은 것으로 보이겠지요. 그런데 닦는 이의 눈에는 신통이 외부에서 획득하여 나에게 플러스 되고 소득이 된 것이 아니라, 실제로 알고 보면 내면에 있던 본연의 것이 나타난 것에 불과하며, 그것은 업장 하나 덜어진 표시일 뿐입니다. 업장을 덜어내니까 원래 구족具足한, 나에게 본래 있던 신통이 나타난 것이지, 어디서 얻은 것이 아니라고 봅니다.

> **수보리여, 어떻게 생각하느냐? 보살이 부처님의 국토를 장엄하느냐?**
> **아닙니다. 부처님이시여, 부처님 국토를 장엄한다는 것은 곧 장엄이 아니고 그 이름이 장엄일 뿐입니다.**
> **須菩提**여, **於意云何**오 **菩薩**이 **莊嚴佛土不**아
> **不也**니다. **世尊**하, **何以故**오 **莊嚴佛土者**는 **則非莊嚴**일새 **是名莊嚴**이니이다.

부처님께서는 그 다음에 "보살이 부처님의 국토를 장엄하느냐?" 라고 물으십니다.

장엄 불토에 대하여 혜능 대사는 세 가지로 말씀하였습니다. 국토를 장엄하는 것, 몸을 장엄하는 것, 마음을 장엄하는 것입니다. 국토를 장엄한다는 것은 절을 짓고 불사를 하고 경을 펴는 것 등을 말하며, 몸을 장엄한다는 것은 공경심을 항상 내는 것을 말하고, 마음을 장엄한다는 것은 마음을 닦는 것을 말합니다.

장엄 불토의 구체적인 예를 든다면, 보살의 경우는 서원을 세워 모든 중생이 부처님을 향하게 하거나, 절을 많이 짓거나, 모두 평화

롭게 살게 하거나, 남북통일을 이루어 사람들 마음에 응어리진 한을 풀어 주는 것입니다. 세상에서 말하는 장엄 불토는 나라가 번성하거나, 개인이 출세한다거나, 큰 재벌이 되거나, 학자로서 명성을 떨친다거나 하는 것입니다.

"보살이 부처님의 국토를 장엄한다고 하는데, 이런 것이 정말 장엄하는 것이냐?" 이 부처님의 물음에 대하여 수보리 존자는 "장엄불토자 즉비장엄 시명장엄"이라고 답하였습니다.

겉으로는 불사를 많이 일으키고 일을 많이 성취하고 중생을 교화하는 것으로 보이지만, 이것은 업장 해결과 마음 닦은 원동력에 의한 표현일 뿐이라는 것입니다. 즉, 불사를 일으키는 보살의 마음을 들여다보면, 불사를 일으키겠다는 생각은 조금도 없고 그저 마음을 비우고 원만 세웠을 뿐인데, 겉으로 보이는 그 일이 인연이 있었던 연고로 저절로 일어났다는 것입니다.

다시 말하면, 큰 절을 짓거나 하는 등 불사는 저절로 주위에서 일어났을 뿐이고, 보살은 무엇을 '하겠다.' 하는 생각이나 '성취했다.'라는 생각 없이 마음만 조용히 비우며 바쳤을 뿐이니, 장엄이라고 할 수 없다는 것입니다(즉비장엄). 일이 되어진 것은 이름하여 장엄이라고 합니다(시명장엄). 세상 눈으로 본 장엄이지요.

'겉으로 나타난 화려한 장엄은 업장 해결이 되었으므로 나타난 메아리나 그림자와 같은 것이다. 그것을 이름하여 장엄불토라고 한다.'라는 것입니다.

그러므로 수보리여, 부처님을 향하여 마음 닦는 이는 마땅히 이와 같이 청정한 마음을 내야 할 것이니, 색에 머무르지 말고 마음을 낼 것이며, 마땅히 소리나 향기나 맛이나 촉감이나 알음알이에 머무르지 아니하고 마음을 낼 것이며, 마땅히 아무 데도 마음이 머무르지 아니하고 마음을 낼 것이니라.

是故로 須菩提여, 諸菩薩摩訶薩이 應如是生_淸淨心하되 不應住色生心이며 不應住聲香味觸法生心이며 應無所住하야 而生其心이니라.

부처님께서 "내가 무슨 소득이 있었느냐?" 그리고 "너희들이 하는 장엄 불토가 장엄 불토냐?"라고 질문 식의 예를 든 것은 '겉으로 보기에는 깨친 것 같고 도통한 것 같고 신통을 얻은 것 같고 장엄 불토하여 불사를 많이 일으킨 것 같지만, 실제로는 업보 해탈에 불과하다. 겉으로 나타난 것에 따라가지 마라.' 하는 가르침을 주시기 위한 것입니다.

그래서 이 말씀 뒤에 "그렇기 때문에 마땅히 청정한 마음을 내야 하느니라."라고 결론을 내리십니다. 청정심을 내야 업보를 해탈할 수도 있고, 겉으로 나타난 사실에 따라가지 않고 속에 있는 내용을 보게 된다는 것이지요.

청정한 마음이란 '응무소주 이생기심應無所住 而生其心'을 말합니다. 마땅히 아무 데도 머무르지 아니하고 마음을 내야 한다는 것이지요. 어떻게 머무르지 아니하고 마음을 내느냐? 마땅히 색色에도 머무르지 말고, 소리나 향기나 맛이나 촉감이나 알음알이에도 머무르지 아니하고 마음을 내야 합니다. 마음을 비우라는 말로 이해해도 될 것입니다.

색성향미촉법에 마음이 주住하지 않게 한다는 것을 몸뚱이 착에 끌려가지 아니한다는 말로 이해할 수도 있습니다. 몸뚱이가 원하는 대로 끌려가지 아니하고 마음을 내면 새로운 업을 만들지도 않고, 과거의 업보 해탈도 되고, 진리의 본체도 본다는 뜻으로 '응무소주 이생기심'을 설하신 것입니다.

겉에 보이는 것은 진실이 아니라는 뜻이 '즉비장엄 시명장엄'이라 한다면, 진실을 보는 방법이 '응무소주 이생기심'이라 할 것입니다. 『논어』에 '교언영색 선의인巧言令色 鮮矣仁'이라는 말이 있는데, 예쁘게 꾸며 말하는 사람 중에 진실된 사람은 드물다는 뜻입니다. 빈 깡통이 소리가 더 요란하지요. 이와 같이 이면을 볼 줄 알아야 한다는 뜻으로 '응무소주 이생기심'이라고 하신 것입니다.

다시 말해서 '응무소주 이생기심'이란 가시적으로 나타난 어떤 형상에 마음을 빼앗기지 않고 옳게 실상을 보는 방법입니다. 이것을 좀 더 구체적으로 색色에 주住하지 말고, 성향미촉법에 주하지 말고 마음을 내라고 하셨습니다. 주住함이 없이 마음을 내라는 것은 업보 없는 곳을 향해 마음을 내라는 것입니다.

그러니까 업보를 향한다는 것은 주住한다는 것인데, 어떻게 하는 것이 업보를 향하지 않는 것이 될까요?

업보를 향하지 않으려면 부처님을 향하는 방법밖에 없습니다. 이 세상의 모든 것은 마음을 향하기만 해도, 생각만 일으켜도 업보를 향하는 것이 됩니다. 업보가 없는 부처님을 향하여 마음을 내야 주함이 없이 마음을 내는 것이지, 아무리 업보 없는 곳을 지향하려고 하여도 할 수 없습니다. 아무리 좋은 생각을 하더라도, 아무리 좋은 말을 하더라도, 아무리 좋은 행을 하더라도 모두 다 업보를 향하는 것입니다. 자선 사업을 하겠다는 생각조차도, 그 어느 것도 업보를 향하지 않는 것이 없습니다. 그래서 부처님에 대한 올바른 이해가 중요하므로 세존께서는 5분에서 부처님에 대하여 먼저 설說하신 것입니다.

따라서 "응무소주해서 이생기심하여라."를 '부처님 향해서 마음을 낼지니라.'로 해석하면 더 구체적인 해석이 됩니다.

수보리여, 비유하여 어떤 사람의 몸이 수미산왕처럼 크다면, 너는 어떻게 생각하느냐? 그 몸이 크다고 하겠느냐?
수보리 존자가 대답하기를,
매우 큽니다. 세존이시여, 왜냐하면 부처님께서 몸 아닌 것에서 큰 몸이 나왔다고 하시기 때문입니다.
須菩提여, **譬如有人**이 **身如須彌山王**하면 **於意云何**오 **是身**이 **爲大不**아
須菩提言하되,
甚大니다. **世尊**하, **何以故**오 **佛說非身**이 **是名大身**이니이다.

몸이 큰 사람은 전생에 '다른 사람들은 참 크구나.'라고 했던 사람들이랍니다. 큰 몸을 보고 아상我相이 없이 공경하는 마음으로 '크구나' 하며 마음이 향했기 때문에 커졌다는 것입니다. 자기는 키가 크고 다른 사람은 작다고 마음먹으면 오히려 자기가 작아지는 반면에, 자기가 크다는 생각을 하지 않고 다른 사람이 키가 크다고 마음을 내면 그렇게 생각한 사람의 키가 커진다는 것입니다.

이것은 마치 남을 존중하면 자신이 존중받으나, 자신이 존중받으려고 하면 오히려 존중받지 못하는 것과 같습니다. 그러니까 몸뚱이가 수미산 왕만 하게 커진 원동력은 자기가 커지겠다고 해서 커진 것이 아니라, 빈 마음으로 큰 몸뚱이를 향함으로써 그 몸뚱이가 커진 것이라는 뜻으로 "비여유인 신여수미산왕"이라고 이야기하신 것입니다. 빈 마음, 이것은 '응무소주 이생기심'을 나타내는 말입니다.

다음과 같은 이야기도 이 내용을 이해하는 데 재미있는 예가 될 수 있을 것입니다.*

텍사스주 휴스턴에 있는 운수 회사의 운전사로 일하고 있는 로이 캐비는 트럭을 몰고 하이웨이를 달리던 중, 술 취한 채 운전하고 있는 차와 정면 충돌을 피하려다가 큰 가로수를 들이받고 말았다. 그는 운전대에 갇히게 되었다. 핸들은 그의 허리를 강타

---

* 헤롤드 셔만, 하재기 역, 『기도의 힘』(태종, 1978)

했으며, 발은 뒤틀린 브레이크와 클러치 페달 사이에 끼었다. 운전대의 문은 심하게 찌그러져서 동료들이 밖에서 그를 구하려고 했으나 구해 낼 방법이 없었다. 차는 이미 불타고 있었지만 소화기를 구비하고 있지 않았으므로, 문이 열리지 않는 트럭은 불덩이가 될 수밖에 없었다. 다른 운전자나 경관들의 구조도 헛되었다. 로이의 생명은 기껏해야 1~2분 남았을까!

그런데 그때 체격이 우람한 한 사람의 흑인이 불타고 있는 트럭으로 다가왔다. 그는 문을 두 손으로 잡고 찌그러진 손잡이와 문틀을 부수고 그것을 비틀어서 떼어 버렸다. 그런 다음 운전대 안으로 몸을 집어넣어 매트를 뜯어내고, 로이의 발밑에 불길을 맨손으로 비벼 껐다. 그다음에 핸들을 잡고 마치 그것이 고무라도 되는 양 쉽게 로이의 가슴에서 떼어 놓았다. 그는 냉정하게 그리고 정확하게 한 손으로 구부러진 브레이크 페달을 누르고 다른 한 손으로 클러치를 펴서 로이의 다리를 자유롭게 해 주었다.

그래도 로이는 차에서 나올 수가 없었다. 차는 그를 전후좌우로 압박하고 있었다. 잠시 동안 그 흑인은 뒤로 물러나 찌그러진 차를 점검하고 있었다. 넋을 잃고 보던 사람들은 그 상태를 보고 구조가 불가능하다고 생각했다. 하지만 그 흑인은 별안간 미친 듯이 앞으로 달려가 열 사람분의 힘을 내어, 등을 활처럼 굽히고 팔과 등의 근육에 힘을 주어 찌그러진 운전대를 펴서 올리기 시작했다.

믿을 수 없는 이 광경을 지켜보고 있던 사람들 앞에서 일그러진 차의 지붕이 차츰 들어 올려졌다. 그들은 그 흑인의 무시무시한 힘에 의해 금속이 삐걱대는 소리를 들었다. 이제 로이 캐비의 몸이 움직일 수 있게 되자, 그는 다른 한 손으로 부상당한 운전사를 이 찌그러진 차에서 꺼냈다. 그것이 끝나자 그는 초인적인 노력을 중지하고 차에서 뛰어내렸다. 그와 동시에 불길은 트럭의 잔해를 삼켜 버렸다.

정말 초인적인 힘으로 로이를 트럭에서 구조한 사람은 33세의 데니스 존스라는 사람이었다. 그는 어디서 그런 무서운 힘이 나왔느냐는 질문에 이렇게 대답하였다.

"나는 다만 기도를 드렸을 뿐입니다. '신이여, 이 사람을 불더미에서 구해 낼 만한 힘을 저에게 빌려주십시오.'라고."

운전사 로이를 위하여 데니스 존스는 큰 힘을 지향했습니다. 공경심으로 순수하게 아상이 없는 마음을 냈습니다. '응무소주 이생기심' 하였고, 오로지 신(부처님)을 향하는 마음뿐이었습니다. 그래서 그는 큰 힘을 얻을 수 있었던 것입니다. 몸이 수미산만큼 큰 사람처럼 위력을 발휘할 수 있었습니다.

응무소주應無所住는 머물지 않는 마음이며 상을 떠난 마음입니다. 이것은 아상 인상 중생상 수자상을 떠난 마음, 즉 빈 마음을 말하는데, 공경하는 마음이라고도 할 수 있을 것입니다. 공경하는 마음속엔 상相을 갖기 어렵겠지요.

이생기심而生其心은 '마음을 지향한다.'라고 생각하면 좀 더 가깝게 이해할 수 있습니다. 지향한다는 것은 향하는 방향으로 닮는다는 것이고, 질적質的으로 닮는 정도는 무주無住의 정도에 따라서 달라진다고 봐도 될 것입니다.

주住하지 않고 낸 마음, 즉 마음을 지향함으로써 질적으로 완전히 닮은 예가 수미산왕의 예가 될 것입니다.

11
무위의 복이 유위의 복보다도 더 낫다
第十一 無爲福勝分

수보리여, 갠지스강에 있는 모래 수와 같은 수의 항하, 거기에 있는 모래의 수가 얼마나 많으냐?
수보리 존자가 대답하기를,
매우 많습니다. 부처님이시여, 항하에 있는 모래 수만큼의 항하만 해도 헤아릴 수 없이 많은데, 하물며 항하의 모래 숫자만큼의 항하에 있는 모래는 얼마나 많겠습니까?
수보리여, 내가 참다운 말로 이르노라. 마음을 닦으려는 사람이 위와 같은 항하 모래 수만큼의 삼천대천세계에 가득 채운 칠보를 보시한다면 그 복덕이 많겠느냐?
수보리 존자가 말씀드리기를,
매우 많습니다. 부처님이시여.

부처님께서 수보리 존자에게 말씀하시기를,

만약 마음을 닦으려는 남자나 여자가 이 경 가운데 최소한 금강경의 뜻을 담고 있는 글귀만이라도 받들어 지니고 남을 위해 이야기해 준다면, 그 복덕은 앞서 말한 복덕보다 많으니라.

須菩提여, 如恒河中所有沙數如是沙等恒河를 於意云何오 是諸恒河沙가 寧爲多不아

須菩提言하되,

甚多니다. 世尊하, 但諸恒河도 尙多無數온 何況其沙리니이까.

須菩提여, 我今에 實言으로 告汝하노니 若有善男子善女人이 以七寶滿_爾所恒河沙數三千大千世界以用布施하면 得福이 多不아

須菩提言하되,

甚多니다. 世尊하,

佛告須菩提하사되,

若善男子善女人이 於此經中에 乃至受持四句偈等하야 爲他人說하면 而此福德은 勝前福德하리라.

부처님께서 비유하신 항하에 있는 모래 수와 같은 수의 항하, 그리고 그 항하에 있는 모래의 수, 그리고 그 숫자만큼의 삼천대천세계의 수효가 수학적으로 얼마나 되는지 한번 계산해 보았습니다. 대략의 오차가 있겠지만 약 10^{60}개의 세계가 될 것입니다. 1에 0을 4개 붙이면 만, 1에 0을 8개 붙이면 억이 됩니다. 10^{60}은 1에 0을 60개 붙인 숫자입니다.

이 많은 세계에 가득 찬 칠보의 부피는 얼마나 될까? 빛이 1초에 달리는 거리는 약 30만 km, 빛이 1년에 달리는 거리는 약 10^{13} km입니다. 이 거리를 1 광년이라고 합니다. 이 많은 세계에 가득 찬 칠보의 부피는 북극성까지의 거리의 1,000배, 즉 1백만 광년이라는 긴 거리의 반경을 가진 공 모양의 창고의 부피에 해당합니다. 그러한 거대한 창고에 가득 찬 칠보란, 생각만 해도 아찔할 만큼 많은 양이라 하겠습니다. 이렇게 많은 양의 칠보로 보시한다면 돌아오는 복은 얼마나 많을까요.

이른바 있는 것의 특성이란 모두 아무리 많게 하려고 하여도 끝이 없습니다. 한없이 무한대로 증가시키는 것이 가능합니다. 그러나 줄여 간다면 반드시 끝이 있습니다. 온도를 끝없이 높이는 것은 가능할지 몰라도, 온도를 끝없이 낮게 할 수는 없습니다. 절대 0도가 가장 낮은 온도입니다. 압력은 끝없이 높일 수 있을지 몰라도, 끝없이 낮게 할 수는 없습니다. 0기압이 최저입니다.

이것을 사람의 마음에도 그대로 적용시킬 수 있습니다. 욕심은 끝도 없이 많이 낼 수 있습니다. 그러나 욕심을 줄여 가면 이것은 끝이 있는가 봅니다.

이 광대한 창고의 칠보는 끝없는 욕심을 나타냅니다. 칠보로 보시하는 것은 욕심을 보시하는 것입니다. 욕심이 끝이 없기에 보시도 끝없이 할 수 있습니다. 여기서 얻은 복도 매우 많을 것입니다. 그러나 아무리 많아도 항상 더 쌓을 수 있는 복이요, 유위복有爲福입니다. 그러니 결코 무한이라 할 수는 없지요.

그런데 여기서 금강경 사구게를 수지독송한다는 뜻은 바로 금강경의 정신을 실천하는 것, 즉 욕심을 비우는 것을 말합니다. 욕심을 비우고 또 비우다 보면 드디어 끝이 있습니다. 더 이상 비울 수 없는 곳이 분명히 있습니다. 그곳은 무한 공덕이 있는 자리입니다. "내가 참다운 말로 이르노라." 하신 것은 더 이상 비울 수 없는 곳이 분명히 있고, 그 자리의 공덕이 무한히 크다는 것을 자신 있게 말씀하신 것입니다.

즉, 칠보로 보시한 복덕이 비록 많기는 해도 무한의 복에 도달하려면 끝없이 보시해도 끝도 없는 일인 데 비해서, 금강경을 수지독송하는 것은 분명히 귀결점歸結點이 있으며, 그 귀결점에서 얻은 복덕이야말로 완벽하고 본질적이라는 것을 강조하십니다. 다음과 같은 노자의 말씀도 이 뜻을 이해하는 데 도움을 줍니다.*

> 학문이란 나날이 쌓아 가는 것이고, 도道란 나날이 비워 가는 것이다. 비우고 또 비워서 더 비울 것이 없는 데 이르면, 천하에 아니 될 일이 무엇인가.

학문은 보탬을 나타내는 것이고, 도道는 비워 가는 특성을 나타냅니다. 더해 가고 쌓아 가는 일은 끝이 없는 데 비해, 비워 가는

---

* 노자, 『도덕경』: 위학일익 위도일손 손지우손 이지어무위 무위이무불위 취천하상이무사 급기유사 부족이취천하 爲學日益 爲道日損 損之又損 以至於無爲. 無爲而無不爲 取天下常以無事 及其有事 不足以取天下

일은 끝이 반드시 있다는 이야기입니다. 여기서는 그 끝을 무위無爲로 표현하고 있습니다. 무불위無不爲는 무위의 성질이나 작용을 나타내는 뜻으로 해석할 수 있을 것입니다.

12
올바른 가르침을 존중하라
第十二 尊重正敎分

부처님께서 금강경의 공덕功德을 여러 군데서 말씀하셨습니다만, 특히 이곳에서는 지금까지 말씀하신 모든 공덕의 최종 결론을 말씀하시듯, 공덕의 내용을 본질적이고 직설적으로 설說하십니다.

'금강경이 있는 곳에 부처님이 계시다.' 하는 말씀과 '금강경을 잘 읽는 사람은 반드시 밝아진다.'라고 자신감을 심어 주시는 말씀이 바로 그것입니다.

다시 수보리여, 이 금강경의 내용을 포함하는 최소한의 글귀만이라도 따르고 이야기한다면, 마땅히 알지니라. 그곳은 모든 세상의 인간이나 하늘 사람이나 아수라가 공양하기를 마치 부처님의 사리를 모신 탑에 공양하는 것과 같이하리니, 하물며

어떤 사람이 이 금강경 한 권을 받아 지니고, 온 정성을 다하여 읽고 외운다면 더 말할 것이 무엇이 있겠느냐.

수보리여, 마땅히 알지니라. 그 사람은 가장 높고 제일가는 아주 고귀한 법을 이룰 것이니라. 이 금강경이 있는 곳이 곧 부처님이 계신 자리이기도 하고, 훌륭한 부처님의 제자가 계신 자리이기도 한 것이다.

復次須菩提여, 隨說是經하되 乃至四句偈等하면 當知此處는 一切世間天人阿修羅 皆應供養을 如佛塔廟온 何況有人이 盡能受持讀誦이랴.

須菩提여, 當知是人은 成就最上第一希有之法이니라. 若是經典所在之處에는 則爲有佛커나 若尊重弟子니라.

금강경의 내용 어느 것 하나 의미심장하지 않은 부분이 있겠습니까마는, 특히 12분의 내용은 해석은 간단하지만 의미하는 바가 매우 깊고도 깊습니다.

부처님께서는 11분에서 무량한 세계에 가득한 칠보로 보시하여 얻은 복덕보다 이 금강경의 내용을 담고 있는 최소한의 글귀만이라도 수지독송하여 다른 사람에게 이야기해 주어서 얻게 되는 복덕이 더 크다고 하시며, 금강경을 공부하는 공덕이 매우 크다고 설說하셨습니다.

"부차復次"라는 말씀으로 시작한 것은 '내가 지금 이야기한 공덕뿐만이 아니고, 정말 내가 솔직하게 터놓고 이야기하고 싶은 것이 또 있다.'라는 뜻으로도 해석할 수 있습니다. 그러면서 "만일 어떤 사람이 금강경을 능히 수지독송한다면 그 사람은 틀림없이 가장 높고 제일가는 아주 고귀한 법을 얻을 것이다."라고 하셨습니다. 이것은 '이 금강경을 수지독송하는 사람은 반드시 밝아지리라. 반드시 성불하리라.' 하는 뜻이라 하겠습니다. 그리고 "이 경을 모신 곳은 부처님이 계신 자리이거나 훌륭한 제자가 계시는 자리"라고 이야기하십니다.

이렇듯 밝아진다든지 부처님이 계시다든지 하는 경에 대한 찬양의 말씀은 참으로 듣기 어려운 말씀이며, 이러한 말씀은 금강경은 참으로 거룩하고 신령스러운 경이라는 생각이 저절로 나게 합니다.

과연 금강경은 어떠한 경이기에 금강경이 있는 자리가 곧 부처님이 계신 곳이라 할 수 있을까? 금강경의 어떤 점 때문에 금강경이 그렇게 훌륭하다고 할까?

그 내용을 속속들이 알기란 참으로 어렵겠습니다만, 우리가 이해할 수 있는 말로 한번 논의해 보기로 합니다.

마음이 답답한 사람이 쉴 새 없이 올라오는 분별심을 쉬기 위하여 "어떻게 하면 마음을 안정시켜 편안하게 하겠습니까?"라고 묻는다고 가정합니다. 이 사람을 편안하게 하고 드디어는 분별을 온전히 쉬게 하려면 어떠한 답변이 있을지 생각해 봅니다.

"훌륭한 도인이 ○○에 계시니 그분을 만나서 해결책을 구해 보아라. 반드시 좋은 해답을 얻을 수 있을 것이다."라고 하였다면, 하나의 좋은 답변이 될 수 있습니다. 하지만 그것은 답답한 마음을 지금 해결하는 답변은 아닙니다. 문제 해결을 얼마 후로 미루어 놓았습니다. 그의 당면 과제를 해결하기까지, 도인을 찾아가서 닦아야 하는 과제가 아직 남아 있습니다. 따라서 '누구누구를 찾아가 봐라.' 하는 식의 답변은 과제를 남기는 답변이고, 무여열반에 들게 하지는 못하는 답변이라고 하겠습니다.

마음을 안정시켜 편안하게 하는 다른 답변으로, '관세음보살' 같은 염불을 하게 하든지, 『법화경』과 같은 불경을 독송하게 하는 방법을 생각해 볼 수 있습니다. 그러나 다음 글을 읽으면 불경을 외우고 염불을 하는 것도 또 다른 과제를 남긴다는 것을 알 수 있습니다.

> 흔히 아미타불을 염송하는 사람들은 수염이 텁수룩한 영감을 마음에 그리고, 관세음보살을 염송하는 사람들은 예쁜 여인을 마음에 그리기 때문에, 다음 생에 텁수룩한 영감 모습이나 예쁜 여자의 몸을 받는 경우가 많다는 이야기가 있다. 부처님은 형상이 없는데 상상하는 것은 곧 제 마음이니 주의할 일이다.*

관세음보살을 염하는 사람이 마음에 어떠한 그림도 그리지 아니하고 오로지 관세음보살만 염했더라면, 그 사람은 마음에 안정을 얻고 드디어는 깨달음을 얻었을지 모릅니다. 그러나 그는 관세음보살을 순수하게 염하지 못하고 어쩔 수 없이 마음속에 관세음보살

---

* 김원수, 『마음을 어디로 향하고 있는가』(김영사, 2018)

의 모양을 그려 넣고 말았습니다. 이것이 관세음보살의 기운을 받지 못하고 자기 분별심을 키우는 결과가 된 셈입니다.

마음이 어두우면 법화에 굴리우고
마음이 밝으면 법화를 굴리나니
아무리 경을 외워도 그 뜻을 모르면
경 뜻이 도리어 원수와 같으리라.

생각 없는 그 생각이 바른 것이고
생각 있는 생각은 삿된 것이니
있고 없고를 안 따지면
흰 소의 수레를 길이 몰고 가오리다.**

『육조단경』에 나오는 『법화경』을 일만 번 읽은 법달 스님 이야기입니다. 『법화경』을 읽는 그 마음에 부처님의 정신 대신에 『법화경』의 내용이 들어 있었습니다. 마음으로 『법화경』의 내용을 상상하였습니다. 이것은 마음이 부처님을 향한 것이 아니라 글자에 빠진 것이라 하겠습니다. 아상我相이라고 하는 놈이 법달로 하여금 글자에 빠지게 한 것입니다.

아무리 염불이 좋고 불경의 내용이 좋더라도, 그것을 하는 사람

** 한길로 역, 『육조단경』(법보원, 1996)

의 아상의 업장이 두터우면, 결국은 자기 생각대로 가기 쉽다는 예입니다. 이것 역시 과제를 남기는 방법이 되기 쉬우며, 분별심을 제거하는 방법이라고 할 수 없습니다.

가장 좋은 방법은 과제를 남기지 않고 그 자리에서 바로 분별심을 쉬게 하는 방법일 것입니다. 그 자리에서 무여열반에 들게 하는 방법입니다.

그렇다면 금강경은 어떠하기에 금강경이 있는 곳에 부처님이 계시다 하였는가?

금강경과는 달리, 『법화경』, 『열반경』, 『화엄경』 등 다른 불경에는 풍부한 이야기가 있습니다. 그래서 경을 읽는 사람으로 하여금 경에 있는 이야기에 빠져들게 합니다. 때로는 감동하게 하고 때로는 환희심으로 젖게도 합니다. 그리고 그 경의 뜻을 헤아려 천천히 실천을 모색하게 합니다.

그러나 금강경에는 긴 이야기가 없습니다. 연속성이 없는 듯한 짧은 문장의 연속이요, 알 듯 모를 듯한 말씀이요, 쉴 새 없이 '아상을 없애라.' 하는 말씀으로만 구성되어 있습니다. 부처님의 말씀을 듣고 올라올 듯한 분별심은 바로 다음 말씀에서 제거합니다. 한 말씀에서 의심을 일으키면 다른 말씀에서 확신을 심어 주십니다. 따라서 금강경에는 어떠한 궁리도 붙기 어렵습니다.

금강경은 이야기가 없고 상상할 줄거리도 없고, 오직 '마음을 비워라. 쉬어라.' 할 뿐입니다. 재재처처在在處處가 분별 쉬는 말씀으로 점철되어 있습니다. 분별심이 머무를 곳을 모두 봉쇄해 놓은 셈입니다. 그래서 재미는 하나도 없고 무미건조하다고 하기 쉽습니다. 그러나 금강경을 독송하고 나면 분별심이 많이 쉼을 느끼게 됩니다. 마음이 평화로워집니다. 아무것도 없게 느껴지고 싱겁다고 느껴지던 그곳에, 무언가 알맹이가 있는 것처럼 생각됩니다.

화엄경은 부처님의 가르침을 잘 실천하도록 참으로 완벽하게 닦는 방법을 잘 갖춰 놓았다. 그러나 내 경험에 의하면 화엄경을 읽는 사람들은 대체로 그다음 생에 많은 고통을 받는다.

화엄경에 나타나 있는 웅대한 부처님의 살림살이를 읽다 보니 뜻만은 하늘처럼 커지지만, 몸으로는 거기에 합당한 복을 짓지 못하고 땅에 처져 있어서 몸과 마음이 균형을 이루지 못하고 있기 때문이다. 이것을 보면 화엄경 어디에 부처님이 계시다 할 것이냐.*

위의 말씀도 같은 내용일 것입니다. 금강경은 바로 부처님이 계신 곳이라 하였습니다. 부처님이 계신 곳, 분별이 쉰 곳은 별다른 과제를 남기지 아니합니다. 무여열반에 들게 합니다.

예전의 선사禪師들도 '답답한 마음을 어떻게 해야 할까?'와 유사한 질문을 하는 제자들에게 일일이 구체적인 답변을 하지 아니하고 전혀 엉뚱한 내용을 가진 단어를 사용하여 대답하시고는 하였

---

* 김원수, 『마음을 어디로 향하고 있는가』(김영사, 2018)

는데, 이것은 바로 그 자리에서 분별을 쉬게 해 주신 것이라 할 수 있습니다. 이러한 답변을 선문답이라고 합니다만, 그 본 뜻은 이다음도 아니고 다른 곳도 아닌 바로 묻는 자리에서 분별을 쉬게 해주는 답변, 즉 무여열반에 들게 하는 답변이라고 하겠습니다.

분별을 쉬게 하는 것은 오직 당처즉시當處卽時에 이루어집니다. 묻는 자리가 부처님 계신 자리가 되도록 합니다. 이것을 보면 선사들이 바로 금강경을 잘 실천하는 사람들임을 알 수 있습니다.

13

이 경을 법으로서 받들어 지녀라

第十三 如法受持分

처음부터 12분까지는 성불의 방법에 관한 이야기를 맥이 끊어짐이 없이 이어서, 금강경의 대의를 한 번 설說하셨습니다. 13분부터는 비록 한 번 금강경의 대의를 설했다 해도 잘 못 알아듣는 사람들을 위해서, 12분까지 있었던 성불의 핵심적인 말씀을 중복하여 말씀하시는 것입니다. 마치 사과 씨를 둘러싼 사과의 과육果肉과 같은, 살이 되는 요긴한 가르침들을 설하십니다.

그때 수보리 존자가 부처님께 말씀드리기를,
세존이시여, 이 경의 이름은 무엇이며, 저희가 이 경을 어떻게 받들어 가져야 하겠습니까?
부처님께서 수보리 존자에게 말씀하시기를,

이 경의 이름을 『금강반야바라밀』이라 하여, 이런 이름으로 너희는 마땅히 받들어 가져라.

爾時에 須菩提白佛言하되

世尊하, 當何名此經이며 我等이 云何奉持니잇고

佛告須菩提하사되

是經은 名爲金剛般若波羅蜜이니 以是名字로 汝當奉持하라.

'금강'은 금강석을 뜻하며, 모든 물질 중에서 가장 단단한 것으로 알려져 있습니다. '반야'는 지혜, '바라밀'은 고생의 이 언덕(사바세계)에서 고생을 여의는 저 언덕(극락세계)으로 간다는 뜻입니다. 그러므로 '금강반야바라밀'이라 하면 금강석과 같은 지혜로 모든 번뇌에 얽매인 생사고해의 이 언덕(사바세계)을 벗어나 고통 없는 이상적인 열반의 저 언덕(극락세계)으로 건너간다는 뜻이지요.

흔히 불교에서 말하는 지혜는 생사 해탈의 지혜로 인식되어, 세상에서 말하는 지혜와는 그 의미가 전혀 다른 것처럼 인식되고 있습니다만, 세상에서 슬기롭게 살게 하는 세상의 지혜이건, 생사 해탈을 하게 하는 반야 지혜이건, 모두 욕심과 집착을 여의어야만 이루어질 수 있다는 점에서 그 뿌리는 같다고 하겠습니다.

세상에서 "젊었을 때는 지혜로웠는데 나이 들어서는 왠지 총명이 흐려져서 젊었을 때보다 영 못하더라." 또는 "젊었을 때는 용하게 잘 맞추던 점쟁이인데 나이 먹으니 하나도 맞추지 못하더라." 하는 이야기를 종종 듣습니다. 이렇게 젊었을 때는 비춰 보는 지혜(아는 능력)가 있었는데 늙어서 아는 능력이 흐려졌다면, 그이의 아는 능력이라고 하는 것은 그리 튼튼한 것이라고 말할 수 없을 것입니다. 다시 말하면, 그의 아는 능력은 경우에 따라서 쉽게 없어질 수도 있는 것에 불과하다는 것입니다.

아무리 총명하고 지혜로워도 주위 환경이 나빠서 성을 낼 경우가 많아진다든지 또는 나쁜 업보하고 결혼해서 늘 업보에 둘러싸여 있으면, 총명이나 지혜가 흐려져서 제대로 유지될 수 없습니다. 세상의 지혜란 대개 이렇게 변화하는데, 이러한 지혜를 튼튼하다고 할 수 없습니다.

또 평소에는 아주 점잖고 쓸만한 말만 하고 행동도 어른스럽다가도 막상 급한 일이 생기면 마음이 흔들리며 점잖던 행동들이 다 사라지고, 평소 가지고 있던 슬기로움이 전혀 나오지 않는 경우도 종종 있습니다. 이와 같이 위급할 때 잘 안 나오는 지혜라면 그것도 튼튼한 지혜라고 할 수 없을 것입니다.

금강 반야, 즉 금강석과 같은 지혜는 '최고의 지혜'라는 뜻으로, 어떠한 경우에도 흔들리지 않고 변치도 않는 튼튼한 지혜라고 할 수 있습니다. 그러면 어떤 지혜가 금강 반야가 될까요?

만약 어떤 이가 아무리 나쁜 업보를 만났어도 그리고 아무리 악한 사람으로 둘러싸여 있어도, 그의 마음이 조금도 흔들리지 않고 총명이나 지혜가 조금도 흐려지지 않는다면, 그가 가지고 있는 지혜는 튼튼하다고 할 수 있을 것입니다. 사람이 제일 위급하고 당황할 때가 어느 때인가? 죽을 때일 것입니다. 웬만큼 튼튼한 지혜를 가져서는, 흔들리기 마련입니다. 그러나 죽을 때조차도 평소와 다름없이 조금도 흔들리지 않고, 사물을 바로 비춰 보아서 여여부동하다면 그러한 지혜를 금강 반야라고 이야기할 수 있을 것 같습니다.

수보리 존자가 지금까지의 이야기를 듣고서, 부처님께서 하신 말씀이 참으로 훌륭하며 이 가르침을 통해서 참으로 많은 지혜를 얻을 수 있고 깨달음도 얻을 수 있겠다고 생각하니 크게 감동하여 "이 가르침을 무어라고 불러야 하겠습니까?" 하고 물었습니다. 부처님께서는 이것은 최고의 지혜로 깨달음을 얻어 열반의 세계로 가게 하는 경이라고 하셨습니다. 그리고 경의 이름을 『금강반야바라밀』이라고 말씀하셨습니다.

세상에는 불교 외에도 여러 가지 가르침이 있습니다. 기독교도 있고 유교, 회교도 있습니다. 그 가르침을 따르는 성직자가 가르침대로 수도하면 성인이 되기도 합니다. 이들은 모두 자기의 믿는 마음을 굳건히 함으로써, 주위의 자극과 유혹에 흔들리지 아니하는 공통적인 특징을 가지고 있습니다. 그런데 과연 이러한 분들이 모두 죽음에 이르러서도 흔들리지 않을 수 있을까요? 마치 헌 옷을 벗고 새 옷을 입는 것처럼 지극히 자연스럽게 죽음을 맞이할 수 있겠는가 생각해 봅니다. 불교, 그중에서도 금강경 가르침을 통한 수도의 길 외에 다른 곳에서 '죽음에 이르러서도 흔들리지 않는 지혜'를 갖기는 어려울 것입니다.

그 근거(이유)가 무엇이냐 하면, 수보리여, 부처님이 이야기하신 반야바라밀이라는 것은 반야바라밀이 아니고 이름이 반야바라밀이기 때문이니라.

所以者何오 須菩提여, 佛說般若波羅蜜이 則非般若波羅蜜일새 是名般若波羅蜜이니라.

부처님이 이야기하신 반야바라밀이라는 것은 보통 우리가 이야기하는 반야바라밀하고는 다르다는 것입니다. 그래서 "부처님이 이야기하신 반야바라밀은 반야바라밀이 아니고, 그 이름을 반야바라밀이라고 하느니라." 하셨습니다.

수행 방법 중에 가행정진加行精進이라는 것이 있습니다. 정진을 더욱 정성 들여 하는 것입니다. 저녁 9시에 취침하여 자정에 일어나서 금강경을 7회 독송하고, 낮에도 늘 깨어 있는 채로 생활하며 잠이 본래 없는 것을 깨닫는 수행 방법입니다.

이러한 수행은 보통 사람들의 기준으로 보면 쉬운 일이 아니겠지요. 보통 사람들이야 하루에 6시간 이상 자는 것이 정상이지요. 하루에 3시간만 자고 금강경을 한자리에 앉아서 7독한다는 것은 쉬운 일이 아닙니다. 경이 짧지도 않을뿐더러, 그것도 내용이 소설처럼 어디 재미있습니까? 재미있다고 할 수도 없는 것을 한자리에 앉아서 7번을 계속하여 읽는다는 것이, 보통 사람으로서는 굉장히 힘든 일이라 하겠습니다.

만약에 가행정진이 순조롭게 되는 것이라면, 그리고 저절로 되는 것이라면 '가행정진'이라고 이름 붙일 이유가 없을 것입니다. 다시 말해, 3시간 정도 자도 충분하며 금강경 7독을 지루하지 않게 읽을 수 있는 분이라면, 가행정진이 하등 대수롭지 않을 것입니다.

가행정진하지 않는 사람들이 보기에는 글자 그대로 가행加行하는 정진이고 난행 고행이 된다고 하겠지요. 그렇지만 가행정진을 잘하는 사람의 입장에서는 습관이 되어서 순조롭게 되는 것이기에, 가행정진은 내 생활이요, 지극히 당연한 일이요, 일상적인 일로서 자연스러우며, 오히려 이렇게 생활하지 않는 것이 이상스럽게 느껴진다고 할 수 있습니다.

이와 마찬가지로, 세상에서는 반야바라밀을 닦는 수행이 고차원이며 도인들이나 발심 출가한 사람이나 하는 것이지, 보통 사람들에게는 해당하지 않는 먼 이야기라고 생각할 수 있습니다. 그리고 아무리 용맹정진해도 보통 사람으로서 금강 반야를 얻는다는 것은, 당생(當生: 금생)에는 아니 되고 내생에나 될지 말지 하는 매우 어려운 일이라고 생각할 수도 있습니다.

하지만 가행정진에 익숙해진 사람에게는 그것이 가행정진이라고 이름할 것도 없는 것처럼, 부처님이 말씀하시는 반야바라밀도 아주 당연한 것으로, 자연스럽고 분별分別 낼 일이 없으며, 하등 이름 지을 필요도 없는 것이지요. "즉비반야바라밀"인 것입니다. 그런데 분별 내기 좋아하는 사람들이 이름을 붙여 반야바라밀이라고 한다는 것입니다.

수보리여, 어떻게 생각하느냐. 여래가 법을 설한 바가 있느냐?
수보리 존자가 부처님께 말씀드리기를,
세존이시여, 여래께서는 법을 설하신 바 없습니다.
須菩提여, 於意云何오 如來 有所說法不아
須菩提白佛言하되,
世尊하 如來 無所說이시니이다.

사바세계에서는 무언가를 하기 위해서 수고와 노력이 필요합니다. 즉, 원을 세우고 하기 싫은 일을 억지로 하며 노력해서 겨우겨우 살아갑니다. 그러나 바라밀의 세계, 부처님의 세계에서는 원을 세우는 것도, 하기 싫은 일을 하는 것도 모두 즐거운 일이고 당연한 것이며 자연스럽게 되어지는 일이고 순리順理이고 이름 지을 필요가 없는 것이기에, 따라서 할 이야기도 없다는 것입니다.

억지로 되는 이 세계에서는 '개선한다.' 하고, '제도시킨다.'라고도 하지만, 부처님 눈으로 보시기에는 다 되는 것으로 보이고 실제로 제도할 것도 없다는 것입니다. 모든 것이 다 구족具足하여 제자리에 있는 것처럼 보인답니다.

야부冶父 스님께서는 "산은 산이요, 물은 물이다."라고 말씀하지 않았습니까? 산은 산으로서 자리잡고 있으며, 물도 다 자기 자리에 있다는 것입니다. 우리는 '안 된다. 무상하다.'라고 아우성치지만, 실제로 분별을 쉬고 보면 아주 당연하고 질서정연하다는 것이지요.

그러니까 제도하기 위해서 설법한다는 것도 다 어울리지 않는 이야기이며, 할 이야기도 없고 할 필요도 없다는 겁니다.

부처님 세계에서 무슨 하실 말씀이 있겠습니까?

그래서 석가여래께서 "내가 설說한 바 법이 있느냐?"라고 물으니, 수보리 존자가 부처님의 말씀을 알아듣고, 부처님께서는 하신 말씀이 없다고 대답합니다. 아마 수보리 존자도 이러한 부처님의 세계를 체험했기 때문에 능히 할 수 있는 대답이겠지요.

수보리여, 어떻게 생각하느냐? 삼천대천세계의 미진이 많지 않으냐?

수보리 존자가 말씀드리기를,

매우 많습니다. 세존이시여.

수보리여, 모든 미진을 부처님은 미진이 아니라 이름이 미진이라고 설하느니라.

須菩提여, 於意云何오 三千大千世界所有微塵이 是爲多不아

須菩提言하되

甚多니다. 世尊하

須菩提여, 諸微塵을 如來說 非微塵이 是名微塵이니라.

원래 '많다.'라고 보는 것은 보는 이의 마음에 분별심이 많기 때문입니다. '많다.'라든가 '적다. 없다.'라고 보는 것은 자기 마음에 분별심을 가지고 있는 정도를 표현한 것이지요. 예를 들어, 학교에서 숙제를 내주었을 때 숙제를 얼른 하고 놀 생각이라면, 그 숙제가 매우 많아 보일 것입니다. 그런데 숙제가 재미있고 내일 가서 발표할 생각을 하니 참 기분이 즐겁다는 생각으로 한다면, 숙제는 많게 생각되지 않고 '많다.'라는 분별이 올라오지도 않을 것입니다. 이와 같이 '많다.'라고 하는 견해는 자신의 분별심이 많다는 것을 나타냅니다.

다음으로 세계와 미진微塵에 대해서 생각해 보겠습니다. 다양하게 해석할 수 있습니다. 세계와 미진을 글자 그대로의 의미로 이해할 수도 있고, 세계는 마음으로 보고 미진은 분별심으로 보아 이해할 수도 있습니다. 그리고 세계 속의 '미진'과 마음에 가지고 있는 '분별심'을 하나로 볼 수도 있겠습니다.

육조六祖 혜능 스님은 '세계는 마음에서 생겼고 세계에 미진이 있듯, 미진은 우리 마음속에서 일어나고 있는 여러 가지 분별'이라고 해석했습니다. 세계는 우리 마음의 표현이며, 미진은 우리 마음속에서 일어나고 있는 분별심의 표현이라고 보는 해석은, 마음 닦는 관점에서 볼 때 아주 적절한 해석으로 생각됩니다. 따라서 미진이나 분별심 같은 것들이 실제로는 있는 것이 아니라고 해석할 수 있습니다.

보통 자연 과학을 하는 사람들은 미진에 대해서 설명할 때, 그 크기와 질량을 말하고 어떻게 운동하며 변화하는가에 관심을 가집니다. 즉, 눈에 보이는 미진을 잘 알려고 노력하며 여기에 관련된 자료를 모으고 지식을 확대해 갑니다. 이것은 미진의 겉모양만을 보는 것입니다.

'미진과 너의 분별심이 둘이 아니다.'라는 설명은 미진의 정체를 올바로 보게 하는 슬기로운 판단입니다. 양자 역학이나 상대성 이론이 출현하고, 알맹이 물리학(입자 물리학-미진의 물리학이라고 해도 좋을 것임)이 발전함에 따라 이 슬기로운 판단이 더욱 타당하다는 것이 증명되고 있습니다. 이러한 해석법은 미진을 제대로 보는 것이요, 미진의 겉모양 이외에 속모양까지 보는 것이요, 근본을 보게 하는 것입니다. 또 듣는 이의 지혜를 밝아지게 합니다. 물질에 대한 새로운 패러다임(논리체계)을 얻을 수 있게 합니다.

금강경이 이런 식의 말씀으로 구성된 것은 진정한 모양을 보게 하는 것이 목적입니다. 겉에 있는 것이나 내면에 있는 것이나 마찬가지라는 것을 가르쳐 주시려는 의도입니다. 또한 '너의 내면에 있는 업장이 원래 있는 것이 아니다'. 그리고 '생사의 분별심이나 열반의 세계도 둘이 아니다.' 하는 가르침을 주시려는 의도로 이해해야 할 것입니다.

금강경의 말씀은 이렇게 하나에 집착하지 못하게 하고, 궁리를 키우지 못하게 하여 지혜가 밝아지도록 구성되어 있습니다. 친절하고 상세한 설명은 그에 대한 해석만 될 뿐, 지혜를 넓히지는 못합니다. 그래서 도인의 말씀이나 도인들 사이의 대화는 모두 사람을 밝게 해주고 지혜를 넓혀 주기 위해서 하는 금강경 식의 말씀이 될 수밖에 없습니다.

도인의 법문이 쉽지 않다는 것은, 항상 겉에 있는 줄 알고 미진을 따라가다 보면 속에 있는 것을 이야기하시기 때문입니다. 미진인 줄 알고 겉을 따라가다 보면 "그것은 분별심이다."라는 식으로 이야기하십니다. 그러고는 "분별과 미진은 둘이 아니다." 하셔서 미진에 집착하지 않게 합니다. 또 "네 마음 들여다봐라." 하는 식으로 말씀하셔서 자기 마음을 들여다보면, 그것이 밖에 있는 것들이라고 말씀하십니다. 예를 들어 봅니다.*

당나라 이문공이라는 벼슬아치가 약산藥山 유엄 선사에게 법화경 보문품의 "가사흑풍 취기선방 표타나찰귀국假使黑風 吹其船舫 飄墮羅刹鬼國"의 뜻을 질문하였다. 이것은 "검은 바람이 배에 휘몰아쳐서 그 배가 나찰 귀신의 나라에 빠진다."라는 뜻인데, 유엄 선사는 아주 불친절하게 어린이를 나무라는 것처럼 "너 같은 소인배가 이런 것을 묻다니, 내가 너에게 이것을 가르쳐 준들 네가 알 수 있겠는가?"라고 무안을 주었다.

이문공은 이 말을 듣고 몹시 화가 나서 얼굴을 붉히며 어쩔 줄을 몰랐다. 선사는 이를 보고 웃으면서 말하기를 "지금처럼 성내는 것이 바로 검은 바람을 일으키는 것이요, 곧 검은 바람이 배를 휘몰아쳐서 나찰 귀신의 나라에 떨어뜨리는 것이오."라고 응수하였다.

이문공은 깨달은 바 있어 탄복하고 더욱 유엄 선사를 존경하였다고 합니다.

---

* 오고산, 『조사祖師의 선화禪話』(보련각, 1982)

이 예例처럼 도인이 법문을 한다면, 궁리를 진전시키지 않고 실제로 마음을 닦게 하고 지혜를 넓히는 산 법문이 될 것입니다.

부처님이 말씀하시는 세계는 사실은 세계가 아니고 그 이름을 세계라 하느니라.
如來說 世界가 非世界ㄹ새 是名世界니라.

부처님이 말씀하시는 세계는 '불세계佛世界'인데, 이 불세계는 분별심이 많은 우리가 이야기하는 세계와는 다르다는 사실을 먼저 이해하여야 합니다. 부처님께서 말씀하시는 반야바라밀이 보통 우리가 이야기하는 반야바라밀하고는 다르다고 했던 것과 마찬가지입니다.

우리가 사는 세계를 사바세계라고 합니다. 이것을 인토忍土라고도 부릅니다. 즉, 사바세계는 '억지로 참고 살 만한, 고통이 많은 세계'라는 것입니다. 실제로 우리 눈으로 보아도, 정신을 차리지 못하면 언제 자기 몸뚱이가 달아날지 모를 정도로 좋지 않은 일들이 도처에서 일어나는 것이 분명합니다.

몸뚱이 착이 있는 우리 눈에는, 태어난 자는 언제든지 늙고 병들고 죽는 것으로 보입니다. 이러한 현상을 생주이멸生住離滅이라고 합니다. 태어나고 머물렀다가 떠나고 없어지며 공으로 되어진다는 것이지요. 그런데 이 변화하는 과정에서 여러 가지 재앙이 뒤따릅니다. 변화는 재앙을 불러오고 재앙 속에서 변화는 가속화하여 형체가 완전히 사그라져 없어집니다. 이러한 변화는 저절로 자발적으로 생겨납니다.

자연계에서 이렇게 저절로 자발적으로 일어나는 변화를 정반응(正反應: 저절로 일어나는 자연현상)이라고 하는데, 자연적인 변화인 정반응의 세계에서는 새롭게 창조되거나 만들어지는 일은 생기지 않습니다. 그런데 생명체들은 때때로 역반응을 합니다. 동물이나 식물과 같은 생명체들은 부분적으로 창조를 합니다. 무상한 것은 정반응이고, 창조하는 것은 역반응이라 하겠습니다.

나뭇잎이 썩어서 이산화탄소와 수증기가 되는 것을 정반응이라고 한다면, 이산화탄소와 수증기가 변화하여 나뭇잎이 되는 것을 역반응이라고 할 것입니다.

역반응이라는 것은 생명체가 아니면 할 수 없습니다. 식물은 산소를 만들고, 꽃과 열매를 만들어 냅니다. 이것은 자연의 무상을 거스르는 역반응에 의해서 되어지는 것이지요. 젖소는 풀만 먹어도 우유가 나옵니다. 이것도 역반응입니다. 정반응은 이 우유가 썩어서 부패되는 것을 말합니다마는, 부패한 것을 거꾸로 합성해서 우유를 만드는 창조적인 역반응은 식물과 동물만이 할 수 있습니다. 또한 사람은 지혜와 원력이 있기 때문에 무언가 연구하여 새로운 것을 창조합니다. 달나라에는 생명이 살고 있지 않기 때문에, 창조는 전혀 없고 변화와 파괴만이 있을 뿐입니다.

지금 과학이 나날이 발전하고 있습니다. 생활에 필요한 여러 가지 물건도 만들고 나아가서는 생명체의 주성분인 단백질도 만듭니다. 이런 것들은 모두 다 정반응이 아니라 역반응에 의해서 되어진 것들입니다. 자발적인 변화로는, 즉 가만 내버려 두면(정반응) 아니 되고, 변화의 방향을 돌려야만(역반응) 새로운 것이 창조됩니다. 이러한 역반응은 사람의 원력願力이라고 할지 의지라고 할지, 이런 것들에 의해서 이루어집니다.

자연 반응인 정반응은 몸뚱이 착과 비슷한 속성이 있어서 가만히 내버려 두면 무상하고 파괴적인 쪽으로 진행됩니다. 몸뚱이가 하자는 대로 하면 어떻게 됩니까? 술 먹고 싶다고 술 먹고, 놀고 싶다고 놀고, 움직이기 싫다고 게으르게 되지 않을까요. 정반응에서 볼 수 있는 현상과 같이 비생산적이고 무상하고 파괴적인 쪽으로 가게 됩니다. 그러면 세상에는 재앙이 많이 일어나고, 좋은 일보다는 나쁜 일이 더 많이 일어나며, 즐거운 일보다는 고통스러운 일이 더 많이 일어날 것입니다.

그러나 정반응을 하는 것들도 우리의 노력으로 부분적이나마 거꾸로 돌려놓아 창조적인 일을 이루기도 합니다. 몸뚱이 착(아상)을 거슬러서 하는 것을 말하지요. 그런데 몸뚱이 착을 거스르는 것, 거꾸로 돌려놓는 일은 자연스럽게 이루어지지 않고, 투자를 하고 머리를 쓰는 등 별도의 노력을 함으로써 이루어집니다. 이는 자연스러운 일이 아니므로 이름이 붙고 여러 가지 용어가 탄생합니다. 이것이 사바세계에서 일어나는 일입니다.

그동안 사람들이 많이 노력하여 잘사는 세계로 점차 변모하고 있습니다. 적어도 눈에 보이는 세계의 모양은 점차 극락세계의 모양을 닮아 가고 있습니다. 이것은 몸뚱이 착을 거슬러 노력한 결과입니다.

법장 비구는 마흔여덟 가지의 뜻을 세우고 그 뜻이 성취되도록 노력하였습니다. 그 뜻이 자연스럽게 전개될 때 극락세계가 이룩되었습니다.

극락세계라는 곳은 도인들이 사는 불세계佛世界를 말합니다. 극락세계에서는 무상한 것이 아니라, 영원한 것이 당연합니다. 고통이 아니라, 즐거움이 당연합니다. 마음대로 안 되는 것이 당연한 것이 아니라, 마음대로 되는 것이 당연합니다.

사바세계는 정반응의 세계로, 아주 어렵게 역반응을 하지만, 극락세계에서는 역반응이 아주 자연스러운 것이고 정반응은 부자연스럽습니다. 이것은 법장 비구의 원력이 무르익어, 부자연스럽던 역반응이 자연스럽게 변모한 결과입니다.

사바세계에서는 원願을 세우고 일을 창조하는 것을 대단하다고 이야기하고 그렇게 이름 붙입니다. 극락세계에서는 좋은 일, 창조적인 일, 또는 영원한 일이 너무나 당연한 것이므로, 하등 이름 지을 필요도 없고 분별을 낼 필요도 없을 것입니다.

우리가 살고 있는 이 사바세계라고 하는 것도, 사실은 모든 분별을 내려놓고 보면 사바세계도 아니라고 합니다. 분별심이 많은 눈으로 보니까, 참기 어려울 정도로 고달픈 일들이 많다는 것입니다. 우리는 아침 일찍 일어나서 잠자리에 들 때까지 온종일 바쁘게 설쳐대며 삽니다. 그리고 이 세계에는 수없이 많은 재앙과 사람들의 시기, 질투, 모함 등이 또 얼마나 난무亂舞합니까?

이러한 사바세계도 마음속의 분별을 다 없애고 보면 그대로 극락정토랍니다. 절대로 이 세계가 그렇게 고달프고 덜 좋은 세계가 아니라는 것입니다. 그러니까 부처님이 말씀하시는 세계는 이름만 세계일 뿐이지, 우리가 생각하는 그런 세계가 아니라는 것이지요.

비야리성에 이름이 '보적'이라는 한 장자의 아들이 부처님께 여쭙기를, "세존이시여, 원하옵니다. 부처님 국토의 청정함을 얻는 방법을 듣고자 합니다. 말씀하여 주십시오." 하니 부처님께서 보적에게 말씀하셨습니다.

"보적아, 보살이 갖는 그의 정직한 마음을 따라서 곧 행行을 발하게 되느니라. 다시 말하면, 그의 깊은 마음을 따라서 곧 뜻을 조복하게 되고, 뜻을 조복함을 따라서 곧 말을 하게 되고, 그의 말을 따라서 곧 회향하게 되고, 회향을 따라서 곧 방편(행동)이 있게 되고, 그의 방편을 따라서 곧 중생(구류 중생)을 이루게 되고, 그가 만든 중생에 의해서 부처님의 국토가 청정하게 되고, 그의 법을 말씀함이 청정함을 따라서 곧 지혜가 청정하게 되고, 그의 지혜가 청정함을 따라서 곧 온갖 공덕이 청정하여지느니라. 그러므로 보적아, 보살이 정토를 얻으려면 마땅히 자신의 마음을 청정하게 가져야 할 것이니, 자신의 마음이 청정하면 곧 부처님의 국토가 청정하여지느니라."

그때 사리불이 의심하는 마음이 생겼습니다.

'보살의 마음이 청정하면 곧 부처님의 국토가 청정하여진다고 하셨는데, 우리 세존의 마음이 어찌 청정하지 않으시겠는가? 그런데도 부처님이 계신 이 국토가 청정하지 못하니 그것은 왜 그러한가?'

이를 아신 부처님께서 물으셨습니다.

"해와 달이 어찌 청정한 것이 아닐까만, 눈먼 자가 스스로 보지 못하고 청정하지 않다고 말한다면 이것은 누구의 허물이겠느냐?"

"세존이시여, 이는 눈먼 자의 허물이지 해와 달의 허물이 아닙니다."

부처님께서는 사리불의 대답을 들으시고 다시 말씀하셨습니다.

"사리불이여, 부처님 국토가 장엄하고 청정함을 보지 못하는 것도 이와 같으니, 이는 부처님의 잘못이 아니다. 사리불아, 내가 있는 이 국토(세계)는 청정하다. 그러나 네가 보지 못할 뿐이니라."

그때 나계범왕이 사리불에게 말하였습니다.

"존자여, 이렇게 청정한 국토를 청정하지 않다 여기지 마시오. 내가 보기엔 석가모니 부처님의 이 국토(불국토)가 청정함이 마치 자재천궁 같습니다."

"내가 보기에는 험한 산등성이와 구덩이, 가시덩굴, 자갈과 흙, 돌이 있는 이 국토는 더럽고 추악한 것들로 가득 차 있습니다."

사리불이 이렇게 대답하자 나계범왕이 다시 말하였습니다.

"그것은 당신의 마음이 높고 낮은 차별(분별심)이 있기 때문에 청정하지 못하다고 보는 것입니다. 사리불이여, 마음이 청정하여 부처님의 지혜를 의지하면, 곧 이 국토가 청정함을 볼 것입니다."

이때 부처님께서 발가락으로 땅을 어루만지시니, 삼천대천세계가 백천 가지의 값진 보배로 꾸며진 것이 마치 보장엄 부처님의 한량없는 공덕의 보배로 장엄된 국토와 같았습니다. 이것은 모든 대중이 일찍이 경험하지 못했던 일로서, 모두가 감탄하였습니다. 그리고 자신들이 보배로운 연꽃에 앉아 있음을 보았습니다. 그때 부처님께서 사리불에게 말씀하셨습니다.

"이 부처님 국토가 장엄하고 청정함을 이제 너는 보느냐?"

『유마경』에 있는 이야기로, 사바세계와 극락세계의 성립 배경을 설명하고 있습니다.*

수보리여, 어떻게 생각하느냐. 32상으로 부처님을 볼(찾을) 수 있겠느냐?

아닙니다. 부처님이시여, 32상으로는 가히 여래를 볼 수 없습니다. 왜냐하면 부처님께서 말씀하시는 32상이라는 것은 사실은 32상이 아니고 그 이름이 32상이기 때문입니다.

須菩提여, 於意云何오 可以三十二相으로 見_如來不아

---

* 『유마경維摩經』 구마라습이 번역한 대승불교 경전. 정확한 명칭은 『유마힐소설경維摩詰所說經』이며, 줄여서 『유마힐경』이나 『유마경』이라고 한다.

不也니다. **世尊**하, **不可以三十二相**으로 **得見如來**니, **何以故**오 **如來說 三十二相**이 **卽是非相**일새 **是名三十二相**이니이다.

실제로 사람이 마음을 쓰는 것에 따라서 상호相好가 달라지는 것은, 보통 생활 속에서도 많이 보게 되지 않습니까? 예를 들면, 남을 용서하는 마음이 많으면 얼굴의 미간이 넓어지는 것처럼, 마음속의 심상이 곧아지면 얼굴의 모양이 바뀐다고 합니다. 그래서 석가여래 같으신 분을 가까이에서 보면 아주 얼굴 모양에서 훤한 기운을 느낀다는 것이지요.

"32상이라는 아주 잘생긴 덕상으로써 부처를 볼 수 있느냐?"라고 부처님께서 물으시니까 수보리 존자가 "그렇지 않습니다. 32상으로는 볼 수 없습니다."라고 대답했습니다. 왜냐하면 32상이라는 것은 공부한 공덕으로 얻어진 특징으로, 신체상에 변화를 준 것은 사실이지만 그것은 어디까지나 색신色身이기 때문입니다.

즉, '세월이 가면 없어지는 상호일 뿐(즉시비상卽是非相), 그것이 어찌 법신法身이신 여래의 상相이 될 수 있겠는가.' 하는 것입니다. 그저 변화하는 상호(相好, 부처님의 훌륭한 용모와 형상)를 이름 붙여 얘기하자면 32상이라고 한다는(시명삼십이상是名三十二相) 것입니다.

그러니까 '겉으로 나타난 잘생긴 몸매, 가시적인 것을 보지 마라. 실제로 32상이라는 것은 고요한 마음이다. 탐심, 진심, 치심을 제거하고 마음을 비워 무위, 무상이 된다.'라는 뜻에서 "즉시비상卽是非相"이라 하신 것입니다.

다시 말하면 '32상은 마음을 비우는 행위를 하여서 결과적으로 나타나는 것이므로 그러한 결과를 보고 부처라고 하지 말아라. 32상이라는 것은 자연스럽게 형성된 겉모양이며 오직 무심만이 있었을 뿐이다.'라고 할 수 있습니다. 그런데 사람들은 잘생긴 겉모습만을 따라가고 또 이름을 지어 32상이라고 한다는 것이지요. 그러니까 겉을 따라가지 말고 속을 보라는 것입니다.

> **수보리여, 착한 남자나 여인이 항하의 모래 수만큼이나 다시 태어날 때마다 자신의 목숨을 보시하고, 어떤 사람은 이 경 가운데 사구게만이라도 다른 사람을 위하여 설명해 준다면, 이 복이 더 많으니라.**
>
> **須菩提**여, **若有善男子善女人**이 **以_恒河沙等身命**으로 **布施**하고, **若復有人**이 **於此經中**에 **乃至受持四句偈等**하야 **爲他人說**하면 **其福**이 **甚多**니라.

'복 짓는다.'라는 것은 몸뚱이 착을 거슬러서 행동하는 것을 말합니다. 몸뚱이 착을 거슬러서 행동하려면 몸뚱이를 수고롭게 해야 하는데, 몸뚱이가 고단해지면 '죽겠다.' 하고 아우성을 칩니다. 일례로 가행정진을 하면 몸뚱이가 '졸음이 와서 죽겠다. 나 좀 편안하게 해 다오. 눕게 해 다오.' 그럽니다. '금강경을 한 번만 읽지 왜 일곱 번씩이나 읽느냐? 고단하다. 좀 쉬자, 감기도 걸렸다.' 이러면서 아우성을 치고, 심지어는 '나 죽겠소.' 합니다. 사실 이럴 때 몸뚱이가 죽어야 합니다. 몸뚱이가 죽는다는 것은 바로 몸뚱이 착(아상)이 소멸하는 것이며, 이때 참다운 자기가 나타나는 것입니다. 그래서 수도하는 이들은 궁즉통窮則通과 고진감래苦盡甘來를 다음과 같이 이해합니다.

궁즉통이란 한참 궁하다가 나중에는 통하게 된다는 말인데, 궁하다고 하는 것은 '몸뚱이 착이 궁하다고 하는 것'입니다. 몸뚱이 착이 궁하다고 아우성을 칠 때 마음이 조금도 흔들리지 않게 되면, 마침내 몸뚱이 착이 팍 쓰러질 수밖에 없겠지요. 몸뚱이 착이 죽어 버리고 나면 그 대신 무엇이 나오는가 하면, 참 부처님의 기운이 나오지요. 이렇게 되면 막혔던 것이 없어지고 통하게 된다고 할 수 있습니다.

고진감래는 고통이 다 가고 나면 편안한 시절이 온다는 말인데, 어떻게 해서 편안한 시절이 오게 되는 걸까요? 몸뚱이가 죽겠다고 아우성칠 때 '몸뚱이가 죽겠다고 하니까 나도 죽어야겠다.'라고 하면 고진감래고 뭐고 없는데, 자기 마음이 조금도 흔들리지 않고 끝까지 지켜보며 어려운 고비를 넘기게 되면 아우성치던 몸뚱이 착은 죽어 버리고 그 자리에는 분별이 쉰, 말하자면 본래의 자기가 남으니까 고진감래가 된다는 것입니다.

예를 들어 지금 누가 나를 몰아붙인다면, 반발하고 싶고 되받아치고 싶은 생각이 불쑥 올라오지 않습니까? 이 반발은 몸뚱이 착입니다. 이때 반발하면 몸뚱이가 원하는 대로 하는 꼴이고, 이렇게 되면 고진감래고 뭐고 없는데, 자기 마음이 조금도 흔들리지 않고 그 순간을 넘기면 감래가 된다는 것입니다.

실제로 죽음을 체험한 사람의 이야기입니다. 병들어 죽어서 관에 넣고 못을 땅땅 박았는데, 관속에서 이상한 소리가 들려 열어보니 다시 살아나더라는 거예요. 그런데 죽었다가 살아나면 보통 사람과는 다른 특이한 현상이 나타나는 수가 많습니다. 대체로 죽음을 체험한 사람은 영적 능력이 생긴다고 합니다. 무언가 알아지는 능력이 생깁니다. 몸뚱이 착이 아우성칠 때 마음까지 따라 죽으면 실제로 죽음이 되지만, 자기 마음이 죽지 않고 흔들리지 않는다면, 몸뚱이 착이 죽으면서 분별이 사라졌기 때문에 영적 능력이 생긴다고 보면 될 것입니다.

그러니까 여기서 항하사등신명으로 보시한다는 것은 자기 마음속의 수많은 분별이 다 죽은 것을 의미합니다. 말하자면, 몸뚱이 착이 죽어서 아주 편안해지고 고요해지며, 무량대복의 상태가 되는 것입니다. 물질적인 보시가 아니라, 항하(갠지스강)의 모래 수만큼이나 다시 태어날 때마다 자신의 목숨을 바쳐 남에게 보시한 사람은 상당히 영적으로도 성숙해 있고 물질적으로도 풍부한 도인에 가까운 사람이라고 보면 될 것입니다.

그럼에도 금강경을 수지독송하고 다른 사람을 위해 이야기해 준다면 그 복이 더 크다고 하셨습니다. 이것은 상당히 깊은 의미가 있다고 생각됩니다. 부처님께서는 분별이 없으시니까 이러한 말씀으로 끝내시지만, 우리와 같은 분별심이 많은 중생이 좀 더 피부에 와닿게 이해할 수 있도록, 다소 분별을 섞어 이 말씀의 진의를 헤아려 봅니다.

'아무리 복덕이 많아 물질적으로 풍부하고, 정신적으로도 성숙하고, 영적으로 되어서 아는 소리도 잘하고, 지혜도 있고, 세상을 다 내다보는 밝음이 있다손 치더라도, 결국은 이 경을 읽어야 성불할 수 있다.'

금강경에는 부처님께서 인정해 주시는 결정(증證을 말함)이 있습니다. 이 경을 읽어야만 결국은 깨달음(성불)에 이른다는 뜻입니다.

"금강경을 이해하고 믿고 수행하여 사구게四句偈만이라도 다른 사람을 위하여 설명한 복덕이, 항하의 모래 수만큼이나 다시 태어날 때마다 자신의 목숨을 바쳐 남에게 이익되게 한 복덕보다도 훨씬 더 많다."

14

상을 떠난다고 하는 것은 무한한 평안을 의미한다

第十四 離相寂滅分

이때 수보리 존자가 이 경을 설하시는 것을 듣고 그 뜻을 깊이 헤아리며 감격하여 눈물을 흘리고 부처님께 말씀드리기를,

드무신 부처님이시여, 부처님께서 이와 같이 매우 의미가 깊고 깊은 경전을 설說하시니, 제가 예로부터 얻은 바 지혜의 눈으로는 일찍이 이와 같은 말씀을 얻어듣지 못했습니다.

爾時에 須菩提 聞說是經하고 深解義趣하고 涕淚悲泣하야 而白佛言하되,

希有世尊하, 佛說如是甚深經典하시니 我從昔來에 所得慧眼으로는 未曾得聞如是之經이니이다.

금강경을 공부하는 이라고 해서 누구든지 금강경을 듣고서 수보

리 존자처럼 감동하여 그렇게 감격의 눈물을 흘릴 수는 없을 것입니다. 일생 동안 부처님 또는 도인을 모시고 지낸다고 해도, 실제로 그분의 마음을 조금이나마 느끼고 그 뜻을 다소라도 아는 것은 결코 쉬운 일이 아닙니다. 그런데 수보리 존자는 선근善根이 깊었거나, 부처님을 열심히 잘 향했었나 봅니다. 부처님의 간곡하고 정녕丁寧하신 말씀을 하나하나 알아듣고, 드디어는 부처님의 참 마음과 깊은 뜻까지도 알고 나니 '이렇게 공부하면 한마음 닦아지겠구나.' 하는 감동적인 순간이 온 것입니다.

수보리 존자는 진정으로 '부처님과의 만남'을 이루었다고 할 수 있습니다. 아마도 정성을 다하여 부처님의 말씀을 듣는 중에 부처님의 기운을 받게 되었으며, 부처님의 건강한 마음을 느낄 수 있었고, 드디어는 가슴이 터질듯한 벅찬 감동으로 눈물을 흘렸을 것입니다(체루비읍涕淚悲泣).

수보리 존자는 눈물을 흘리며 "부처님께서 말씀하신 매우 깊고 깊은 뜻을 가진 경전은 제가 예전부터 가진 지혜의 눈으로는 여태껏 들어본 적이 없습니다." 하고 자기 마음을 말합니다. 수보리 존자가 그전에 얻었던 지혜의 눈이라는 것은 말하자면 소승의 눈, 또는 성문, 아라한의 지혜라고 할 수 있는데, 그러한 지혜의 눈으로써는 일찍이 이런 류의 경전의 말씀을 들어본 적이 없다는 것입니다.

세존이시여, 만약 어떤 사람이 이 경을 얻어듣고 믿는 마음이 깨끗해서 실상의 마음을 낼 것 같으면, 이 사람은 제일가는 아

주 드문 공덕을 성취할 것입니다.

부처님이시여, 이 실상이라는 것은 상이 아닌 고로 부처님께서는 실상이라고 설하셨습니다.

世尊하, 若復有人이 得聞是經하고 信心이 淸淨하야 則生實相하면 當知是人은 成就第一希有功德이니이다.

世尊하, 是實相者 則是非相일새 是故로 如來說 名實相이니이다.

여기서 청정淸淨이란 단어는 아주 알맞게 잘 사용되었다는 생각이 듭니다. 청정이라는 것은 '깨끗하고 오염되지 않았다.'라는 뜻입니다. 오염이 되었다는 것은 분별이 많이 섞였다는 뜻이고, 오염이 안 되었다는 것은 분별이 적고 순일純一하다는 뜻일 것입니다. 그러니까 이 경은 제일가는 공덕을 성취하는 경인데, 이러한 공덕을 성취하는 조건이 있다면 믿는 마음(信心)이 청정하여야 한다는 것입니다. 믿음이 오염되지 않아야 한다는 것입니다.

조주 스님이 3년만 읽으면 누구나 깨달음을 얻게 된다고 하면서 사람들에게 수지독송하기를 권했던 삼조三祖 승찬 대사의 『신심명』에서도 "신심은 불이不二요, 불이不二는 신심이다."라고 했습니다. '신심이 불이不二'라는 것은 분별이 섞이지 아니한 마음이 신심이라는 뜻입니다. 불이不二는 둘이 아니라는 것입니다. 너니 나니 따져 보는 마음, 헤아려 보는 마음이라면 벌써 신심이 아니고, 계산이 붙으면 신심이 아니라는 겁니다. 달리 말하면 '신심이라는 것은 절대다. 의심이 없는 것이다.'라는 뜻입니다.

부처님께 “사람들이 가진 것 중에 최고로 가치 있는 것이 무엇입니까?”라고 묻는다면, “너희 중생의 생각은 모두 가치 없는 것이고 쓰레기 같고 하잘 것이 없지만, 그중에 유일하게 가치가 있는 것이 있다면 그것은 신심이다.”라고 이야기하실 것입니다. 왜냐하면 중생 마음속에 부처님을 닮은 것은 오직 신심뿐이요, 따라서 신심에 의존하지 아니하면 절대적인 자리로 들어갈 수가 없기 때문입니다. 절대적인 자리로 들어가는 관문 또는 교두보라고 할 수 있는 것이 바로 ‘신심’입니다.

중생으로서 분별이 없을 수 없습니다. 중생은 항상 분별 속에서 삽니다. 하지만 중생 속에 분별이 없는 유일한 형태가 있다면 그것은 부처님을 향한 신심이 아닌가 싶습니다. 그래서 신심이 불이不二라고 하였을 것입니다. 또 불이不二가 신심이라고 한 것은, ‘절대적인 것은 오직 신심뿐’이라고 해석해 봅니다.

춘향이가 이 도령을 좋아하는 것을 남녀 간의 사랑이라고 보는데, 이것은 좀 잘못된 생각인 것 같습니다. 신심이라고 봐야 할 것 같습니다. 처음 만났을 때도, 나중에 폐포파립(敝袍破笠, 너절하고 구차한 차림새)의 거지가 되어 찾아왔을 때도, 춘향이는 일편단심으로 이 도령을 모셨습니다. 분별이 섞이지 않았고 계산 없이 절대적으로 믿었습니다. 이것은 사랑이 아니라 신심일 것입니다. 일편단심은 신심의 또 다른 적절한 표현이라고 생각해 봅니다.

우리가 부처님을 믿더라도 이렇게 절대적으로 분별이 없는 마음으로 향해야 ‘신심이 청정하다.’라고 말할 수 있을 것입니다. 부처님께서는 중생을 밝게 해주시기 위하여, 때로는 참으로 알아듣기 어려운 파격적인 말씀을 많이 하셨습니다. 예를 들면 '너희 생각은 모두 틀렸다(범소유상 개시허망凡所有相 皆是虛妄).'라고 할 때, 마음이 흔들리지 않고 따라가야 합니다. '갠지스강의 모래알 수와 같이 수없이 다시 태어나 목숨을 바쳐 보시한다 해도, 금강경을 수지독송하고 위타인설爲他人說한 복보다도 못하느니라.'라고 할 때도 흔들림 없이 따라가야 합니다.

자기의 어두운 주관으로 볼 때 놀랍고 파격적인 말씀이지, 사실 그것은 진실이기 때문입니다. 그래서 뒤에 곧 나옵니다마는, 불경불포불외不驚不怖不畏라는 단어를 쓰시기도 하셨습니다. 참으로 금강경의 한 말씀, 한 말씀이 어두운 이에게는 놀라운 말씀일 뿐이지요. 금강경 곳곳이 놀랄 만한 말씀인데, 이러한 매우 파격적인 말씀을 들을 때도 믿는 마음이 흔들리지 않고 시종일관할 수 있어야 한다는 겁니다. 처음에는 잘 믿고 따라가다가 부처님께서 이상한 말씀과 이상한 행동을 한다며 믿지 않고 따라가지 않는다면, 신심이 청정하다고 할 수 없겠지요. 부처님의 말씀 또는 행동이 이상하게 보인다면 그것은 자신의 마음이 어두우니까 그렇게 보이는 것인 줄 알아야 합니다.

믿는 마음이 청정해서 의심 없이 시종일관할 수 있다면 이 사람은 즉생실상則生實相이 될 것입니다. 여기서 즉생실상이란, '부처님의 말씀을 깨닫는다.'라고 해석해야 되겠지요. 결국 깨달음을 얻게 된다는 말입니다. 그래서 "신심이 청정해서 즉생실상하면 이 사람은 결국 깨친 것이므로 아주 드문 공덕(복덕)을 성취하는 것이 되겠군요."라고 자기 의견을 말하는 것입니다.

수보리 존자는 이어서 "부처님이시여, 이 실상이라는 것은 상이 아닌 연고로 부처님께서는 실상이라고 설說하셨습니다."라고 말하고 있습니다. 이것은 '즉생실상'이라고 말한 것에 대하여 실상의 본질을 설명하는 말이 되겠습니다. 실상이란 분별이 다 없어진 상태로, 분별이 없으므로 어떤 모습이라고 말할 수 없는 상태입니다. 만약 어떤 모습을 가지고 있다면, 그것은 실상이 아니고 분별이며 허망한 것이 된다는 것입니다.

부처님이시여, 제가 이제 이와 같은 경전을 얻어듣고 믿고 해석하고 받아 지니기에는 어렵지 않지만, 만일 어떤 중생이 돌아오는 후오백세에도 이 경을 얻어듣고 믿고 뜻을 이해하고자 하며 받들어 가진다면, 이 사람은 매우 드물겠습니다.

왜냐하면 이 사람은 아상도 없고 인상 중생상 수자상도 없을 것이니, 왜 그러한가 하면 아상이 상이 아니고 인상, 중생상, 수자상도 상이 아니기 때문입니다. 왜냐하면 일체의 모든 상을 다 떠나야 부처라고 하기 때문입니다.

世尊하, **我今**에 **得聞如是經典**하고 **信解受持**는 **不足爲難**이어니와 **若當來世後五百歲**에 **其有衆生**이 **得聞是經**하고 **信解受持**하면 **是人**은 **則爲第一希有**니

何以故오 **此人**은 **無我相無人相無衆生相無壽者相**이니, **所以者**

何오 **我相**이 **卽是非相**이며 **人相衆生相壽者相**이 **卽是非相**이니, **何以故**오 **離一切諸相**하면 **則名諸佛**이니이다.

부처님께서는 금강경에서 분별심이 본래 없다는 것을 자상하게 설說하셨으므로, 이 경을 믿고 해석하며 늘 즐기는 사람은 아상, 인상, 중생상, 수자상이 실제로 없다는 것을 알게 될 것입니다. 그리고 항복기심降伏其心하는 방법도 알게 되기 때문에, 이 사람은 아상을 없앨 수 있으며 인상, 중생상, 수자상도 없앨 수 있으므로 이 사람은 제일가는 매우 드문(훌륭한) 사람이라는 것입니다.

그러고는 득문시경得聞是經하고 신해수지信解受持한 그 사람이 제일 희유한 까닭을 일체 모든 상相을 떠나면 이름하여 부처라고 하기 때문이라고 하였습니다. 득문시경하고 신해수지한 그 사람은 일체의 모든 상으로부터 떠날 수가 있으니, 매우 드물다는 것입니다.

실제로 아상이 없어지는 것은 참으로 용이하지 않습니다. 탐내는 것, 성내는 것, 잘난 척하는 것은 모두 아상의 그림자입니다. 그런데 자꾸 공부하다 보면 이런 아상의 걸림돌들이 하나하나 부드럽게 되어, 탐낼 일도 없고 화낼 일도 없고 편안하고 즐거우며 마음이 평화롭고 환희심이 나는 세계가 오는 모양인데, 이런 것을 '아상이 녹았다.'라고 할 것입니다.

얼음에 열을 계속 가하면 물이 되지 않습니까? 그때 만지면 저항이 거의 없습니다. 얼음일 때는 있는 것처럼 보이기도 하고 저항도 있는데, 물이 되면 마치 없는 것처럼 보이고 만져도 별다른 저향을 느끼지 못합니다.

그러나 녹은 정도를 완전히 없어진 것으로 보아서는 안 됩니다. 열을 계속 가하면 액체인 물도 다 증발해서 없어지는 때가 있습니다만, 아상의 뿌리는 워낙 깊어서 수도를 오래 하신 분들도 사실 아상을 다 닦아 없애기는 어려운 모양입니다.

공부를 깊게 하신 분의 이야기인데, 상相 중에서도 특히 닦기 어려운 것이 애욕(음탐심)이라고 합니다. 수도하여 상(애욕)이 다 없어진 것으로 알았는데, 뒤늦게 깨닫고 보니 마음속 깊이 잔뿌리가 남아 있더라는 것입니다. 그래서 더 닦았는데, 그때도 보이지 아니한 그 속에 실뿌리가 남아 있더라는 것입니다. 이렇게 아상을 닦기가 어려운 모양입니다. 다음 이야기를 들어 봅니다.*

중국에서 있었던 일이다. 한 농부가 어느 날 땅을 파다가, 그 속에서 가부좌를 하고 정定에 든 사람을 발견하였다. 정에서 나온 그에게 말을 시키니, 뜻밖에도 그는 수백 년 전의 사람이 아닌가. 그러니까 수백 년 동안을 그 속에서 그렇게 앉아 있었다는 이야기인 셈이다. 이 소문은 삽시간에 펴져 나갔고, 수많은 사람이 몰려와 그를 친견하고 그에게 예배하였다.

그런데 재미있는 것은, 그렇게 생불로 추앙받던 그가 십 년이 지나지 않아 한 여인과 내통하여 아기를 낳았다는 것이다. 이는

---

* 김원수, 『마음을 어디로 향하고 있는가』(김영사. 2018)

무엇을 말하는가.

'아상이 없다.'라며 '도인입네.' 하는 사람을 가끔 보게 되는데, 땅속에서 발견된 그 도인처럼, 실제로는 아상이 없어졌다기보다는 아상이 웬만큼 녹은 정도라 하겠습니다. 속의 알맹이까지 다 없어졌을 때, 즉 물이 다 증발하여 말라 없어진 상태라야 아상이 없어진 것이고, 이것을 부처님의 경지라고 할 수 있을 것입니다.

공부하는 사람이 아상이 녹은 정도를 아상이 없어진 것으로 착각하기 쉬우므로, 이것을 경계하기 위하여 고인古人은 말씀하십니다.

> 그러나 한 생각 깨친 뒤에도 밝은 스승을 찾아가 제대로 깨쳤는가를 점검해 보아야 한다.
>
> 然 一念子 爆旨一破然後 須訪明師 決擇正眼*

"모든 상을 떠나야 바로 부처다."라는 말씀은 깊숙이 있는 아상의 뿌리까지 다 닦여진 상태, 부처님의 경지를 이야기하는 것이라고 생각합니다.

그런데 아상의 범위는 단순히 내 몸뚱이 하나로 제한되는 것이 아니라 가족, 사회, 국가까지도 포함합니다. 따라서 무아상無我相의 범위는 실로 매우 넓어서, 너와 내가 둘이 아닌 차원을 넘어섭니

---

* 『선가귀감』, 연 일념자 폭지일파연후 수방명사 결택정안

다. 우주와 내가 둘이 아닌 정도가 되어야만 비로소 모든 상을 떠난 것이라고 할 수 있는 것이 아닌가 싶습니다.

예를 들어서, 나만 편안해졌다 해서 진정한 해탈이 될 수 있느냐는 것입니다. 수도하는 사람에게 가족들이 "왜 가장으로서 책임을 다하지 못하느냐? 먹여 살려라." 하는 경우를 생각해 봅니다. 그 수도인은 그러한 아우성이 별로 마음속에 와닿지 않을 정도로 마음이 편안해졌다고 하여도, 책임까지 면할 수는 없을 것 같습니다. 가족을 불편하게 함으로써 내생來生에라도 받아야 할 과보果報에 대한 책임을 말합니다. 이것이 가족과의 업보입니다. 이 업보까지 해탈하여 가족이 불완전하게 보이지 않도록 해야 합니다. 내 마음이 편안해진 것은 물론, 가족의 일과 자기의 일이 평등해질 때 인상人相까지 닦여진 것으로 볼 수 있습니다.

더 나아가서 자기의 일과 사회의 일이 둘이 아니라는 정도까지 되어, 모든 일에서 하나도 불완전한 점을 발견할 수 없을 때까지 닦아야 합니다. 나만 편해진 것으로 끝나는 것이 아니라, 많은 사람과 맺은 업보까지 해탈해서 편안함을 느낄 수 있도록 하여, 주위 모든 일에서 허물이 하나도 보이지 않고 제자리에 다 있는 것으로 보일 정도가 된다면, 이것은 중생상과 수자상도 닦여진 것으로 볼 수 있을 것입니다.

이처럼 모든 상을 떠난다는 것은 쉽지 않습니다. 모든 상을 떠난 사람은 아주 드물다고 합니다. 상의 범위를 자기 자신만으로 국한하지 아니하고 주위나 사회나 우주나 모두 둘이 아닌 것으로 보아 모두 해탈되어 제자리에 있는 것으로 보일 정도까지 닦인 상태를 '모든 상으로부터 떠났다.' 할 것이고, 이것을 부처님의 경지라 할 것입니다.

부처님께서 수보리 존자에게 이르시기를,
그렇고 그러니라. 어떤 사람이 이 경을 얻어듣고, 놀라고 무서워하고 두려워하지 않는다면 마땅히 알라. 이 사람은 매우 드문(훌륭한) 사람이니라.
佛告須菩提하사되,
如是如是니라. 若復有人이 得聞是經하고 不驚不怖不畏하면 當知是人은 甚爲希有니

보통 상식적으로 '금강경을 듣고서 믿으면 믿고 안 믿으면 안 믿는 것이지, 놀라고 무서워하고 두려워할 것은 또 무엇인가?'라고 생각하기 쉽습니다. 그런데 부처님께서는 '놀라서 무서워하고 두려워하지 않으면(불경불포불외)'이라는 단어를 사용하셨습니다.

그러면 이 단어가 쓰일 자리가 아닌 곳에 잘못 쓰인 것일까요?

아닙니다. 있을 자리에 아주 옳게 쓰인, 지극히 옳은 말씀이라고 합니다.

금강경을 공부하면 업장이 해탈되면서, 점차 금강경에 나타난 부처님 말씀대로 사물을 보게 됩니다. 다시 말하면 업보에 끌려다니던 장애가 줄어들어 마음이 편안해지며, 사물의 겉만 보고 즉흥적으로 판단하던 사고가 변하여 사물의 이면을 보고 판단하게 됩니다. 그리고 지혜의 눈이 조금씩 트이면서 자기 자신과 상대방, 그리고 사물을 분명히 알게 됩니다. 종합적 즉각(직관)과 같은 것으로 알아진다고 합니다.

예를 들면, 나는 친구에게 늘 베풀어주고 올바른 길로 가라고 충고해주며 그를 위하는 줄 알았는데, 어느 날 공부하며 마음을 비우다 보니 문득 자신의 마음을 깨달아, 내가 그 사람을 도와주는 것이 아니라 실제로는 그의 앞길을 막는 장벽이 되고 있다는 사실을 알았다면, '내 마음이 곱고 착한 줄 알았는데 알고 보니까 착하지도 않고 잔인하고 살벌하구나.' 하는 생각이 들 것입니다. 겉으로는 부드러운 말로 좋게 되라고 했지만 사실은 그 사람을 지배하고 소유하고자 했던 자신을 발견하게 되면, 이것은 소름이 끼치고 매우 놀랄 만한 일이 되겠지요.

또 다른 예로서 서로를 위해 목숨을 바친다고 하는 남녀가 사랑에 빠져 있던 열정을 식히고 마음을 비우는 금강경을 공부해 보았습니다. 그 둘은 전생에 죽이고 살렸던 업보들인데, 지금 만나서는 '사랑합네.' 하면서 실로는 죽이고 살렸던 한풀이를 한다는 것을 알았을 때 놀랍겠지요. 사실 이런 경우가 대부분이랍니다.

이처럼 공부해서 차츰차츰 자기 마음이며 상대방의 속셈, 사물의 이면裏面 등을 알게 되면 놀랍고 두려운 일이 생기겠지요. 이렇게 겉으로 치장한 마음, 자신의 욕심과 체면을 위해서 꽉꽉 눌러 회칠로 포장하여 위장하고 있는 본심을 읽게 되어도, 불경 불포 불외하는 이는 아주 드문 사람이라는 것입니다.

보통 자신의 진정한 모습을 모르고 삽니다. 알고 보면 평소에 자기 자신이 생각했던 자기와는 엄청나게 다를 수 있을 것입니다. 자기의 본래 모습을 볼 때 놀라고 두려워하기 쉬운데, 그때도 놀라고 두려워하지 않으면 자기 모습이 더욱 뚜렷이 드러나겠지요. 이런 사람은 매우 드문 사람이며, 참 이치도 잘 아는 사람이 될 것입니다.

자기 마음을 알 때 다른 사람의 마음도 알게 되고, 자기 마음을 모른다면 다른 사람의 마음도 알기 어려울 것입니다. 도인의 높고 훌륭한 뜻을 헤아리기는 더욱 어려울 것입니다.

도인의 마음을 알기가 얼마나 어려울까요? 전해 내려오는 조사祖師의 이야기를 듣고 그 내용을 검토하기로 합니다.

천여 년 전, 중국에서의 일이다. 한 처녀가 개울에서 빨래하고 있었는데 맛있게 보이는 참외가 동동 떠내려왔다. 처녀는 그 참외를 건져 먹었다. 그런데 참 이상한 일은, 그 후로 바로 태기가 있고 배가 불러오기 시작하는 것이었다. 집에서는 야단이 났다. 시집도 안 간 숫처녀가 배가 부르다니. 그 처녀가 아무리 변명해 봤자 이야기가 통할 리 없었다.

처녀는 드디어 집에서 쫓겨나게 되었고 길거리에서 혼자 아이를 낳게 되었다. 먹을 것, 입을 것, 잘 곳 없는 처량한 신세가 되어 버렸다. 그런데 그 아이가 보통이 아니었다. 징징 울면서 손가락질한 곳으로 가 보면 먹을 것이 생기고, 또 징징 울면서 손가락질하는 곳으로 가 보면 입을 것이 생기곤 하였다. 먹고 사는 것이 큰일이었는데 이 아이만 데리고 다니면 먹을 것과 입을 것이 생기다니, 태어날 때부터 남달랐던 그 아이는 아마도 생이지지生而知之라 할 수 있을까?

그 아이가 커서는 출가를 해서 조사祖師가 되었는데, 참외를 먹었던 처녀 어머니와는 업보가 지중하여 여러 생 공부를 방해하는 사이였다고 한다. 어떻게 어머니를 제도하고 업보 해탈할 것인지 연구하다가, 생각 끝에 자기 어머니를 뒤주에 매달아 놓고 불을 질러 태워 죽여 버렸다.

이러한 엄청난 일을 당한 대중들은 실망과 분노로 조사의 곁을 떠나기 시작하였다. '천하에 극악한 사람도 할 수 없는 일을 대선지식이 하다니!'라고 생각할 수밖에 없었을 것이다.

그때 하늘에서 "너희들은 이 스님이 하시는 일을 의심하지 마라. 이 스님이 하시는 일은 모두 틀림없는 일이다."라는 소리가 들렸다. 그 소리를 들은 대중은 깨달은 바가 있어 다시 돌아와 공부하게 되었다.

이럴 때도 공부가 많이 되어 무르익었거나 금강경을 잘 알고 수행이 깊은 사람이라면, 조금도 흔들림이 없이 놀라거나 두려워하지 않았을 것입니다. 놀라고 두려워하지 않는다는 것은 그것을 감당할 만한 지혜와 능력이 있다는 말이 되기도 합니다. 그래서 이 경을 듣고 불경 불포 불외하거나, 이 금강경을 공부하는 과정에서 놀라고 두려워할 만한 일이 생겼을 때 불경 불포 불외할 정도라면, 그 사람은 지혜가 많거나 아상이 많이 닦였거나 선근이 있는 사람이라고 봐야 할 것입니다.

왜냐하면 수보리여, 여래가 설하시는 제일 바라밀이 제일 바라밀이 아니요, 이름이 제일 바라밀이기 때문이니라.
何以故오 **須菩提**여, **如來說 第一波羅蜜**이 **非第一波羅蜜**일새 **是名第一波羅蜜**이니라.

불경 불포 불외하는 사람은 매우 드물다는 이유로 "여래설 제일바라밀 비제일바라밀 시명제일바라밀"이라고 하셨고, "인욕바라밀 여래설 비인욕바리밀"이라고도 하셨습니다. 결론부터 말씀드리면, 그가 불경 불포 불외할 수 있었던 것은 아상이 닦여 있었으므로 가능한 것입니다. 그러니까 그는 이미 아상이 닦인 상태로, 제일 바라밀을 '비제일바라밀 시명제일바라밀'로 할 수 있고, 인욕 바라밀을 '비인욕바라밀'로 할 수 있으므로 매우 드물고 훌륭하다는 것입니다.

먼저 제일 바라밀을 보겠습니다. 제일 바라밀이란 탐진치를 제거하여 깨달음에 이르게 하는 방법인 육바라밀* 중 첫 번째인 보시바라밀로, 남에게 베푸는 것을 연습함으로써 탐심을 제거하는 방

---

* 육바라밀, 1. 보시(주는 마음으로 대하라, 보수報酬없는 일을 연습하라) 2. 지계(미안에 머무르지 마라 후회하는 일을 적게 하라) 3. 인욕(모든 이를 부처님으로 보라. 부처님이 욕하신다면 배우고 깨쳐볼 일이다) 4. 정진(옳다고 믿으면 부지런히 행하라) 5. 선정(시간이 경과함에 따라 마음이 안정된다.) 6. 지혜(마음이 편해지고 지혜가 나서 일에 대하여 의심이 없다.)

법입니다. 보시 바라밀은 '주는 마음의 완성'이라고 표현할 수 있습니다. 일회성으로 끝나는 보시가 아니라 생활화되어 있는 보시를 말하고, 상대편을 위해 그저 베풀며 오로지 주는 것만 좋아할 뿐, 주는 마음속에 기대한다든지 바라는 것이 없는 것을 말합니다.

부처님께서는 "조금도 기대하지 마라. 무조건 주는 마음을 내라. 그렇게 되면 그 복덕은 불가사량할 것이다."라고 4분에서 말씀하셨습니다. 주는 마음을 연습하여 결국에는 깨달음에 이르도록 하라는 진의眞意입니다.

남에게 줘 보지 않던 사람은 처음에는 주는 것이 매우 생소하게 느껴지며 어려운 일, 대단한 일로 느껴집니다. 하지만 자꾸 주다 보면 나중에는 주는 것이 재미나고, 주는 것이 손해가 아니라 이익이고 당연한 일이라는 것을 깨닫게 되어, 주는 것이 생활화되는 모양입니다. 항상 남에게 베푸는 과정에서 환희심을 느끼다 보니, 주는 것은 자연스러운 일, 정상적인 일, 기쁜 일로 인식되고, 남에게 베풀 줄 모르는 인색한 사람을 보면 오히려 이상하다는 생각이 들겠지요.

이 정도로 주는 마음이 선 사람은, 주는 것이 너무나 당연하며 지극히 상식적이어서 '이것을 수행하는 관문이라고 할 것도 없다. 당연한 것을 제일 바라밀이라고 이름 붙일 것은 또 뭐가 있느냐?' 할 것입니다. 그런 뜻으로 '비제일바라밀 시명제일바라밀'이라 하였습니다.

아일다 보살(미륵 보살)이 수행할 때 남에게 무엇이든 베풀기를 잘한다는 소문이 있었다. 그러니까 어떤 사람이 시험해 보기 위해서 "당신의 눈알을 빼서 내게 주시오."라고 요구하였다. 아일다 보살은 '지금까지 나에게 달라고 한 사람은 많았지만, 눈알까지 빼 달라고 하는 사람은 처음 봤다. 참 희유한 일이다. 이 사람은 나의 눈알을 아까워하는 마음을 닦아 주려고 달라는 모양이로구나.' 생각하고는, "당신이 나의 눈알을 달라고 했는데, 눈알을 아까워하는 나의 마음을 닦을 수 있게 되었으니 고맙소. 그런데 눈알이 아까워서가 아니라, 무엇 때문에 눈알이 필요한지 물어나 봅시다."라고 질문하였다. 그것은 주기 싫어서 핑계 대기 위한 질문이 아니라, 너무나 색다른 요구를 하는 마음을 알고 싶어서 나온 자연스러운 질문이었다. 그랬더니 그 사람은 할 말이 없어졌다. 잘 준다니까 시험해 보기 위해서 그렇게 말했을 뿐인데, 그대로 말할 수는 없었던 모양이다.*

눈알을 빼 달라는 요구를 들었을 때, 보통 사람 같으면 "내가 남한테 주기를 잘한다고는 하지만, 염치없이 남의 눈알까지 빼 달라고 하다니 지나치구나."라고 하면서 성을 냈을 것입니다. 이것은 주는 것이 생활화되어 있지 않은 대부분의 보통 사람의 특성일 것입니다. 그러나 아일다 보살은 남에게 주는 것이 생활화된 분으로,

---

* 김원수, 『마음을 어디로 향하고 있는가』(김영사, 2018)

남들이 실천하기 어렵다는 제일 바라밀이 생활화되었으므로 그런 경우에도 성내지 않고 자연스럽게 질문할 수 있었습니다.

또한 남에게 다 주려는 마음을 낸다고 해도 실제로 남에게 다 줄 수 있는 것은 아닌가 봅니다. '내 몸뚱이를 다 주겠다.' 또는 '내 재산을 다 주겠다.' 하는 마음을 낸다고 하더라도 가져야 할 사람, 꼭 필요한 사람, 받을 자격이 있는 사람에게만 가는 것이지 실제로 아무에게나 다 줄 수는 없을 것입니다.

수보리여, 인욕 바라밀도 마찬가지이다. 여래는 인욕 바라밀이라고 할 것도 없느니라. 내가 예전에 가리왕에 의해서 몸이 갈래갈래 잘려 나갔을 때, 아상도 없었고 인상 중생상 수자상도 없었느니라. 내가 마디마디 잘라져 나갈 그때 만약 아상 인상 중생상 수자상이 있었다면 마땅히 성을 내고 한을 품었을 것이다.

須菩提여, **忍辱波羅蜜**을 **如來說 非忍辱波羅蜜**이니라. **何以故**오 **須菩提**여, **如我昔爲歌利王**의 **割截身體**할새 **我於爾時**에 **無我相無人相無衆生相無壽者相**이니, **何以故**오 **我於往昔節節支解時**에 **若有我相人相衆生相壽者相**이면 **應生瞋恨**하리라.

보통 사람에게 인욕 바라밀이라는 관문을 뛰어넘으라는 것은 대단히 힘든 주문일 것입니다. 그러나 진심(瞋心: 성내는 마음)을 닦게 되면 세상이 얼마나 편안한지 알게 되는가 봅니다. 사실 대부분의 사람은 평생 진심으로 바글바글 끓다가 세상을 떠나는 것이 아닌가 싶습니다. 진심을 한순간만이라도 쉬어 보고서 일생을 떠나는 사람도 드물지 않을까 생각됩니다. 세상에서 수양이 많이 되었다는 점잖은 사람도 조금만 건드리면 진심이 곧 폭발하는 경우를 종종 보게 되니, 진심 닦기란 참 어려운가 봅니다.

진정한 인간 개조는 진심을 닦음으로써만 이루어질 수 있습니다.

진심 닦은 사람들은 굉장히 평화로운 경지, 부처님의 세계, 즐거운 세계를 경험하게 된다고 합니다. 진심을 닦는 것이야말로 성불하는 관문이라 할 수 있을 것입니다. 도인이라는 소문이 났어도 진심이 닦이지 않았다면 공부를 제대로 한 것이 아니라고 볼 수도 있겠지요.

진심嗔心을 닦으면 즐겁고 환희심이 나고 좋은 것을 깨닫게 됩니다. 그래서 진심을 닦고자 자꾸 연습하는 사람이라면, 누가 자기의 진심을 닦게 해 줄 때 '아, 진심을 닦게 해줘서 참 고맙습니다.' 하고 반가워할 것입니다. 이 정도가 되기란 쉬운 일이 아닙니다. 마치 모기가 철판을 뚫는 것과 같다고나 할까요? 그러나 진심을 한 번 닦아 보면, 그 너머에 무한히 편안하고 아주 좋은 세계를 구경할 수 있게 됩니다.

인욕 바라밀을 수행해서 진심을 닦아 모든 사람의 얼굴이 웃는 얼굴로만 보이고 모두 다 신심 발심하는 것으로 보이게끔 되면, '인욕 바라밀을 하는 것이 너무나 당연하다. 이것은 수행의 관문이라고 할 것도 없고, 수행의 핵심이라 할 것도 없다. 사람(중생)들은 인욕 바라밀이라고 이름을 붙이나, 인욕 바라밀이라고 할 것은 또 뭐가 있느냐, 내 생활일 뿐이지.'라고 할 것입니다. 이런 뜻에서 "인욕바라밀 여래설 비인욕바라밀" 하신 것이 아닌가 합니다.

이 이야기만 들어도 마음이 시원해지는 것을 느낄 수 있지 않습니까? 부처님처럼 깨치신 분이 아니라면 이런 말씀을 하시기가 어려울 것입니다. 인욕을 잘 닦으신 분들이라면 "인욕바라밀 여래설 비인욕바라밀"을 좀 더 실감 나게 잘 이해할 수 있을 것입니다.

"내가 전생에 가리왕에 의해서 사지가 잘려져 나갔을 때도 아상이 없고 인상 중생상 수자상도 없었느니라. 그때 내가 만약 아상 인상 중생상 수자상이 있었다면 마땅히 성을 내고 한을 품었을 것이다."라고, 다른 경전에서도 다음과 같이 말씀하셨습니다.

어느 때인가 가리왕이라는 임금이 궁녀들을 데리고 사냥을 나갔다. '가리'라는 것은 매우 포악무도하다는 뜻이다. 사냥을 잠시 쉬는 시간에 임금이 잠들었다. 궁녀들이 한가로이 우왕좌왕하다가 마침 그때 점잖게 생긴 도인을 발견하고는 법문을 청해 듣게 되었다.

임금이 잠에서 깨어나 보니 주위에 궁녀들이 없어서 두리번두리번 찾다가, 어떤 점잖은 사람을 둘러싸고 공경심에 가득 차 있는 궁녀들을 발견하였다. 항상 자기만을 받들기를 바라는 가리왕은 질투가 끓어 올랐다. 몹시 성이 나서 설법하는 도인에게 "너는 뭐 하는 사람이냐?"라고 물었다.

"나는 성내는 마음을 닦는 사람이오."

"욕됨을 닦는다면 내가 너를 칼로 베어도 성을 안 내나 보자."
하며 칼을 뽑아서 한 팔을 자르고 "이래도 성이 나지 않느냐?"라고 물었다.

"나는 조금도 성이 나지 않소."

또 다른 팔을 자르고, 다시 다리를 자르면서 물었다.

"성이 나느냐, 안 나느냐?"

이에 대해서도 "전혀 화가 나지 않는다."라고 하였다.

그때 하늘에서 돌 비가 내려서 가리왕을 죽여 버리고, 인욕 선인의 몸은 조금도 다치지 않은 것처럼 다시 회복되었다.

세상에서 참으로 어렵다고 하는 인욕 바라밀(성을 아니 내는 것)을 자연스럽게 실천한 한 예인데, 보통 사람들은 이러한 이야기를 듣고는 '성인 중에서도 성인들이나 할 수 있는 것이지, 자기 몸 마디마디가 잘려져 나가는 상황에서도 아상我相이 없이 화를 내지 않는 행동이 우리 정도에 맞는가?'라고 생각할 것입니다. 보통 사람들에게는 대단한 일이요, 인욕 바라밀일 수밖에 없습니다.

이것이 비록 부처님의 경지이긴 하지만, 부처님의 말씀이 늘 그러하듯 부처님의 설법은 중생을 위한 설법이요, 고통받는 사람을 위한 설법이지 대보살이나 아주 편안한 사람들을 위한 설법이 아닙니다. 이 경지가 보통 사람이 도저히 범접할 수 없는 차원이 높은 것만은 아닐 것입니다. 왜냐하면 금강경은 대승과 최상승을 추구하는 보살들에게 하시는 말씀이라고 하였지만, 부처님께서 설하시는 반야 회상에 참여하여 닦겠다는 마음을 낸, 공부하는 모든 이들에게 해당하는 말씀이기 때문입니다.

인욕 바라밀도 그렇고 보시 바라밀도 그렇고 우리와는 아주 거리가 먼 이야기가 아니라는 것입니다. 대승과 최상승을 추구하는 큰마음도 어둠을 거두어 마음을 밝히고자 하는 조그마한 원願의 씨앗이 자라서 되는 것이기 때문입니다.

승찬 대사는 『신심명』에서 일즉다 다즉일一卽多 多卽一이라고 하였습니다. '하나가 많은 것이요, 많은 것이 하나다.'라는 뜻입니다. 그리고 의상 대사는 「법성게」에서 일미진중함시방一微塵中含十方이라고도 하였습니다. 이것은 '하나의 미진 속에 시방세계가 다 포함되어 있다.'라는 말씀입니다.

이처럼 도인들은 조그마한 선행과 큰 선행을 다르게 보거나 둘로 나눠 보지 않았습니다. 큰 선행의 뿌리는 작은 선행에서부터 시작이 되는 것이어서 이 둘을 하나로 보는 것입니다. 도인들은 이렇게 말씀하실 것 같습니다.

"감당하기 어려운 할절신체割截身體의 경우에만 인욕忍辱하려 하지 말고, 네 마음속 작은 선부터 실천하라. '작은 선'부터 실천하는 것이 바로 인욕 바라밀을 실천하는 것이다. 또 네 주위의 '조그마한 베풂'부터 실천해라. 그것이 바로 제일 바라밀이다."

예를 든다면, 성내는 마음의 뿌리가 무엇일까요? 진심嗔心은 마음속에서 불쾌함을 느낄 때부터 싹트고 있다고 봐야 할 것입니다. 무엇인지는 모르지만 주위가 마음에 안 들고 불쾌하면 벌써 표정부터 굳어버립니다. 그런데 우리는 이러한 불쾌한 생각을 진심이라고 생각하지 않는 것 같습니다. 불쾌한 생각이 진심의 씨앗이고 진심의 시작이거든요.

불쾌한 생각이 드는 그때 그 생각을 얼른 부처님 만들 수 있고 바칠 수 있다면, 나중에 오는 큰 분별심도 바칠 수 있을 것입니다. 그런데 불쾌한 생각이 올라올 때, 그것이 진심이라고 감지하지 못하여 제거하지 못한다면, 발전하여 짜증으로 변합니다. 짜증이 날 때까지도 진심인 줄 모르다가 나중에 이것이 커져서 화가 몹시 나게 되면 그제야 마음을 닦지 않을 수 없어서, 부처님을 아니 만들 수 없어서 마지못해 마음을 닦게 되는데, 아마 이것이 대부분의 보통 사람이 닦는 수행 태도가 아닌가 싶습니다.

따라서 마음이 자신도 모르게 불쾌하거나 우울하다고 느껴질 때, 또는 괜히 국가 사회의 일에 불평하게 되고 남 흉이나 봐야 속 시원하게 느낀다면 벌써 자기 마음속에 진심이 싹트고 있다고 봐야 할 것입니다. 교통 규범에, 동일한 위험의 순간을 되풀이해서 느낀다면 그것은 반드시 사고로 연결이 된다는 말이 있습니다. 마찬가지로 불쾌한 것 또는 짜증나는 것 등을 자주 체험하다 보면, 커다란 분노로 발전하게 됩니다.

바치는 데, 부처님 만드는 데 좀 더 익숙해져서 처음 불쾌한 마음이 올라올 때 자기 마음을 잘 들여다보면서 100% 잘 바칠 수 있는 사람이라면, 아마 할절신체할 때도 충분히 잘 바칠 수 있으리라고 생각됩니다. 진심의 싹이 올라올 때는 안 바치다가 그것이 성장

해서 세력이 강해졌을 때 바치려고 한다면, 천하의 대보살이라도 바치기 어려울 것입니다.

보시도 그렇습니다. 자기 눈알을 빼 줄 수 있는 보시행은 얼마나 실행하기 어려운 대단한 행위입니까. 성인 중에서도 성인이나 할 수 있는 행위, 보통 사람으로서는 감히 엄두도 못 내는 행위이지요. 그런데 조그마한 것부터 무주상으로 줘 보라는 것입니다. 조그마한 것이나마 무주상으로 보시할 수 있는 마음이라면 큰 것, 자기 몸뚱이까지 던져 줄 수 있는 선행이 나올 수 있다고 생각됩니다. 조그마한 선행이나 큰 선행은 둘이 아니기 때문입니다.

사실 조그마한 선행에도 계산이 붙기가 쉽습니다. 중생의 마음은 '쓸데없이 돈을 일푼이라도 왜 주느냐?' 합니다. 대개 무엇을 준다고 할 때는 마음속에 계산이 자기도 모르게 붙습니다. 도인이 "너 이렇게 마음에 돈 계산이 붙어서야 되겠느냐?"라고 지적해주셔도 대개는 깨닫지 못합니다. 그러다가 그것이 한참 발전하여 커다란 재앙으로 드러나면 그때야 후회하며, 실용성이 없는 듯한 성인의 말씀이야말로 가장 실용성 있는 말씀이라는 것을 느끼게 됩니다. 그래서 무주상도 조그마한 선행부터 시작해 보라는 것입니다.

제일 바라밀, 인욕 바라밀을 굉장히 거창한 선행이라고 생각하면 실천할 수 없을 것 같습니다. '조그마한 것과 큰 것은 둘이 아니다.'라는 용심에서 출발해서 조그마한 것부터 무주상으로 주고, 조그만 불쾌한 생각부터 진심을 닦는 실천이 중요합니다.

사람이 견디는 데는 한계가 있습니다. 그래서 진심, 탐심 같은 것을 닦는 것이 매우 중요하며, 또 이것을 닦음으로써 얻는 공덕은 보통 사람들이 상상할 수 없을 정도로 크다는 것입니다. 진심을 한순간이라도 쉰다면, 탐심을 한순간이라도 쉰다면, 그것만으로도 그 사람의 인격은 크게 변하게 됩니다. 아주 편하고 즐거운 극락세계를 체험할 수 있습니다.

따라서 '조그만 선행이나 큰 선행이나 둘이 아니다.'라는 행동 지침으로 조그마한 것, 미세한 것에서부터 탐심, 진심을 닦는 습관이 중요한 것입니다.

수보리여, 또 생각하니 과거 오백세에 인욕선인이 된 적이 있었다. 그 당시에도 아상이 없었고 인상 중생상 수자상도 없었다.

須菩提여. **又念**하니 **過去於_五百世**에 **作忍辱仙人**할새 **於爾所世**에 **無我相無人相無衆生相無壽者相**이니.

부처님께서는 가리왕에게 당했던 이야기를 하시고, 이어서 인욕선인이었을 때를 말씀하십니다. 과거 오백세(오백 년 전이나 오백 생 전이라고 해석합니다)에 인욕선인이었을 때도 나는 아상이 없었고 인상 중생상 수자상이 없었다고 말씀하시는 것은, 이렇게 오로지 아상이 없는 공부만 하신 것을 말씀하시어, 모든 일에 아상, 인상, 중생상, 수자상이 없어야 함을 설說하시는 것입니다.

보시도 그렇지만 인욕도 밝아지는 데, 성불하는 데 꼭 닦아야 하는 매우 귀중한 덕목(관문)입니다. 그러기에 '한 번 낸 화의 불은 무시겁으로 쌓은 공덕까지도 태울 수 있다.' 하시며 진심을 경계하였고, '진심 닦아 성불한다.'라는 말씀으로 진심 닦는 것을 강조하셨습니다. 석가모니 부처님도 과거 생에 많은 인욕을 닦으셔서 부처님이 되신 것이지요.

> 그런 연고로 수보리여, 보살은 마땅히 일체의 모든 상에서 떠나 아누다라삼막삼보리의 마음을 내야 하느니라. 일체의 모든 상에서 떠나는 마음이란 겉보기에 머무르지 않고 내는 마음이며, 소리나 향기나 미각이나 촉감이나 알음알이에 머무르지 않고 내는 마음이다. 이것은 마땅히 아무러한 것에도 마음이 머무르지 아니하고 내는 마음일지니, 만약 마음이 어딘가에 머문다면 이것은 곧 머무를 바(보살이 가질 마음)가 아니니라.
>
> 그런 연고로 부처님께서는 모든 보살은 마땅히 색에 주해서 보시하지 말아야 할 것이라고 설하셨느니라. 수보리여, 보살은 모든 중생에게 이익이 되기 위하여 응당히 이와 같이 보시할 뿐이다.
>
> 是故로 須菩提여, 菩薩은 應離一切相하고 發阿耨多羅三藐三菩提心일새 不應住色生心이며 不應住聲香味觸法生心이며 應生無所住心이니, 若心有住면 則爲非住니라.
>
> 是故로 佛說菩薩은 心不應住色布施니라. 須菩提여, 菩薩은 爲利益一切衆生하야 應如是布施니라.

일체의 모든 상에서 떠나는 마음이란 색성향미촉법에 머무르지 않는 마음, 다시 말하면 육근六根에 휘둘리지 않는 마음, 건강한 마음을 말합니다. 몸뚱이가 원하는 방향으로 하지 않는 것을 말하지요. 그러니까 아상 인상 중생상 수자상이 없는 마음으로 아누다라삼막삼보리의 마음을 내라는 것입니다. 더욱 현실감 있게 말씀드린다면, 아누다라삼막삼보리를 득하는 것이 도통이니까 '도통도 부처님 즐겁게 해드리기 위해서 하라.' 하는 뜻이 되겠습니다. 다음은 이와 관련된 티베트의 최고 성인 밀라레빠 이야기입니다.*

밀라레빠가 어렸을 때 아버지가 세상을 떠나며, 많은 재산을 백부에게 맡겨 놓았다. 그러나 욕심 많은 백부는 많은 재산을 가로채었으며, 따라서 밀라레빠의 가족은 비참한 생활을 하게 되었다.

"이 세상의 어떤 불행한 사람이라도 우리보다는 더하지 않다. 지금 우리가 할 수 있는 일이 있다면, 그것은 비애와 한탄에 젖어 우는 것뿐이다." 하며 우시는 어머니 말씀에, 밀라레빠는 "어머니 참으로 그렇습니다. 그러나 너무 슬퍼하지 마세요. 맹세코 저는 어머니의 원한을 풀어 드리겠습니다." 하며 마음속 깊이 복수의 칼을 갈았다.

그는 복수를 하려고 흑마술이라는 신통을 배우러 스승을 찾

---

* 롭상라룽파 지음, 이경숙 옮김. 『티벳불교의 광명, 밀라레빠』(불일출판사, 1988)

았다. 흑마술을 배운 그는 잔인한 복수를 하였다. 백부의 가족 수십 명이 그의 흑마술 신통의 힘으로 모두 희생되었다. 그러나 밀라레빠는 깊은 선근善根이 있었던지, 사람들을 많이 죽였다는 양심의 가책을 느끼게 되었다.

'나는 주술로써 수많은 사람을 죽이고 폭풍우를 일으켜 재산을 파괴하는 재앙을 일으킨 것에 양심의 가책을 느끼고 이를 몹시 후회한다. 그 결과로 나는 침식寢食을 잊고 괴로운 나날을 보내는구나.'

드디어 그는 새로운 삶, 바른 진리의 길을 찾아 나서게 되었다. 그래서 여러 도인을 키워 낸 삼장법사를 만나고, 위없는 진리를 구하는 구도자의 길을 가게 되었다. 삼장법사는 여러 어려운 일을 시키다가 하루는, "수행을 위해 탑을 하나 쌓아라. 그러면 위대한 진리를 가르쳐 주겠다."라고 지시하였다. 이 말에 고무되어 밀라레빠는 탑 쌓기에 들어갔다. 탑이 반쯤 올라갔을 때 라마(삼장법사)가 자세히 보지도 않고, 곧 일을 중지하고 여태껏 쌓아 올린 돌이며 흙은 원래의 자리에 갖다 놓지 않으면 안 된다고 하였다. 모든 것을 원상태로 해 놓자, 라마는 다시 술에 취한 모습으로 밀라레빠를 서쪽 산마루로 데려갔다. 그러고는 그곳에 같은 형태의 탑을 쌓도록 지시하였다. 새로 탑을 거의 절반이나 쌓았을 무렵, 이것도 마음에 들지 않으니 모두 허물어 원상태로 하라고 하였다. 그는 또 그 말씀에 따랐다. 그러자 라마는 다시 지시를 내렸다.

"대마술사여, 요전에 성을 쌓으라고 했을 때는 술에 취해 잘못된 지시를 내린 걸세. 암, 그것은 잘못된 것이고 말고. 이제야말로 이 장소에 멋진 탑을 하나 쌓게나."

밀라레빠는 몇 번이나 탑을 쌓았다가 허물고 하는 것은 스승께도 무익한 일이지만 내게 있어서도 대단히 괴로운 일이니, 잘 생각하셔서 확실한 지시를 내려 달라고 부탁하였다. 그러자 라마는 "오늘은 취하지 않았으니 걱정하지 말게. 탄트라 행자가 사는 집은 삼각형이어야 하니 그렇게 쌓도록 하게."라고 하였다.

밀라레빠는 삼각형 모양의 탑을 쌓기 시작하였다. 삼분의 일 정도를 마친 어느 날 라마가 찾아왔다.

"누가 이런 탑을 쌓으라고 했느냐?"

"무슨 말씀이신지요. 이는 스승님께서 수행을 위한 탑으로 몸소 시키신 것이옵니다."

"아, 이놈 봐라. 아주 맹랑하네. 내가 그렇게 시켰다는 증거라도 있는 거냐? 당장 허물고 모든 흙과 돌을 제자리에 갖다 놓아라."

밀라레빠는 몹시 마음이 상했으나 달리 어찌할 방법이 없었다. 수일 후 라마는 어느 구릉에 이르러, "이곳에 사각형의 흰 탑을 쌓도록 하라. 아홉 층을 쌓고 그 위에는 뾰족한 첨탑을 한 층 더 얹어 도합 10층이 되도록 하는 게 좋겠다. 이 탑은 절대로 허물게 하지 않을 것이다. 다 완성되면 그대가 바라는 진리를 가르쳐 주지." 하였다

밀라레빠는 또다시 사각형의 탑을 쌓는 기초 작업에 들어갔

다. 일층을 끝내고 이층을 올리기 시작하는 중이었다. 주의 깊게 탑 쌓는 모양을 지켜보던 라마가 말하였다.

"그대는 다른 사람들이 운반한 돌을 사용해서는 아니 될 것이야. 그 돌을 꺼내어 제자리에 갖다 두어라."

그리하여 그 돌들을 꺼내기 위하여 쌓은 탑을 다 허물고 다시 시작할 수밖에 없었다.

탑이 완성되었다.

"탑을 쌓았으니 진리의 말씀을 내려 주십시오."

"뭐라고! 이 도둑놈아, 네가 그래 두서너 개의 흙벽을 쌓았다고 해서 그 신성한 진리를 가르쳐 달라고."

라마는 밀라레빠의 머리카락을 거머쥐더니 잡아끌어 자리에서 일으켜 세운 후 발길로 걷어차서, 밖으로 내쫓았다.

…중략…

수많은 수모와 고통을 견디다 못한 밀라레빠는 '스승은 절대로 진리를 가르쳐 주지 않는다. 고향으로 돌아가자.' 하며 도망가게 된다.

그러나 또다시 잡혀 온 밀라레빠에게 라마는 말하였다.

"나는 이 아들을 아홉 번 절망의 구렁텅이에 빠뜨림으로써 그의 죄업을 완전히 소멸시키려고 하였다. 그러나 때를 알지 못하고 가련해하는 마음과 좁은 안목으로 그것을 다 채우지 못하였기 때문에, 앞으로 그는 사소한 징벌을 받을 것이고 그의 죄업은 그때야 비로소 완전히 소멸될 것이다."

여기서 밀라레빠가 '응리일체상應離一切相하고 아누다라삼막삼보리를 내는 마음'이었다면, 어떤 마음이었을지 생각해 봅니다. 그렇다면 스승이 도통과는 전혀 관계가 없어 보이는 일을 이것저것 시키더라도 '네' 하는 마음으로 따라 했을 것입니다. 처음에는 무척 짜증이 나다가도 하나하나 극복해 가면서 스승이 시키시는 일이 습관이 되어서, 세상 사람들의 가치 기준으로는 힘들다고 하는 일도 힘들게 생각하지 않고 오히려 즐겨할 수 있게 되었을 것입니다.

처음에는 스승의 명령에 따르는 것이 위대한 진리를 구하려는 데서 출발하였지만, 차츰 '위대한 진리가 뭐 그리 대단한가?' 생각되고, 거기에는 별 관심도 없어졌을 것입니다. 그리하여 좋은 일이나 싫은 일이 모두 둘이 아니라는 것을 깨달았을 것입니다. 이렇게 깨달을 수밖에 없는 이유는 '실무중생 득멸도자'라는 대원칙 때문이고, 또 다른 이유로는 올바른 스승이라면 '실무중생 득멸도자'를 깨닫는 쪽으로 지도할 것이기 때문입니다.

그러던 어느 날, 과거와는 전혀 다르게 무언가 알아지는 능력이 생기고, 귀찮고 고달픈 일을 시키신 스승의 뜻도 알아집니다. 사실, 탑 쌓는 것 자체는 직접 위대한 진리를 얻는 수행 방법은 아닐지 몰라도, 그것을 통해서 진심을 닦고 탐심도 닦아 '응리일체상' 하기 때문일 것입니다. 다시 정리합니다.

"오직 스승이 시키는 대로 즐겁게 따라만 했을 뿐이다. 즐겨서 했을 뿐, 욕심은 내지 않았다. 되나 안 되나 따져 보지도 않았다. 처음에는 도통할 마음을 냈었지만, 즐겨하다 보니 도통할 마음도 없어졌다. 즐거이 하다 보니 마음이 즐거워지며, 스승의 뜻도 알게 되었다. 그러한 나를 보고 남들은 도통하였다고 한다. 그러나 이제 나는 도통이라는 단어조차 별 관심이 없다."

처음엔 마음을 냈었지만 나중엔 '내가 하겠다.' 하는 생각이 없어졌기 때문에 도통이 되었다면, 그것은 아상이 없어졌다는 것이며 응리일체상應離一切相했고 아누다라삼막삼보리의 마음을 냈다는 것이지요. 그리고 그 결과로 아누다라삼막삼보리를 얻게 되었다는 것입니다.

응리일체상하는 마음을 냈다는 것이 중요합니다. 제일 처음 낸 마음조차도 없애 버렸다는 것입니다. 씨를 땅에 심으면 씨앗이 죽어야 그곳에서 싹이 나오지 않습니까? 씨가 죽는 것이 필요합니다. 이것이 '응리일체상'입니다. 그래서 도통도 내가 하겠다고 하면 안 됩니다. "부처님 좋아하다 보니, 스승의 말씀을 즐겨 따르다 보니, 또는 금강경을 재미있게 읽다 보니, 가행정진을 즐겁게 하다보니, 나도 모르게 되어지더라." 하는 식으로 하여야 합니다.

도통하겠다는 마음속에는 내가 잘되겠다는 이기적인 마음이 포함되어 있는지 모릅니다. 그런데 응리일체상, 즉 아무것에도 마음을 두지 말고, 모든 상에서 떠나 도통의 마음을 내야 한다고 하는 것이 도통의 전제 조건입니다. 바꾸어 말하면, 도통의 마음을 내되 아무것에도 마음을 두지 말라는 것입니다. 아무것에도 마음을 두지 않는 것이 부처님 즐겁게 해드리는 것이라 할 수 있습니다.

보통 돈을 버는 것이나 학문 연구 또는 사업하는 것이 자신을 위해서 하는 일처럼 느껴지지, 부처님을 즐겁게 해드리는 일은 아니라고 생각됩니다. 더욱이 아누다라삼막삼보리를 얻고자 하는 것, 즉 깨치고자 하는 것을 '부처님 시봉하기 위해서' 또는 '부처님 즐겁게 해드리기 위해서' 한다면 잘못된 말이 아닐까 생각하기 쉽습니다. 그러나 그렇게 마음을 내야 마땅하다는 것입니다. 도통도 부처님 시봉하기 위하여 한다면, 하물며 다른 일은 말할 필요도 없겠지요.

그다음에 "불응주색생심不應住色生心 불응주성향미촉법생심不應住聲香味觸法生心"이라고 하셨습니다. 이것은 '응리일체상'을 구체적으로 설명한 것입니다. 색, 겉에 보이는 것에 마음이 움직여서 아누다라삼막삼보리의 마음을 내지 말 것이며, 소리나 향기나 미각이나 촉감이나 알음알이 등에 마음이 움직여서 아누다라삼막삼보리의 마음을 내서는 안 된다는 것입니다. 부처님의 말씀은 보이지 않는 곳에 있기 때문입니다.

"응생무소주심", 마땅히 머묾이 없는 마음으로 아누다라삼막삼보리의 마음을 내야 한다는 것입니다. 마음을 닦아서 밝아지려고 공부하는 사람은, 물질이라든지 또는 겉으로 드러난 가시적인 어떠한 성과나 명예에 마음을 붙여 궁리하고 계산하고 분별 내지 말고, 믿는 마음으로 앞으로 꾸준히 나아가라는 의미입니다.

"약심유주 즉위비주"는 '만일 마음이 머무는 데가 있다면 그것은 참으로 머무를 바가 아니다. 응무소주의 주住를 옳게 하는 것이 아니다.'라는 것입니다. 즉, 보살이 가져야 할 마음 자세가 아니라는 것이지요.

앞에서는 색성향미촉법에 주해서 보시하지 말라고 했습니다. 여기서는 "중생에게 이익이 되기 위하여 보시하라." 했습니다. 그러니까 색성향미촉법에 주해서 보시하는 것은 몸뚱이 착에 동조하는 것, 즉 아상에 착着하는 것이지만, 중생에게 이익이 되는 보시행行은 몸뚱이 착을 따라가지 않는 것, 즉 아상 연습이 아니라는 가르침입니다.

남을 위해 하는 일, 남을 도와주는 일은 아상을 덜어내는 것은 될지언정 아상을 키우는 일이 아니기 때문에, 모든 중생에게 이익이 되도록 보시하여 밝아지라고 가르쳐 주십니다. 그러려면 색에 주하지 말고 보시하고, 성향미촉법에도 주하지 말고 보시해야 한다는 것입니다. 이러한 말씀을 4분에서는 응무소주하여 보시하면 아상을 닦게 되어 그 복덕이 불가사량하다고 표현하시기도 하였지요.

이것은 찾아다니면서 또는 내가 복을 짓겠다는 용심으로 보시하지 말라는 뜻이기도 합니다. 그렇게 하는 보시는 색성향미촉법에 주하는 보시, 즉 아상 연습입니다. '누가 나에게 도와 달라고 하는데, 정말 그는 도움이 필요한 사람이다. 그에게 이익이 되기 위해서 한다.' 하는 식으로 보시하면 "위이익일체중생 응여시보시爲利益一切衆生 應如是布施"를 제대로 하는 것입니다.

일체의 상이라고 하는 것이 곧 상이 아니며

如來說 一切諸相이 卽是非相이며

이것은 "일체 중생에게 이익이 되기 위해서 마땅히 보시해야 하느니라."라고 할 때 '일체, 중생'을 부연 설명한 것으로서, "네가 보는 모든 상을 '상相'이라고 보는 것, 그리고 '있다'라고 보는 것은 잘못된 것이다."라는 뜻입니다. "일체 모든 상相이라는 것은 곧 상이 아니다."라고 하였습니다.

보통 '비상(非相, 상이 아니다)'을 다음과 같이 이해합니다. 삼라만상, 즉 눈에 보이는 것, 귀로 들리는 것, 냄새로 맡을 수 있는 것, 감촉으로 느껴 알 수 있는 것, 그리고 사상, 감정 등, 우리가 보고 느끼고 하는 모든 것들은 자성自性이 없으므로 독자로 존재하는 것이 아니고 인연에 의해서 생긴 것입니다. 그러므로 이것은 인연이 다하면 존재하지 않는 것이니, 허상虛相입니다. 즉, 비상非相이라는 것이지요.

이것을 더 깊이 생각하면, 우리의 모든 생각이 허망한 것이라고 보게 됩니다. 예를 들면 여기 벽이 있고 건물이 있고 전등이 있지 않습니까? 이것들이 '있다'라고 보는데, 이러한 생각 자체가 온당穩當하지 않다고 보게 되는 것입니다.

사람들은 오래전부터 서울에서 부산까지는 매우 멀다고 생각했습니다. 천 리 길이나 되니까 멀다고 해도 되겠지요. 그러나 이 멀다는 생각은 온당하지 않다는 것입니다. 걸어가면 한 달이 걸릴지 두 달이 걸릴지 모르지요. 이런 생각에 붙잡혀 있는 한, 여기서 부산까지 비행기 같은 것을 만들어 한 시간 내로 갈 수 없습니다. 비행기 같은 것을 만들어 한 시간 내로 가는 일은 '서울에서 부산까지는 매우 멀다. 그러니 여하한 일이 있어도 한 시간 내에는 못 간다.' 하는 생각에 붙잡혀 있는 한, 불가능할 것입니다. '여기서 부산까지는 멀다.'라고 생각하는 것 자체가 허상이라는 것이지요.

자꾸 마음을 들여다보면, 실제로 있는 것으로 느껴지던 것이 점차 있는 것으로 느껴지지 않고 다 내 마음의 착각으로 알게 되며, 이 세상의 장애라는 것도 장애가 아니고, 어려운 것도 어려운 것이 아니고, 축지법縮地法이라는 것도 가능한 일이고, 신족통*도 현실일 뿐이며, 그러한 것 또한 별것 아니라는 느낌이 들 것입니다. 다음 이야기를 생각해 봅니다.**

서너 살 난 아기가 벽을 향해 혼자 중얼거리는 수가 있다. 아기는 평소에 정이 깊은 할머니와 이야기하는 것이다. 아기에게는 벽이라는 관념이 없기에, 실제로 벽 뒤에 있는 할머니를 보면서 이야기한다.

내가 소사(경기도 부천시)에 있을 때, 눈앞에 서울 거리가 나타나는 경우가 종종 있었다. 거기서 서울까지의 거리가 얼마나 된다는 분별이 없었기 때문이다.

---

* 신족통神足通 : 육통六通의 하나. 신여의통身如意通이라고도 한다. 시기時機에 응하여 크고 작은 몸을 나타내어 자기의 생각대로 날아다니는 통력通力.

** 김원수, 『마음을 어디로 향하고 있는가』(김영사, 2018)

그러나 내게 보고자 하는 애착조차 남아 있지 않았더라면, 보일 일이 무엇이 있었을까?

아마도 이렇게 느끼는 분이라면, "일체제상 즉시비상一切諸相 卽是非相"이라는 금강경의 말씀을 실감할 수 있을 것입니다. 비상非相은 인연에 의해서 이루어졌으며 자성自性이 없는 것이라는 뜻인데, 인연이라는 것 또한 본래 없는 것이라고 보아야 할 것입니다.

또한 일체의 모든 중생이라고 하는 것도 곧 중생이 아니니라.
又說一切衆生이 則非衆生이니라.

중생이라고 하는 것은 우리의 마음이 어두워 중생으로 보는 것일 뿐 중생이 아니라는 뜻입니다. 이것도 수행을 많이 해서 마음이 가벼워진 분이라면 실감할 수 있을 것으로 생각합니다.

일제 강점기에 독립운동하시던 어떤 스님이 일본 사람들이 우리나라를 강점하고 착취하고 많은 인명을 살상하는 것을 보면서, 일본 사람들이 무척이나 밉게 보이더랍니다. 그렇게 일본 사람들을 미워하였으나 마음을 닦으면서 어느 날 문득 깨쳐지는 것이 있었는데, 미워할 것은 사람이 아니라 그들의 사고방식이라는 것이었습니다. 사람은 미워하지 않고 죄만 미워한다는 말과 같은 이야기입니다.

그러나 마음이 어느 정도 열려야 그렇게 볼 수 있을 것입니다.

마음이 열리지 않을 때는 그 사람과 그 사람의 몸뚱이 착着이 똑같게 보일 것입니다. '저 사람은 나의 불구대천지원수'라고 보는 것은 그 사람과 그의 행위가 똑같다고 인정해 버린 결과입니다. 그런데 마음을 자꾸 닦다 보면, 그 사람과 그의 나쁜 소질이 점차 분리되어 보이기 시작하지요. 그 나쁜 소질은 그 사람과 똑같은 것이 아니라 그 사람의 일부일 뿐이라고 느껴지고, 마음이 더 확대되면 '저 사람의 본래 소질은 부처님과 똑같은데, 단지 몸뚱이 착에 물들어서 정신이 팔려 잠시 나쁜 짓을 했구나.'라고 느껴질 것입니다. 그렇게 되면 그 사람은 밉지 않고 그 사람의 몸뚱이 착이 밉게 보일 뿐이지요.

죄는 미워하되 사람은 미워하지 말아야 합니다. 사람을 미워하면 '저 사람이 나를 미워했다.' 하며 업보 놀음 속에 빠져들어 아상 연습이 되지만, 행위를 꾸짖는 것은 아상 연습이 아니 될뿐더러 주위의 기강을 바로 서게 하는 일이라는 것이겠지요.

어떤 사람이 나에게 은혜를 베풀었을 때, 그 사람에게 감사하기 쉽습니다. 그런데 그에게 감사하는 마음은 '저 사람이 나에게 잘 해주었다.'라는 생각으로, 그 사람과 나를 구분하여 따지는 아상 연습이 되기 쉽습니다. 이런 경우에도 그 사람이 가지고 있는 좋은 행위인 선근善根에 감사하는 마음을 가져야 할 것입니다. 그 사람 속에 있는 선근, 부처님의 종자에 대해서 감사하는 마음을 연습해야 한다는 것입니다.

이것은 그 사람과 그의 좋은 행위를 같은 것으로 보는 것이 아니라 분리해 보는 것이며, 이러한 경지를 각단*이 났다고 합니다. 각단이 나면 몸뚱이 착은 아주 작게 보이고, 마음이 확대되는 정도에 따라서 없는 것처럼 보일 수도 있을 것입니다. 그래서 우리가 보는 중생이 중생처럼 보이지 않고, 허물이 전혀 없는 존재, 곧 부처님처럼 보인다는 것입니다. 이런 의미로 "즉비중생"이라고 하신 것입니다.

수보리여, 여래는 거짓말을 하지 않으며 진리만을 말하느니라. 수보리여, 여래가 얻은 법이라고 하는 것은 실實다운 것이 있는 것도 아니고 그렇다고 허虛한 것도 아니니라.

수보리여, 만약 보살이 법이라는 것에 마음이 머물러서 보시한다면, 캄캄해져서 아무것도 볼 수 없는 것과 같으니라. 반면에 보살이 법이라는 것에도 마음이 머무르지 아니하고 보시할 것 같으면, 햇빛이 환하게 비치는 곳에서 보는 것과 같으니라.

수보리여, 다음 오는 세상에서 어느 선남자 선여인이 이 경을 수지독송하면 여래는 부처님의 지혜로써 그 사람을 다 아시며, 부처님이 아시는 그 사람은 무량무변한 공덕을 모두 다 성취할 것이니라.

須菩提여, **如來**는 **是眞語者**며 **實語者**며 **如語者**며 **不_誑語者**며 **不_異語者**니라. **須菩提**여, **如來所得法**은 **此法**이 **無實無虛**니라.

---

* 각단, 사물의 갈피와 단서.

須菩提여, **若菩薩**이 **心住於法**하고 **而行布施**하면 **如人**이 **入闇**에 **則無所見**이니라. **若菩薩**이 **心不住法**하고 **而行布施**하면 **如人**이 **有目**하고 **日光**이 **明照**하야 **見_種種色**이니라.
須菩提여, **當來之世**에 **若有善男子善女人**이 **能於此經**에 **受持讀誦**하면 **則爲如來以佛智慧**로 **悉知是人**하시며 **悉見是人**이 **皆得成就 無量無邊功德**이니라.

여래는 꼬이거나 거짓말하거나 다른 말을 하는 사람이 아니라고, 이처럼 다양한 표현으로 하시는 말뜻은 '꼭 믿어라.' 하는 것입니다. 우리는 여기서도 부처님께서 중생을 간절히 사랑하는 마음을 느끼게 됩니다. '신심으로 나아가라. 궁리하고 따지다 보면 결국에는 안 된다는 결론에 이른다.'라는 말씀을 하시고 싶으신 것입니다. 공부는 안 하고 궁리만 하면, 궁리의 뒤끝은 어떻게 되는가? 최종 결론은 악심惡心이고 낙심落心이며 '안 된다.'로 끝나게 됩니다.

그러니까 "색성향미촉법에 주하지 말고, 모든 중생에게 이익되게 보시하며 부지런히 마음 닦아라. 일체 모든 상相이 상이 아니듯, 네가 보시하는 그 모든 중생은 사실 중생이 아니고 부처님이니라. 그들을 중생이라고 본다면 그것은 너의 분별심으로 본 것이니라." 하는 말씀입니다.

그다음에는 "부처님께서 얻으신 이 법此法이 무실 무허無實 無虛" 라고 하였습니다. 부처님께서 얻으신 법은 '아누다라삼막삼보리'라고 보아도 되고 '마음 닦는 법'으로 보아도 될 것입니다. 그런데 이

것이 실다움도 없고 허함도 없다고 하셨습니다.

부처님이 얻으신 법, 깨달은 법, 아누다라삼막삼보리, 마음 닦는 법(佛法)은 참 훌륭하고 거룩하며, 참 위대하고 지혜로우며, 모든 능력과 선근과 자비를 갖춘 것으로 생각됩니다. 즉, '모든 좋다는 것을 다 갖춘 중에서도 가장 좋은 것이다. 우리의 상상력이 미치지 못할 정도로 아주 훌륭하고 위대하며, 아주 거룩하고 지혜로운 무엇인가 있을 것이다.'라고 생각하기 쉽습니다.

보통 세상에서는 무엇이 있으면 그 성질이 어떤지, 또 얼마나 실다운지를 따져 보려는 경향이 있습니다. 자연과학을 하는 사람들은 이러한 것을 정성적定性的으로는 어떠하고 정량적定量的으로는 어떠하다고 하기도 합니다. 그러니까 아누다라삼막삼보리, 불법(마음 닦는 법)도 어떤 형태로든 그 실다움이 있을 것으로 생각하고, 따져 보려는 경향이 있습니다. 더욱이 부처님께서 얻으신 법은 아주 훌륭하고 지혜로우며 신령스러운 법이라 생각하여, 불법은 좋기도 하려니와 그 위력이 엄청나고, 뭔가 참으로 알찬 내용이 있을 것이라고 생각하기 쉬우니까요.

그런데 사실은 실다운 것은 하나도 없다는 것입니다. 부처님께서 얻은 법에는 우리가 상상하고 온갖 좋은 형용사는 다 갖다 붙여 찬탄하는, 그런 알찬 것은 하나도 없다는 것입니다. '부처님은 아니 계시다.'라는 말이 있지 않습니까? 우리가 상상하는 거룩하고 훌륭하며 신령스러운 분은 없습니다. 이와 마찬가지로 부처님이 깨달으신 법도 훌륭하고 거룩하고 위대하다고 생각하지만, 실제로는 그렇게 계량화할 수 있는 것은 없습니다. 즉, 실다운 것은 하나도 없다는 뜻으로 무실無實이라고 하신 것입니다.

무실無實이라고 한 다음엔 무허無虛라고 하셨습니다. 부처님의 법은 아주 신령스럽고 대단한 위력을 가지고 있으며 자비를 갖추었고, 좋다는 것은 모두 다 포함하는 줄로 알았는데, '다 없다'라면 정말 아무것도 없는 것인가? 그러나 아무것도 없는 것은 아니라는 것입니다. 이것을 '진공묘유眞空妙有'라는 말로도 표현합니다.

> '진공묘유'는 분별이라는 것은 엉터리이고 근거가 없으며 착각일 뿐인데, 자기 생각이 분별이었음을 알고 그것이 착각인 줄 깨닫고 나면, 실제로 아무것도 없는 것이 아니라 '분명히 있다'는 것이다.

분명히 있는데, 묘하게 있다는 것입니다. 너무나 신묘하게 있어서 우리가 상상하는 영역하고는 다르다는 것입니다. 마찬가지로 무실무허無實無虛도 진공묘유와 똑같이 해석할 수 있습니다. '부처님께서 깨달은 법은 위대하고 훌륭하고 신령스러운 것이 아니다. 그렇다고 아무것도 없는 것은 아니고 분명히 있다.'라는 것입니다. 그래서 무허無虛라고 다시 말씀하신 것입니다.

의상 대사의 「법성게」에 "진성심심극미묘 불수자성수연성眞性甚深極微妙 不守自性隨緣成"이라는 말씀이 있습니다. 참다운 성품이라는 것은 매우 깊고 깊어서 자기 성품을 겉으로 드러내지 않고 인연 따라 나타난다는 것입니다. 부처님의 위신력威神力이니 신통력이니 하는 것을 사람들이 찬탄할 때 '그러한 것은 없다.'라고 말하여 사람들이 거기에 마음을 빼앗기지 않도록 일단 부정하면, '그렇다면 아무것도 없는 것이구나.'라고 생각하기 쉽습니다. 그러나 사실은 분명하고 신묘하게 존재하며, 인연 따라 나타난다고 할 수 있습니다.

'무실'이라고 하면서 손가락으로 달을 가리키는 것이며, 진리의 참모습을 제시하는 것이요, '무허'라고 하면서 손가락만 보고 달을 못 보는 것을 나무라는 것이기도 합니다.

육조六祖 혜능 대사는 나무꾼이고 글자도 모르는 분이었습니다. 그러한 그가 오조五祖 홍인 대사로부터 법을 계승해서 부처님의 가사와 바리때를 받으리라고는 아무도 상상하지 못했습니다. 그런데 뜻밖에도 그가 깨달음을 인가 받아 의발을 가지고 남쪽으로 가지요. 그러자 사람들이 "그는 무식쟁이니, 이것은 엉터리다. 쫓아가서 바리때와 의발을 뺏어 오자."라고 합니다. 혜능 스님이 도망가다가 안 되니까 바위 위에 석가모니 부처님의 의발을 놓고, "너희들 가져갈 테면 가져가라." 했지요. 그러나 쫓아오던 혜명이라는 스님이 놓여있는 의발을 아무리 들려고 해도, 꼼짝도 하지 않았답니다.

이렇게 의발이 꼼짝도 하지 않는 것을 혜능 대사의 도술이라고 하는 사람도 있겠습니다만, 아마도 혜능 대사는 오직 분별을 쉬고 가만히 있었을 뿐이요, 그 형상 없는 무심한 마음이 법력이라는 '분명히 있는' 형태로 나타난 것입니다. 이러한 능력을 '아무것도 없다'고 할 수는 없을 것입니다.

이 14분은 "수보리여, 다음에 오는 세상에서도 선남자 선여인, 즉 마음을 닦으려고 하는 사람들이 이 경을 수지독송하면, 부처님은 지혜로써 그 사람을 다 아시며 보시나니, 이 사람은 무량무변한 공덕을 모두 다 얻어 성취할 것이니라." 하는 말씀으로 끝납니다.

'이 사람은 결국 성리性理가 밝을 것임을 내가 결정하고 장담한다.'라는 뜻으로 확실하게 약속하십니다. 이 말씀은 또한 믿고 실천하라는 간곡한 말씀으로도 볼 수 있습니다. '아주 틀림없다. 이대로만 해 봐라. 그러면 틀림없이 밝아진다.'라는 것입니다. 여기서는 무량무변 공덕을 '밝아진다'. 또는 '된다.'라고 이해하여도 될 것입니다.

15

마음 닦는 공부의 공덕이 매우 지중함을 설하시다

第十五 持經功德分

수보리여, 만약에 선남자 선여인이 초일분에 갠지스강의 모래 수만큼 많은 목숨으로써 남을 위하여 보시하고, 중일분에 다시 갠지스강의 모래 수만큼 많은 목숨으로써 남을 위하여 보시하고, 후일분에도 다시 갠지스강의 모래 수만큼 목숨으로써 남을 위하여 보시하기를, 끝도 없이 무량백천만억 겁을 두고 다시 태어날 때마다 한다고 하더라도,
여기 또 어떤 사람이 이 금강경의 내용을 듣고 믿는 마음이 변치만 않아도 그 공덕은 앞에서 말한 공덕보다도 더 크나니,
하물며 이 금강경을 쓰고 지니고 읽으며 다른 사람을 위하여 이 금강경의 내용을 알아들을 수 있도록 이야기해 주는 공덕이야 얼마나 크겠느냐.

須菩提여, **若有善男子善女人**이 **初日分**에 **以恒河沙等身**으로 **布施**하고, **中日分**에 **復以恒河沙等身**으로 **布施**하고, **後日分**에 **亦以恒河沙等身**으로 **布施如是無量百千萬億劫**에 **以身布施**하고 **若復有人**이 **聞此經典**하고 **信心**이 **不逆**하면 **其福**이 **勝彼**니 **何況書寫受持讀誦**하야 **爲人解說**이라.

사람의 목숨은 하나인데 하루에도 수천만 억의 무수한 목숨으로 보시한다는 것은 이해하기 어렵습니다. 그렇지만, '염기염멸 위지생사念起念滅 爲之生死, 한 생각 일어나고 한 생각 꺼지는 것이 바로 생사'라고 하신 나옹 스님 말씀처럼, 남에게 이익이 되게 하려고 무수히 많은 목숨으로 보시한다는 것은, 마음속에 떠오르는 무수히 많은 생각을 멸도滅度하는 것으로 이해할 수 있습니다.

무수히 많은 생각을 멸도한 결과로 마음의 안정과 평화, 즐거움과 행복이 생길 것입니다. 아무튼 육신으로 보시하든 마음을 멸도하든 그 공덕은 매우 클 것임에도(항하사등신恒河沙等身으로 무량백천만억겁을 두고 하는 보시), 이 경에 대한 믿음이 변치만 아니해도 그 복이 더 크다고 한 것은 무엇을 의미하는 것일까요?

백천만억겁을 항하사등신恒河沙等身으로 보시해서 얻는 공덕이 많다고 하더라도 그것은 어디까지나 사고思考의 전제前提가 '있다'고 하는 한계를 벗어나지 못한 것입니다. 그러나 금강경을 믿는 마음을 내고 그 믿는 마음이 흔들리지 아니하는 사람은 '본래 영원한 것'을 깨칠 수 있으므로 그 공덕이 그토록 크다는 것입니다.

다시 말하여 항하사등신으로 무량백천만억겁을 두고 보시한 사람은 자기에게 좋게 하려는 용심을 자신이 알게 모르게(의식하거나 아니하거나) 가지고 보시한 공덕에 지나지 않습니다. 반면 금강경의 말씀을 믿는 마음이 변치 않는 사람이 언젠가 영원한 진리에 눈뜨게 되어서 얻는 공덕은 무위복이므로, 그 공덕이 더 크다는 것입니다. 여기에서 "신심 불역"은 '믿는 마음이 유지되기만 하여도'라는 뜻으로, 그 소중함에 대해 어느 수도인의 이야기를 들어 봅니다.

공부를 하던 중 하루는 머리에 뭐가 확 덮어씌우는 느낌을 받았다. 멀쩡한 사람의 머리에 무언가 덮어씌였다면 이것은 외부의 물질 탓인가 또는 다른 원인인가? 분명히 이것이 외부의 물질은 아니요, 갑자기 닥친 것으로 보아 몸에 병드는 것이라 할 수도 없다. 이것은 분명 삿된 기운이라는 믿음을 가지는 것 이외에, 나는 별다른 대처 방법이 없었다. 그런데 이 이상한 현상이 오래 지속되었다. 이것은 분명 삿된 기운이라는 믿음을 가지고 지켜보는 것이 7~8개월 되었을까, 어느 순간 머리에 덮어씌운 기운이 일시에 사라져 버렸다.

'이것이 잘못된 것이다.'라고 믿고만 있어도 언젠가는 벗겨질 때가 있다는 실례입니다. 금강경을 수지독송하고 다른 사람을 위해서 이야기하는 것은 더할 나위 없이 좋은 것이지만, 그것 말고도 '이 금강경은 옳다.'라고 믿고만 있어도 깨칠 수 있다는 것입니다. 예를 들면 '실무중생 득멸도자(모든 것이 본래 있는 것이 아니다)'라는 구절을 믿고, 그 믿는 마음을 잘 유지만 하여도 언젠가는 본래 없다는 것을 깨치게 된다는 것이 "신심이 불역不逆하면…"이라는 말씀입니다. 이렇듯 신심이라는 것은 아주 훌륭하고 소중한 것입니다.

수보리여, 요약하건대 이 경은 불가사의하고 범위가 어느 정도라고 가늠할 수 없는 큰 공덕이 있으니, 여래께서는 대승의 마음을 낸 사람들을 위하여 설說하시었으며 최상승의 마음을 낸 사람들을 위하여 설하시었느니라.

須菩提여, 以要言之컨데는 是經이 有不可思議不可稱量無邊功德이니 如來爲發大乘者說이시며 爲發最上乘者說이시니라.

이 경에 의지해서 마음을 닦으면 틀림없이 밝아지니까, 밝아지는 이 경의 공덕이야말로 가히 말이나 생각으로 측량할 수 없이 크다는 것으로, 금강경의 공덕을 이토록 찬양하신 말씀은 자신이 밝아져 보지 않고서는 피부로 느껴 알기 어려울 것입니다.

여기서 대승과 최상승이란 이야기가 나오는데, 부처님께서는 49년 동안 8만 4천의 법문을 설하셨다고 합니다. 그리고 그것을 〈아함부〉, 〈방등부〉, 〈반야부〉, 〈법화열반부〉로 나누어 아함부와 방등부는 소승에 속하고 나중에 설하신 반야부나 법화열반부는 대승에 속한다고 학자들이 분류하고 있습니다만, 아마도 부처님께서는 소승 법문을 설하신 적도 없고 대승 법문을 설하신 적도 없으며,

최상승이라고 따로 설하신 적도 없는 것 같습니다.

단지 듣는 사람의 정도나 용심에 따라서 이야기하셨을 텐데, 듣는 사람의 뜻이 크지 아니하다면 이러한 사람에게 하신 말씀은 소승 법문이라고 할 것이요, 그 그릇이 넓어서 대승이나 최상승의 뜻을 가진 사람이라면 그들에게 알맞은 이야기를 해 주셨을 것이고, 그것을 세상에서는 대승 법문이라든지 대승 경전이라고 할 것입니다. 즉, 그들의 뜻이 대승이냐 소승이냐는 있었을지 몰라도, 부처님께서 법문을 소승이나 대승으로 구분하여 설하시지는 않으셨습니다.

흔히 말할 때, 자신의 구원만을 바라는 사람들을 소승이라고 하고, 나와 남을 둘로 구분하지 않는 깨달음에서 출발하여 수행하는 보살들을 대승이라 합니다. 『법화경』에 양의 수레, 사슴의 수레, 소의 수레 그리고 흰 소의 수레에 대한 이야기가 나오는데, 양의 수레나 사슴의 수레는 소승을 말합니다. 공부하여 자신의 해탈을 구하고자 할 뿐, 가족과 사회는 어떻게 되든지 관심 밖입니다.

한편 소의 수레란 대승이라고 할 수 있는데, '모든 것은 원인 지은 결과이므로, 외부에 나타난 것은 자기 마음먹은 것이 자기에게 보여지는 것에 불과하다. 바깥세상이 시원찮고 못된 놈들만 있는 것으로 보이는 것은 내 마음속에 성내는 마음이 있기 때문이다. 국가나 가족이 시원찮다면 그것도 다 내 마음속에 원인이 있는 것이다. 그러니 내 마음만 잘 닦으면 동시에 이 우주에 일어나는 모든 현상도 내 마음을 받아서 밝아져 안팎이 편안할 것이다. 즉, 일심一心이 청정하면 다심多心이 청정하다.'라는 깨침의 행行입니다.

흰 소의 수레는 소의 수레보다 한층 더 나아가서, '본래 없다.'라는 진리의 깨달음에 입각해서 행하는 것이라고 할 수 있습니다. 예를 들면 '불과佛果도 없다, 불법도 없다, 깨침도 없다, 부처도 없다, 나도 없다, 너도 없다, 인과의 진리도 없다, 없다는 것도 없다.'라는 깨달음에서 하는 행이지요. 이것을 최상승이라고 이름 붙일 수 있다고 생각합니다.

대승이 '내가 소중하면 너도 소중하고, 상대가 괴로울 때 나도 괴롭다.' 하여 너도나도 없이 모두 밝도록 닦는 것이라고 한다면, 최상승은 '나도 없고 너도 없으니 닦을 것 또한 없다.'라는 깨달음에 입각한 행行이라고 할 수 있습니다.

공부를 주제로 소승, 대승, 최상승을 생각해 봅니다. 자신의 수도를 위해서 주위와 인연을 끊는다는 생각으로 산에 들어가 해탈을 얻겠다고 한다면, 이것은 세간과 출세간을 둘로 나누어서 보는 마음입니다. 이런 마음은 소승이라 할 것이요, 또 하나의 상相을 만드는 것입니다.

대승이란 상을 만들지 아니하는 것입니다. 상을 만들면 자타가 있지만 상이 없다면 자타도 없습니다. 또 자타를 동시에 닦을 수 있다면 대승이라고 할 수 있을 것입니다. '상도 본래 없고 닦을 것이 본래 무엇이 있는가!'라고 한다면 최상승이 될 것입니다.

'공부한다.'라는 똑같은 단어라도, 공부하는 용심이 바라는 마음이거나 자기만 잘되게 해 달라는 마음이라면 기복이 되기 쉽고 소승이 될 것이요, 상(업보)을 해탈하는 것이라고 한다면 대승과 최상승의 기도가 될 것입니다.

업보를 해탈한다는 것은 '분별심이란 본래 없다.'라는 깨달음을 실천하는 것이요, 부처님의 뜻을 따르는 기도라고 할 수 있지요. 예를 들면, '우리 아들이 대학 입시에 합격하면 좋겠다.'라고 바라는 마음이거나 나와 아들에게 좋으려는 기도라면, 이것은 기복이며 소승의 기도라고 할 것입니다. 그러나 똑같은 기도를 하더라도 '대학 입시 문제를 해결함으로써 아들과 나와의 업보(상, 원한 등)를 해탈하기 위해서'라고 생각한다면 그것은 소승의 기도가 아닌 대승의 기도가 될 것입니다. 기도 결과 업보가 해탈되었다면, 아들이 원하는 곳에 합격하는 형태로 나타날 것입니다.

마음이 어디에 초점을 두고 있느냐가 중요합니다. 겉으로 나타난 행동은 서로 비슷하게 보일지 몰라도 용심이 '나'를 향한다면 그것은 소승이 될 것이고, 용심이 '문제의 해결'에서 출발한다면 그것은 대승의 기도가 될 수 있습니다.

만약 어떤 사람이 능히 이 금강경을 수지독송하고 널리 여러 사람을 위하여 설명해 준다면, 여래는 그 사람이 이루 헤아릴 수 없고, 이루 말할 수 없이 한(끝)이 없는 불가사의한 공덕을 성취하는 것을 확실히 알고 확실히 보시나니, 마치 여래의 아누다라삼막삼보리(최고의 지혜)를 등에 짊어지고 어깨에 메고 있는 것과 같으니라.

若有人이 **能受持讀誦**하야 **廣爲人說**하면 **如來 悉知是人**하시며

悉見是人이 **皆得成就不可量不可稱無有邊不可思議功德**이니
如是人等은 **則爲荷擔如來阿耨多羅三藐三菩提**니라.

능수지독송能受持讀誦에서 '능能'의 뜻이 중요한데, 금강경을 부지런히 읽는다고 하여 꼭 수지독송한다고 말할 수는 없습니다. 금강경을 하루에 7독 또는 10독, 이렇게 열심히 읽기만 하면 수행을 잘한다고 생각하기 쉬운데, 입으로만 또는 생각으로만 읽을 뿐이지 실제로는 읽지 않는 경우도 많은 모양입니다. 8분에도 "소위불법자 즉비불법, 불법을 합네 하는 사람은 실제로 불법을 하지 않는다." 하는 말씀이 있지 않습니까.

금강경을 읽으면서 여러 가지 분별을 일으킨다거나 의미를 생각하지 않고 읽기만 했다면, 실제로 금강경 읽는 횟수만 채웠을 뿐이지 수지독송하였다고 할 수 없는데, 그렇게 공부하는 사람이 금강경식 수행을 잘한다고 할 수 있겠느냐는 것입니다. 그러니까 실제로 금강경식 수행을 하는 사람은 겉으로 '합네' 하지 않는다는 것입니다.

'능'의 뜻은 '실제로 수지독송하는 것'을 말합니다. 진실로 좋아서 읽는 것입니다. 생활화되고 자연스럽게 된 상태를 말합니다.

부처님께서는 "능히 수지독송하여 사람들을 위하여 널리 설說하는 사람은 이미 헤아릴 수도 없는 큰 공덕을 얻었으니, 마치 여래의 최고 지혜를 등에 지고 어깨에 메고 있는 것과 같다."라고 결정의 말씀을 하십니다. 자기 등에 업고 있거나 어깨에 메고 있는 물건은 원할 때 언제든지 꺼내서 쓸 수 있는 것처럼, 여래의 아누다라삼막

삼보리를 짊어지고 있는 사람은 이제 꺼내는 일만 남았으니까 불원간 깨치겠지요.

"여래 실지실견實智實見하신다."라는 말씀은 앞에서도 여러 번 나왔습니다. 부처님께서 8만 4천이라고 하는 참으로 많은 법문을 설하셨습니다. 그렇게 많은 법문을 설하셨습니다마는, 금강경에서처럼 당신의 법문, 금강경의 공덕을 찬양하고 공부하면 틀림없이 밝아지는 것을 보증한다고 하는 결정의 말씀을 중복하여 말씀하신 경은 없다고 합니다. 이것은 아마도 부처님께서 깨치시고 나서 꼭 하시고 싶으셨던 말씀이기 때문일 것입니다.

그런데 금강경을 공부하는 사람 중에는 '부처님의 최고 지혜를 얻는 불가량 불가칭 불가사의 공덕이란 것까지는 잘 모르겠다. 아누다라삼막삼보리를 얻기 전이라도 이 경을 읽음으로써 불가사의 공덕을 얻는 쪽으로 가고 있다는 증거가 있는지, 있다면 그것이 무엇인지, 그 공덕이나 먼저 알았으면 좋겠다.'라고 생각하는 사람도 있을 것입니다.

자기 마음속에 올라오는 여러 가지 분별심이 있지 않습니까? 사실, 사람들은 보통 그것이 분별인 줄 모릅니다. '참 어렵다, 괘씸하다.' 하는 생각들이 분별심인 줄 모르고, 정말 뭐가 있는 줄로 알고 어렵다고 하고 괘씸하다고 생각하는데, 그 많은 분별심을 다 바치고 나면 그렇게 어렵고 미웠던 생각들이 마치 종이호랑이와 같이 별것 아니게 된다는 것이지요. 3분에 나오는 '아개영입 무여열반 이멸도지我皆令入 無餘涅槃 而滅度之'와 같습니다. 마치 진흙으로 빚은 어떤 모양을 물속에다 넣으면 그 모양이 순식간에 없어지는 것처럼, 대단하게 생각되었던 것이 흐지부지하게 됩니다.

실제로 이러한 행을 49일이든지 또는 백일이든지 기간을 정해 놓고 한번 닦아 보면, 닦은 후에는 닦기 전보다 여러 가지로 훨씬 달라진 것을 느낄 수 있습니다.

예를 들면, 마음이 편안해지는데, 이렇게 느끼게 되는 것은 그만큼 진심嗔心이 쉬었다는 것을 의미하지요. 이것은 닦은 결과요 공덕입니다. 그리고 그전에는 못 알아듣던 이야기인데 백일을 공부하고 나니까 내용을 알겠더라고 한다면 그것도 공덕이라고 할 것입니다. 또 예전에는 어렵고 대단하게 보였는데 공부하고 나니까 별로 어렵지도 대단하지도 않더라는 것도 공덕이 될 수 있습니다.

더 나아가 영원성과 환희심을 느끼면서 '깨달음도 삶이나 죽음이라는 것도 원래 없는 것이다.'라고 깨치게 된다면, 이것은 불가량 불가칭 무유변 불가사의 공덕이라고 이야기할 수 있을 것입니다. 금강경을 수지독송함으로써 얻게 되는 공덕의 구체적인 실례가 어떠한 것이 있을까 생각해 봅니다*.

미륵존여래불을 마음으로 읽어서 귀로 듣도록 하면서 당신의 생각은 무엇이든지 부처님께 바치는 마음을 연습하십시오. 궁리를 가지면 병이 되고 참으면 폭발합니다. 이것을 닦는 사람의 항

---

* 김원수, 『마음을 어디로 향하고 있는가』(김영사, 2018)

복기심降伏其心이라고 합니다.

아침저녁으로 금강경을 읽으시되 직접 부처님 앞에서 마음 닦는 법을 강의 듣는 마음으로 믿어 들으시고, 실행하여 습관이 되도록 하십시오. 육체는 규칙적으로 일하시고 정신은 절대로 가만두십시오. 이와 같이 백일을 일기一期로 하여 대략 10회가량 되풀이하면 몸뚱이에 관련된 모든 문제를 해결할 수 있으며, 자기의 몸이 어디서 왔고, 어떤 원인으로 그렇게 구성되었는지 알게 될 것입니다. 이것을 숙명통宿命通이라고 합니다. 숙명통이 나서 자신의 전생을 알게 되면 남의 전생도 알 수 있는데, 이것은 아상이 없어진 연고입니다.

주의하실 일은 공부 하겠다 하면 탐심貪心, 공부가 왜 안 되나 하면 진심嗔心, 공부가 잘된다고 하면 치심癡心이니 이 세 가지 아니하는 것이 수도일진대, 꾸준히만 하시되 아니하지만 말면 됨이라. 고인은 사가이면면 불가이근근斯可以綿綿 不可以勤勤이라 했지요.

왜냐하면 수보리여, 작은 법을 좋아하는 사람은 아견 인견 중생견 수자견에 착着하여, 이 금강경을 이해하고 받아들이고 독송하여 남들이 알아듣도록 설명하지도 못할 것이니라.

何以故오 **須菩提**여, **若樂小法者**는 **着我見人見衆生見壽者見**일새 **則於此經**에 **不能聽受讀誦**하야 **爲人解說**이니라.

금강경은 대승자와 최상승자를 위해서 설하였다고 하시며, 금강경을 능히 수지독송하고 다른 사람을 위하여 이야기해 주는 사람은 이루 말할 수 없는 공덕을 이미 얻은 것이라고 결정의 말씀을 하신 것에 대한 이유를 설명하시는 것입니다. 금강경은 본래 여래께서 대승자와 최상승자를 위해서 설하신 경이기 때문에 작은 법을 좋아하는 사람들은 이 금강경을 제대로 공부할 수 없으며, 따라서 능히 수지독송하여 널리 여러 사람을 위하여 설명하지 못한다고 하십니다.

'작은 법을 좋아하는 사람若樂小法者'이란 분별을 잘 일으키는 사람이라는 뜻입니다. 탐심, 진심, 치심의 분별을 잘 내는 사람입니다. 현재 공부를 하고 있지만 공부를 어서 빨리 하겠다고 하는 사람은 곧 지쳐서 낙심하기 쉽습니다. 공부가 왜 속히 아니 되나 하는 마음은 성내는 마음이요, 이 마음은 퇴타심退墮心으로 발전합니다. 공부가 잘된다는 마음은 공부가 정지한 마음입니다. 공부하다가 이렇게 분별을 잘 내는 사람은 계속해서 공부하기 어렵다는 것입니다.

『육조단경(법보단경)』*에도 약락소법자에 대해 다음과 같이 설명하고 있습니다.

> 선지식이여, 만약 깊은 법계와 반야삼매에 들고자 하거든 모름지기 반야행을 닦고 금강반야경을 독송하여서 바로 견성하도록

* 한길로 역, 『육조단경』(법보원, 1996)

할 것이니라. 이 금강반야경의 덕은 경 가운데 분명히 찬탄하였으니 여기서 더 말할 것이 없노라.

이 법문은 최상승 법문이라, 대지인大智人과 상근인上根人을 위하여 설하는 것이니, 소지소근인小智小根人이 들으면 믿지 않기 때문이니라. 왜 그러냐? 비유하면 마치 큰 비가 내릴 때 큰 나무숲은 조금도 피해가 없을 뿐 아니라, 도리어 그 비의 혜택으로 윤택하고 무성해지지만, 잔 풀포기나 뿌리가 얕은 나무는 줄기가 꺾이고 뿌리가 뽑혀 쓰러지게 되는 것과 같기 때문이니라.

원래 가지고 있는 반야의 지혜는 대지인大智人과 서로 다를 것이 없건만, 소지인小智人은 왜 법을 들어도 스스로 깨닫지 못하나? 그것은 삿된 소견의 업장이 중하여 번뇌의 뿌리가 깊기 때문이니, 마치 검은 구름이 두껍게 해를 가렸을 때 바람이 불어서 그 구름을 벗기지 않으면 햇빛이 나타나지 않는 것과 같아서, 반야의 지혜도 본래 대소가 없지만 중생의 막힘과 트임의 정도가 같지 않을 뿐이니라.

이와 관련된 이야기로 생각됩니다만, 중국에는 임신한 사람은 금강경을 읽지 말라는 속담이 있답니다. 금강경 기운이 워낙 세서, 아기에게 오히려 해가 된다는 것입니다. 그리고 복을 빌기 위해서는 금강경을 읽지 말라는 이야기도 있는가 봅니다. 우리나라에서도 금강경은 스님이 아닌 평신도가 함부로 읽어서는 안 되며, 단지 높은 곳에 올려 두고 모시기만 해야 하는 경이라는 인식이 널리 퍼져 있었다고 합니다. 이러한 이야기는 금강경은 작은 법을 즐기는 사람에게는 어울리지 않는다는 믿음에서 출발하였을 것입니다.

그러면 실제로 금강경은 아무나 읽으면 안 되는 경인가?

아닙니다. 오히려 누구나 읽어도 너무너무 좋은 경입니다. 수지독송함으로써 소원 성취가 잘 되는 경이 있다면 그것은 아마도 금강경일 것입니다. 왜냐하면 소원을 성취하려면 분별이 쉬어야 하는데, 금강경이야말로 대승자와 최상승자를 위하여 설하신 것이니까, 제대로만 잘 읽는다면 분별심도 쉬고 소원 성취도 잘 되겠지요. 그래서 임신한 여인이 읽으면 매우 좋고, 소원을 비는 사람이 읽으면 잘 이루어지니까 매우 좋을 것입니다.

금강경은 이토록 소원도 잘 이루어지게 하고 자신의 법력도 점점 더 커지게 하는 좋은 경인데, 왜 재앙이 일어나게 되며 공부를 계속할 수 없게 될까요?

금강경을 읽으면 처음에는 마음도 편안해지고 분별이 쉬는 것만큼 소원도 잘 이루어져서 기분 좋게 출발합니다. 이처럼 마음이 쉬고 법력이 커짐에 따라 더욱 신심을 내야 할 텐데, 약락소법자는 쉽게 싫심해하고 쉽게 의심하며 쉽게 욕심을 냅니다. 즉, 분별을 내기 쉽습니다. 이것은 마치 금강경이라는 밝은 햇빛 아래에 분별심이라는 응달을 만드는 것과 같아서, 하나의 재앙을 형성하게 됩니다. 『육조단경』에서 큰 비로 잔 풀포기가 뽑힌다고 한 것처럼, 이런 사람은 금강경을 능히 계속하지 못하는 분별심이 많은 소법자일 것입니다.

이러한 사람들은 점차 금강경 내용에 흥미와 의욕을 잃어 가고, 드디어는 금강경을 공부할 수도 없고 남들에게 이야기해 줄 수도 없게 됩니다. 금강경을 독송하며 공부하면 분별이 쉬고 법력이 커지고 신심도 커져야 하는데, 소법자는 '읽네.' 또는 '불법을 합네.'는 하겠습니다만, 분별심은 계속 남아 있어서 자기 몸을 망치게 되는 모양입니다. 그래서 금강경 공부를 제대로 오랫동안 유지하고 능히 수지독송하는 것이 용이한 일이 아니라는 것이지요.

수보리여, 만약 이 금강경이 있는 곳이라면 어디든지 온 세계의 하늘 사람과 인간 그리고 아수라까지 으레 와서 공양하게 될 것이니라. 그러하니 마땅히 알라. 거기는 곧 부처님을 모신 탑과도 같으니라. 모두가 반드시 공경하고 절을 하고作禮 **주위를 돌며**圍繞 **아름다운 꽃과 향들을 그곳에 뿌릴 것이니라.**

須菩提여, **在在處處**에 **若有此經**이면 **一切世間天人阿修羅所應供養**하리니 **當知此處**는 **則爲是塔**이라 **皆應恭敬作禮圍遶**하야 **以諸華香**으로 **而散其處**니라.

여기서 말하는 '이 경此經'이란, 물질로서의 경이라는 뜻보다도 이 경을 읽는 사람의 마음을 지칭한다고 봐야 합니다. 이 경을 향하는 마음은 부처님을 향하는 마음이며, 분별이 쉰 마음입니다. 그리하여 분별이 쉰 마음에 무량무변한 공덕이 있으므로 이 금강경이 있는 곳에는 일체 세간 천인 아수라들이 공양하고, 예로써 절을 하고, 꽃(華)과 향으로 주위를 장엄한다는 것입니다.

따라서 금강경을 공경심으로 수지하고 시간이 허락하는 대로 독송하며 부처님을 향하면, 주어진 운명도 바뀌고 상락아정의 길로 들어서게 되어 결국 밝아지므로, 이 경은 영험 있고 모든 천인 아수라들이 공양하는 성스러운 경이라 할 것입니다.

16
업장을 맑게 한다
第十六 能淨業障分

그리고 수보리여, 선남자 선여인이 이 경을 수지독송하는데도 만약 다른 사람에게 가볍고 천한 대우를 받는다면, 이 사람은 선세(전생)에 지은 죄업으로 인하여 후세에 반드시 악도에 떨어져야 할 것이지마는, 이 금강경 공부를 열심히 한 공덕으로 금세(現世)인이 경천하는 보를 받는 정도로 전생에 지은 죄업이 바로 소멸되고 반드시 아누다라삼막삼보리를 얻게 되느니라.

復次須菩提여, **善男子善女人**이 **受持讀誦此經**하되 **若爲人輕賤**하면 **是人**은 **先世罪業**으로 **應墮惡道**언마는 **以今世人**이 **輕賤故**로 **先世罪業**을 **則爲消滅**하고 **當得阿耨多羅三藐三菩提**니라.

수지독송하는 사람과 15분에서 말하는 '약락소법자若樂小法子'를 비교해 봅니다. 약락소법자란 속이 좁다든지 복이 부족한 사람, 따라서 정신이 건강하지 못한 사람이라고 하겠습니다. 약락소법자는 아견, 인견, 중생견, 수자견에 빠져 있기 때문에 이 경을 들어도 수지독송하지 못하고 다른 사람들을 위해서 설할 수도 없다고 하셨습니다. 따라서 '수지독송차경'하는 사람은 물론 약락소법자가 아닐 것입니다. 그는 어느 정도 복도 지은 사람으로, 정신적으로 건강하며 방심하지 않는 사람일 것입니다. 이런 사람이 열심히 금강경 공부를 하여도 사람들에게 가볍고 천한 대접을 받게 되는 경우를 이야기하십니다.

다른 사람에게 멸시와 천대를 받는다면 얼마나 불쾌하고 기분이 좋지 않을까요? 일종의 재앙이라고 하겠습니다. 재앙이란 꼭 무슨 큰 사고를 당하는 것만이 아닙니다. 마음속에 불쾌감을 느낀다거나, 스트레스를 받는다거나, 하고자 하는 일이 잘 안되는 것도 모두 넓은 의미의 재앙이라 할 수 있습니다. 그러니까 이 구절은 '일심으로 금강경을 읽음에도 불구하고 재앙이 일어난다면'이라고 해석하면 좋을 것입니다.

"이 사람은 전생에 지은 죄업으로 응당히 악도에 떨어져야 할 것이지만, 금강경을 수지독송한 공덕으로 요즘 사람들이 경시하고 멸시하는 대가를 받는 것만으로 전생에 지은 죄업을 바로 소멸하고 반드시 아누다라삼막삼보리를 얻게 되느니라." 하셨습니다.

금강경을 수지독송하는 사람이 겪게 되는 재앙은 방심해서 오는 재앙과는 다르다는 것입니다. 금생에 용케 사람 몸을 받았지만, 금강경을 읽지 않았다면 내생에는 악도에 떨어질 사람인데, 악도에 떨어지지 않음은 물론이요, 오히려 반드시 아누다라삼막삼보리를 얻게 된다는 것입니다. 또한 그는 금강경을 공부함으로써 악도에 떨어질 만한 새로운 원인도 다시는 만들지 않겠지요.

악도惡道는 6도(천인, 인간, 아수라, 축생, 아귀, 지옥) 중 축생, 아귀, 지옥을 지칭하는 것으로, 이 3악도의 중생은 공부하여 밝아질 수가 없다고 합니다. '응타악도'는 금생에는 용케 사람 몸을 받았지만, 전생에 죄를 지었던 그 마음 씀씀이를 금생에도 지속한다면 내생에는 반드시 악도에 떨어질 것이라는 말씀이겠지요. 그런데 이 경을 수지독송함으로써 내생에 악도에 떨어질 죄업을 소멸할 수 있고, 그 죄업 소멸의 형태는 다른 사람에게 업신여김을 당하는 것으로 나타날 수 있다는 이야기입니다.

금강경을 수지독송하는 사람에게 어떤 재앙이 온다면 그것은 죄업이 소멸(업보 해탈)하느라고 나타난 것이라고 볼 수 있습니다. 그러니까 다른 사람에게 업신여김을 당하고 불쾌한 일이 발생한다면 이것은 악도에 떨어질 죄업의 소멸을 가능하게 한 셈이지요.

따라서 재앙의 뜻을 모르면, 업보 해탈도 할 수 없다고 하겠습니다. 자신이 알아서 자각해야 하며 마음을 해탈, 항복기심하겠다는 뜻을 가져야 해탈도 시킬 수 있을 것입니다. 마치 발심(發心, 아누다라삼막삼보리심을 내는 것)도 필요성을 느껴야 하고, 진정으로 큰 보리심을 내겠다는 뜻이 우러나올 때 올바른 발심이 되는 것과 같습니다.

금강경을 꾸준히 읽으면 겉으로 나타나는 두 가지 형태를 경험하게 됩니다. 하나는 '잘되는 것으로 보이는 것'이고 또 하나는 '재앙으로 보이는 것'입니다. 사실 이 두 가지는 모두 업보 해탈이 되는 과정에서 나타나는 것들입니다. 분별심 있는 중생심으로 보니까 다른 모양으로 보이지, 사실은 다른 것이 아니라 하겠습니다.

'약락소법자가 겪는 재앙'은 방심해서 일어나는 재앙이니까 업보를 만드는 결과를 가져오지만, '수지독송하는 이가 겪는 재앙'은 재앙이 아니라 전생에 심은 죄업을 소멸하느라고 나타난 바람직한 모양이라고 받아들이면 옳게 이해하는 것입니다.

부처님께서는 복과 재앙은 누가 주는 것이 아니라 스스로 짓고 스스로 받는 것이라고 하셨습니다. 마음으로 짓고 몸으로 받는다는 뜻이겠지요. 보시, 지계, 인욕이 복의 근원이 된다면, 재앙의 근원은 탐내는 마음, 성내는 마음, 어리석은 마음일 것입니다. 마음으로 탐진치를 연습하고 몸으로 고통과 재앙을 받습니다. 금생에 받기도 하고 내생에 받기도 합니다.

금강경을 수지독송하고 마음을 부처님께 향한다면 자연히 탐진치와는 거리가 멀어지고 재앙은 발생하지 않는다고 하겠습니다. 그러나 본인도 모르게 심었던 탐진치는 부처님으로 만들(부처님께 바칠) 수도 없었을 것이므로 자기도 모르는 사이에 재앙이라는 형태로 나타날 수 있습니다

누구나 복은 좋아하고 재앙은 싫어합니다. 그러나 그 싫고도 싫은 재앙이 반드시 나쁜 것만은 아닙니다. 재앙이 일어났을 때 마음

속으로 싫어하지 아니하고, 마음에 별다른 그림을 그리지 아니하고 조용히 또는 즐겁게 재앙을 받는다면 —금강경 수지독송으로 가능하지요— 재앙이 맥을 못 쓸 뿐 아니라 죄업을 소멸하는 기능을 하는 모양입니다. 그래서 부처님께서는 "선세죄업 즉위소멸"이라고 하셨습니다. 말하자면 재앙이 일어나는 것은 죄업을 소멸할 수 있는 계기가 된다고 할 수 있겠지요. 전화위복轉禍爲福입니다.

그러나 재앙이 일어났을 때 마음속으로 저항하며 세상을 원망한다면, 이것은 또 하나의 새로운 죄업을 만드는 일이 되기 때문에 전생의 죄가 소멸할 수 없을 것입니다.

그러면 어떻게 하는 것이 재앙을 싫어하지 아니하고 죄업을 소멸하는 길일까? 부처님께서는 "능수지독송하라." 하셨습니다. 능能이라는 말뜻은 재앙이 일어나는 경우에도 흔들리지 말고 금강경을 독송하라는 뜻입니다. 좋은 일이 있을 때는 금강경을 잘 읽고, 재앙이 일어났을 때는 금강경 읽기가 싫어진다면 '능수지독송'이라 할 수 없습니다.

그래서 16분에는 참으로 소중한 뜻이 있다고 하겠습니다. 말세에 죄업이 많은 사람이 구제받도록 구원의 길을 열어 주고, 금강경을 공부하는 이가 재앙에도 의기소침하지 아니하고 계속해서 공부할 수 있도록 격려하시는 글이라고 생각합니다.

사람들은 보통, 삶에 허덕이며 영원한 열반의 세계에 대해서는 엄두도 못 내고, 그저 내 몸 하나 그리고 가족이나 건사하고, 조금 더 나아간다면 주위가 별 탈 없이 지내고 작은 소원이나 성취하는 정도를 원하는 것이 고작입니다. 그런데 이들이 본래 그렇게 뜻이 작았던 것은 아닐 것입니다. 아마 이들도 달마 대사나 혜능 대사와 같은 최상승의 사람이었을지 모릅니다.

사람들은 뭔가 하려고 하다가 재앙이 일어나면 그 뜻이 꺾이기 시작합니다. 꺾이는 일이 되풀이되면, '이 세상의 일은 안 되는 것 투성이로구나.'라는 믿음이 커지며, 그저 '내 몸이나 겨우 유지했으면 좋겠다.'라는 정도의 생각만 할 뿐, 도통까지는 도저히 엄두도 내지 못합니다. 이렇게 나약한 생각을 하게 만드는 장본인, 건강한 사람을 병들게 하는 것이 바로 '재앙'입니다.

재앙은 탐심 진심 치심에 의해 생기는 것으로, 우리에게 불쾌감, 스트레스, 좌절 등을 줍니다. 이러한 재앙을 만나게 되는 것을 바로 "약위인경천"이라고 표현하신 것입니다. 그러나 실제로 금강경을 수지독송하는 이에게 찾아온, 재앙처럼 보이는 그것은 '업보 해탈'이라고 합니다. 도인의 눈으로 보면 분명 업보 해탈인데, 당하는 사람은 업보 해탈로 보지 않고 재앙을 당하는 것으로 보아 좌절하는 것입니다.

금강경을 읽어도 재앙이 일어난다면 그 재앙은 우리를 파괴하고 잘못되게 하는 것이 아니라, 죄업을 소멸시키고 더 좋은 것을 오게 하려는 준비 작업이라고 하겠습니다. 고진감래(苦盡甘來: 모든 고통이 지나면 좋은 일이 온다)의 뜻을 포함합니다.

금강경을 수지독송하는데도 다른 사람이 경천輕賤하는 재앙을 겪는다면, 그 재앙의 뿌리는 전생에 지은 악도에 떨어질 만한 큰 죄업인데, 아무리 큰 죄업이라도 '위인경천'으로 끝나게 된다니, 이 얼마나 고마운 말씀입니까! 그리고 남들이 경천하는 재앙 말고 설령 다른 재앙이 일어난다고 하더라도 그것은 죄업이 소멸되는 것이고, 좋은 일(아누다라삼막삼보리를 얻는 것)을 오게 하려는 준비 작업이며, 큰 재앙이 올수록 숨어 있던 큰 업보가 해탈되는 것이라고 이해할 수 있으니 이 이야기가 얼마나 고맙습니까!

금강경 공부는 대단한 사람들만 하는 것이 아니고, 세상의 보통 사람들도 믿는 마음이 변치 않고 공부한다면 모두 다 큰 도를 얻을 수 있다고 가르쳐 주시는 것이기도 합니다.

"선남자선여인 수지독송차경 약위인경천"을 '수지독송하는 사람이 다른 사람에게 경천을 당하더라도 수지독송을 계속한다면'으로 해석하면 좀 더 심도 있는 해석이 됩니다. 재앙, 즉 불쾌하고 좋지 않은 일이 일어나면 금강경을 읽고 싶지 않게 됩니다. 이때 좋지 않은 일(재앙)이 일어나도 마음이 흔들림 없이 금강경을 읽으며, 그 생각에 머무르지 말고 그 생각을 바치라는 뜻입니다.

그러니까 항심(恒心, 늘 지니고 있는 떳떳한 마음)으로 금강경을 독송할 수 있는 것이 중요하다는 것이지요. 항심은 몸뚱이 착이 하자는 대로 따라가지 않는 마음입니다. 어떤 사람이 나를 좋아하면 나도 그를 좋아하고, 그 사람이 나를 싫어하면 나도 그 사람을 싫어하는 것은 '몸뚱이 착'입니다. 그러나 항심은 나를 싫어하는 사람도 싫어하지 않을 수 있는 것을 말합니다. 겉으로 보이는 것에 따라 마음이 흔들리면 항심이 되지 못하고 시종일관이 안 됩니다. 항심이 되지 못하는 것은 모두 믿음이 부족한 까닭일 것입니다.

예전에 나무 위에서 둥지를 틀고 고고히 수도하여서 '오소烏巢 법사'라고 불리는 수도승이 있었다. 어느 구도심이 깊은 한 젊은 이가 와서 그이에게 법문을 청하였으나 아무런 대답을 하지 아니하였다. 그러자 그 젊은이는 그곳에 거처를 정하고 이야기해 주실 때까지 머물렀는데, 어느덧 10년의 세월이 흘렀다. 웬만한 사람 같으면 3일 정도 기다려서 아무런 법문도 듣지 못하면 성을 내면서 되돌아가기 쉬운데, 이 사람은 아무런 불평도 없이 10년을 기다린 것이다.

10년을 기다려도 아무 소리를 안 하시니, 도를 구하러 갔던 그 사람이 그만 돌아갈 마음을 내게 되었다. 보통 사람 같으면 10년 정도 기다리다가 소득 없이 그냥 돌아가게 되면 울화통이 터져서 악담하거나 미련을 가지고 떠나기 쉬울 것이다. 그러나 이 사람은 10년을 기다렸는데도 돌아갈 때는 뒤도 돌아보지 않고 그냥 미련 없이 떠나는 것이었다. 10년 동안 기다리기도 어렵겠지만 떠날 때 미련 없이 가기도 어려울 것이다.

젊은이가 간다니까 오소 법사가 나무에서 내려와 그 사람을 불렀다. 오소 법사가 털을 하나 뽑아서 주었다. 그 뜻은 '구하는 마음을 쉬어라.' 하는 것이었다고 한다.*

---

* 김원수, 『마음을 어디로 향하고 있는가』(김영사, 2018)

구하는 마음이 있으면 바라는 마음이 되어 항심이 되지 않겠지요. 이와 같은 옛날이야기에서 진지한 구도인의 항심을 엿볼 수 있는데, 우리가 친근하게 느낄 수 있는 현대판의 '항심'도 찾아보았습니다.*

나는 낙관론자에 해당한다. 세상을 살아오면서 어려운 일도 없지 않았으나 그때마다 나는 낙천적인 생각을 버려본 적이 없다. 잦은 해외여행 중 한 번은 비행기가 불시착한 사고도 있었다. 또 한 번은 이륙하는 비행기 안에서 불이 나는 소동을 겪기도 했다. 그러나 그때에도 나는 이 사고로 죽을 것이라는 걱정은 하지 않았다. 그만큼 나는 낙관적이다. 위기를 '위험한 기회'로 풀이하는 내 나름의 해석도 알고 보면 타고난 낙관성에 기인한다. 될 수 있으면 낙관적으로 생각하는 것이 좋다. 할 수만 있다면 무슨 일이든 낙관에서 출발하여야 한다. 나는 한국의 장래에 대해서도 매우 낙관하는 사람이다.

이 속에서 진지한 구도 정신에서나 볼 수 있는 '항심'의 단면을 발견할 수 있습니다. 금강경 독송을 하는 이는 항심으로 금강경 공부를 하여야 할 것입니다. '재앙이 일어나도 항상 낙관적으로 금강경을 읽을 수 있어야 한다. 그러면 그것이 재앙이 되지 아니하고,

---

* 김우중, 『세계는 넓고 할 일은 많다』(김영사, 1991)

아누다라삼막삼보리가 되느니라.' 하는 마음으로, 기대하는 마음 없이 항심으로 금강경 독송 자체를 즐겨야겠습니다.

> 수보리여, 내가 생각하니 무량한 아승기겁인 아주 오랜 옛날 연등 부처님 이전에 8백4천만 억 나유타, 즉 이루 헤아릴 수 없이 많은 부처님을 뵐 수 있었고(得値), 그 많은 모든 부처님을 다 공양하고 섬기기를 한 분도 빠뜨리지 않았느니라.
> 만약 훗날 말세에 이 경을 받아 지니고 능히 독송하는 사람이 있다면 그가 얻는 공덕은, 내가 모든 부처님께 공양하여 얻은 공덕이 그것의 백분의 일도 안 되고 천만 억분의 일도 안 되고 어떤 단위를 가진 큰 수로 비교해도 능히 미칠 수가 없느니라.
> 須菩提여, 我念하니 過去無量阿僧祇劫에 於然燈佛前에 得値八百四千萬億那由他諸佛하야 悉皆供養承事하야 無空過者니라.
> 若復有人이 於後末世에 能受持讀誦此經하면 所得功德은 於我所供養諸佛功德이 百分에 不及一이며 千萬億分乃至算數譬喩에 所不能及이니라.

'아승기'는 수학적으로는 계산할 수 없이 많다는 뜻인데, 여기에다 겁을 곱하였으니 상상으로 계산이 안 되는 매우 많은 수입니다. 이토록 아주 오랜 세월 전, 즉 연등 부처님 이전의 석가모니 부처님 전생에 팔백사천만 억 나유타의 부처님을 뵐 수 있었다(得値)는 이야기입니다. 수의 단위 '나유타'란 1천억의 10배로, 매우 많은 숫자란 뜻입니다. 여기에 불교에서 많다는 표현을 할 때 쓰는 8만 4천을 곱해 8백4천만 억이라 했습니다. 그러니 이것이 얼마나 많은지 상상조차 할 수 없을 정도입니다.

'능수지독송'은 받아 지니고 독송하는 것을 생활화한다는 뜻입니다. 이 말씀을 그냥 평범하게 이해하고 '다른 분도 아닌 석가모니 부처님께서 지으신 공덕, 더구나 한 분의 부처님도 아니고 헤아릴 수도 없이 무량한 부처님을 공양한 공덕이 더 크지, 어떻게 평범한 중생인 우리가 금강경 읽는 공덕이 더 클 수가 있겠는가? 그것도 조금 더 큰 것이 아니고 어마어마하게 비교도 안 되게 클 수 있겠는가?' 이렇게 생각하기 쉽습니다.

그런데 그냥 금강경을 읽는 것은 쉬울지 몰라도, 능수지독송하는 것은 그리 쉽지 않은 것 같습니다. 금강경 독송이 생활화되어 역경 속에서도 늘 부처님 생각을 할 수 있는 것, 금강경 독송이 몸에 배어 있는 것을 '능수지독송'이라고 할 수 있습니다. 그냥 '금강경을 몇십 년 읽었네.' 말하기는 오히려 쉬울 것입니다. 하지만 금강경 독송이 몸에 배어서, 마음이 황당할 때도 금강경 독송하며 바쳐서 항복기심하고 머무는 바 없는 마음을 가질 수 있도록 하기는 쉬운 일이 아닐 것입니다.

이렇게 능수지독송하여 갖게 되는 공덕은 당신께서 길고도 긴 세월을 헤아릴 수 없이 많은 부처님께 온 정성을 다하여 공양했던 공덕보다 더 많다고 예를 들어 말씀하신 부처님의 간절한 그 마음을, 우리는 가슴 깊이 새겨야 할 것입니다.

수보리여, 만일 선남자 선여인이 후 말세에도 이 경을 수지독송하여 그 사람이 얻는 공덕을 내가 모두 다 이야기한다면, 혹 어떤 사람은 하도 그 공덕이 크고 위대한 것에 놀라고 두려워 그만 정신에 이상이 생기고 마음이 산란해져서 의심하고 믿지 않을 것이다. 왜냐하면 이 금강경이 가지고 있는 뜻이 불가사의한 것처럼, 금강경을 공부한 결과로 갖게 되는 공덕(과보) 또한 불가사의하기 때문이니라.

須菩提여, 若善男子善女人이 於後末世에 有受持讀誦此經하면 所得功德을 我若具說者ㄴ데는 或有人이 聞하고 心則狂亂하야 狐疑不信하리라. 須菩提여, 當知是經義가 不可思議일새 果報도 亦不可思議니라.

말세末世는 모든 악이 횡행하고 불심이 약하며 불법과 도의가 땅에 떨어지는 시기라고 합니다. 그때는 사람들이 남에게 손가락질받는 행위를 악도에 떨어지는 행위인 줄 모르고 아무렇지도 않게 마구 행하고 악심과 분별을 많이 내는데, 업보가 심한 이러한 사회적 분위기에서도 금강경을 공부한다는 것은 매우 어려운 일이겠지요.

그렇지만 이런 말세에도 수지독송하는 사람이 있다면 그 얻는 공덕이 어떠어떠하다고 내가 낱낱이 구체적으로 말할 것 같으면, 사람들이 듣고서 너무 그 공덕이 크고 위대한 것에 놀라고 두려워 그만 정신에 이상이 생기고 마음이 산란해져서 여우처럼 의심하는 마음을 내고 믿지 않을 것이라고 말씀하셨습니다.

왜냐하면 우리가 금강경을 공부하면서 금강경의 그 심오하고 불가사의한 뜻에 감탄하듯, 이 경을 공부한 결과로 얻는 공덕의 크기 또한 어마어마하고 불가사의하게 크기 때문입니다. 마음이 밝아지는(닦아지는) 정도라든가 업장이 해탈되고 과보도 받지 않게(능정업장能淨業障) 되는 그 능력도, 얼마만큼이라고 표현할 수 없을 정도로 불가사의하게 크다는 것입니다.

17

결국은 나도 없다

第十七 究竟無我分

이때 수보리 존자가 부처님께 말씀드리기를,

부처님이시여, 선남자 선여인이 아누다라삼막삼보리 마음을 내려면 마땅히 어떻게 마음을 머물러야 하며, 어떻게 그 마음을 항복 받아야 하겠습니까?

부처님께서 수보리 존자에게 이르시기를,

만약 선남자 선여인이 아누다라삼막삼보리 마음을 내려면, 마땅히 이와 같이 마음을 내야 할 것이니라. '내가 일체 중생을 멸해 제도하리라.' 하라. 일체 중생을 멸해 제도하기를 마치면, 한 중생도 실로 멸해 제도를 받은 자는 없느니라. 왜냐하면 만약 보살이 아상, 인상, 중생상, 수자상을 가지고 있으면 곧 보살이 아니기 때문이다.

爾時에 **須菩提白佛言**하되

世尊하, **善男子善女人**이 **發阿耨多羅三藐三菩提心**인데는 **云何應住**며 **云何降伏其心**이니잇고

佛告須菩提하사되

善男子善女人이 **發阿耨多羅三藐三菩提者**ㄴ데는 **當生如是心**하되 **我應滅度一切衆生**하리라하라. **滅度一切衆生已**코는 **而無有一衆生**이 **實_滅度者**니라. **何以故**오 **須菩提**여, **若菩薩**이 **有我相人相衆生相壽者相**이면 **則非菩薩**이니라.

이와 똑같은 질문은 2분에서도 수보리 존자가 부처님께 드렸습니다. 금강경은 같은 말씀을 반복하여 세 번 설說하셨다고 하는데, 17분부터 세 번째 설명이 됩니다. 두 번째의 내용은 13분에서 16분까지라고 할까요. 이렇게 되풀이해서 같은 내용을 말씀하시는 것은, 마음 밝아지는 법에 대한 설명은 너무나도 소중해서 한 번만으로는 부족하므로 다른 각도에서 보충 설명하며 복습하고 정리하는 의미가 있습니다. 이렇게 반복하여 말씀하시는 것에서, 새삼스럽게 중생이 밝아지기를 간곡히 바라시는 부처님의 따뜻한 마음이 느껴집니다.

여기 '발아누다라삼막삼보리심(줄여서 '발심'이라고 함)'이란 말이 또 나오는데, 이 뜻을 좀 더 생각하고자 합니다. 아누다라삼막삼보리는 부처님의 지혜입니다. 그러니까 부처님의 지혜를 얻고자 하는 마음을 내는 것을 '발아누다라삼막삼보리심'이라고 해석할 수 있습

니다.

발심發心은 어떤 마음일까요?

보통 사람들은 자신의 마음에 드는, 또는 남들이 다 좋다고 하는 목표에 뜻을 세우고 마음을 내는 것 같습니다. 이러한 마음은 그 동기나 과정 등이 발심과는 근본적으로 다르다고 하겠습니다. 부처님의 지혜를 얻고자 하는 사람의 발심은 '자각'이어야 합니다. 이 자각은 '현실의 삶이 무언가 잘못되었다.'라는 것을 깨닫는 데서부터 시작됩니다. 지금 삶이 만족스러워 더는 바랄 것이 없다면 부처님의 지혜를 구하는 마음을 낼 필요도 느끼지 못할 것입니다.

우리는 자신이 무언가 꽤 알고 있는 것으로 생각할지 모릅니다. 하지만 사실 우리가 안다고 하는 것은 지극히 적은 일부분이고, 대부분은 모르는 가운데서 산다고 봐야 합니다. 우리를 뒤덮고 있는 몸뚱이 착, 즉 아상이라는 놈이 불확실한 덩어리이기 때문입니다. 모르고 사는 이 세상의 삶 속에는 이루 헤아릴 수 없이 많은 고苦가 있습니다.

보통 사람들은 이렇게 많은 고苦가 넘실거리는 바다를 헤쳐 나갈 지혜가 없이, 당연하게 고통을 이불처럼 덮어쓰고 산다고 할 것입니다. 그러나 발심하는 사람은 '이 세상은 고통스럽고 정상적이지 않다.'라는 자각과 또 '이에 대한 해답도 반드시 있을 것이다.'라는 믿음이 있다고 하겠습니다. 『열반경』에 나오는 설산동자의 발심 수행 이야기를 생각해 봅니다.

가섭아, 아주 까마득한 먼 옛날, 나는 설산에서 보살행을 닦고 있었다. 그때 제석천신이 나찰의 몸으로 변신해 설산에 내려와서 낭랑한 목소리로 옛 부처의 게송을 반쪽만 이야기하고 지나갔다.

"세상의 모든 일은 영원한 것이 없어, 한 번 나면 반드시 없어 지나니."

이 반쪽 게송을 들을 때의 나의 심경은 마치 목말랐던 사람이 물을 얻고, 옥에 갇혔던 사람이 자유를 만난 것 같았다.

나는 나찰에게 뒤엣것도 마저 설해 달라고 부탁했다. 그러나 나찰은 이렇게 말하였다.

"너는 다만 네 일만 생각하고 내 일은 조금도 생각해 주지 않는구나. 나는 몹시 주리고 있으며, 내게 필요한 것은 사람의 따뜻한 살점과 뜨끈뜨끈한 핏덩이야."

"그렇다면 그 뒤의 게송을 마저 설해주시오. 이 몸은 얼마 못 가서 죽을 몸입니다. 나는 지금 이 썩어질 육체를 버리고 영구히 변하지 않는 법신을 얻고자 합니다."

그러자 나찰은 내가 벗어놓은 옷을 깔고 앉아 낭랑한 음성으로 말하였다.

"생과 멸에 붙잡혀 끌려가는 마음을 없애 다하면, 고요하고 즐거우리."

가섭아, 나는 그때 게송의 뜻을 깊이 새기고 게송을 바위와 돌벽 그리고 나무 잎사귀에 썼다.

설산동자는 일찍이 세상의 무상함을 깨달았습니다. 삶이 근본적으로 잘못되었다고 생각하고 있었습니다. 어딘가에 해답이 있으리라고 생각하고, 그 해답을 얻기 위해 설산에서 수도하였습니다. 그러던 중 "세상의 모든 일은 영원한 것이 없어, 한 번 나면 반드시 없어지나니." 하는 이야기를 듣게 되었습니다. 이 이야기는 평소에 자신이 생각했던 것과 똑같았습니다. 매우 시원하고 환희심을 느꼈을 것입니다. 또 '이렇게 내 마음에 시원한 이야기를 해줄 수 있는 사람이라면, 그 해답도 말할 수 있으리라.' 생각하였을 것입니다. 드디어 "생과 멸에 붙잡혀 끌려가는 마음을 없애 다하면, 고요하고 즐거우리."라는 해답을 얻어냈습니다. 영원한 세계, 열반의 세계가 있다는 것을 알게 되었습니다. 마침내 완전하게 발심하게 된 것입니다.

이와 같이 지금 이 삶이 온당한 삶이 아니라는 자각, 그리고 영원한 세계가 있고, 그 영원한 세계는 우리가 당연히 가야 하는 길이라는 믿음에서 진정한 발심이 이루어질 것입니다. 이렇지 않은 마음으로 부처님의 지혜를 얻고자 한다면, 그것은 욕심이고 유행을 따라가는 것이지 진정으로 부처님의 지혜를 구하는 마음, 발심이라고 할 수 없을 것입니다.

"내가 일체 중생을 멸해 제도하리라." 하라는 뜻은 '부처님의 지혜를 얻고자 하는 마음을 냈다면, 모든 중생을 다 멸해서 제도하라. 즉, 부처님 만들겠다고 하라.' 하는 가르침입니다. 일체 중생이라고 하면 마음 안팎의 모든 중생을 말하지요. 그러니까 '올라오는 생각을 하나도 놓치지 않고 모두 부처님 만든다. 부처님께 바친다.'

라는 뜻으로 이해하면 됩니다.

그다음 "올라오는 생각을 다 부처님께 바쳤지만, 실제로 멸도된 중생은 없느니라." 하셨습니다. 올라오는 생각(분별심)이 많은 줄 알고 부지런히 부처님을 만들고 나니까, 제도되었다는 중생은 하나도 없다는 것입니다. 이것은 깨닫고 난 후에 하시는 말씀이겠지요. 멸도하겠다는 것은 깨닫기 전의 이야기이고, 깨닫고 보니까 실제로는 제도받은, 즉 부처님으로 만들어진 것은 하나도 없다는 것입니다(실무중생 득멸도자). 이 이유를 "왜냐하면 수보리여, 보살이 나라는 생각, 남이라는 생각, 중생이라는 생각, 수자라는 생각이 있으면 보살이 아니기 때문이니라."라고 하셨습니다.

아상이란 인상, 중생상, 수자상의 뿌리입니다. 우리가 욕심을 내고 화를 내고 잘난 체하는 탐진치 연습을 많이 하다 보니, 실제로는 있지도 아니한 '나'라는 것을 있는 것으로 착각하게 됩니다. 그러나 올라오는 생각을 자꾸 부처님께 바치면 '과연 내가 실제로 있는 것인가?'라고 생각하게 되고, 계속해서 탐진치의 마음을 닦다 보면 드디어 '나'라는 생각이 완전히 없어져 '실무중생 득멸도자'라는 깨달음에 이른다고 하겠습니다.

왜 그런가 하니, 실로 어떠한 법이 있지 아니하므로 아누다라삼막삼보리 마음을 내는 것이다.

所以者何오 **須菩提**여, **實無有法**일새 **發阿耨多羅三藐三菩提者**니라.

이는 실로 법이 있지 않다는 것을 알아야 아누다라삼막삼보리의 마음을 내게 된다는 말씀으로, 모든 생각은 다 잘못된 것임을 아는 것이 아누다라삼막삼보리 마음을 내는 것이라는 뜻입니다. 내 생각은 다 잘못이고, 아상의 그림자라고 알게 되면 실상의 모습이 제대로 보입니다. 모르는 마음에서 아는 마음으로, 불확실한 마음에서 확신에 찬 마음으로, 불완전한 상태에서 완전한 상태로 바뀝니다.

그렇기 때문에 "실무유법 발아누다라삼막삼보리심자"는 아는 마음에서 출발하는 것이 부처님의 지혜에 도달하는 길이라는 말씀이라고 할 수 있습니다. 또한 모든 것이 다 구족되어 있다고 믿는 것이 부처님의 지혜에 이르게 한다고 할 수도 있습니다.

『육조단경』의 말씀입니다.

"마땅히 머무르는 바 없이 그 마음을 낼지니라." 하는 구절에 이르러서 혜능이 크게 깨달아 일체 만법이 제 성품을 떠나지 않음을 알고 오조께 말씀드렸다.

"어찌 제 성품이 본래 청정한 줄 알았으리까?

어찌 제 성품이 본래 나고 죽지 않음을 알았으리까?

어찌 제 성품이 본래 구족한 줄 알았으리까?

어찌 제 성품이 본래 흔들림 없음을 알았으리까?

어찌 제 성품이 능히 만법을 내는 줄 알았으리까?"

오조께서 혜능이 본 성품을 깨달은 줄 아시고 다음과 같이 말씀하셨다.

"본 마음을 알지 못하면, 아무리 법을 배워도 유익할 것이 없느니라. 제 본 마음을 알고 제 본 성품을 보면, 이것이 대장부이며 천상과 인간의 스승이며 부처이다."

발심이란 이처럼 자기 마음이 본래 청정하고, 본래 생사가 없으며, 본래 모든 것을 구족했고, 본래 흔들릴 것이 없으며, 능히 만법을 만들어낸다는 믿음에서 출발하는 것이라 하겠습니다.

의상 스님도 "초발심을 일으켰을 때가 깨친 때이다初發心時便正覺."라고 하였습니다. 이것은 발심이 곧 깨달은 마음과 다르지 않다는 것을 의미합니다.

따라서 발심은 목표를 향해 돌진하는 것이 아니고, 아는 마음으로 자연스럽게 출발하는 것, 그리고 우리의 지혜는 부처님의 지혜와 다름이 없다고 처음부터 생각하는 것이라고 이해하면 되겠습니다.

이러한 것은 세상일에서도 마찬가지로 적용됩니다. 예를 들면, "전쟁터에서 싸워 이기고자 한다면, 싸우기 전에 이미 이기고 있어야 한다."라고 손자병법에서 말하고 있습니다. 이것은 전쟁 전 상황을 주로 말한 것입니다만, 그 상황 속에는 마음이 있습니다. 마음속에서 이미 이기고 있어야 실제 싸움에서 이길 수 있지, 처음부터 이길지 질지 모른다는 마음으로 싸운다면 이기기 어렵다는 이야기입니다.

그러나 처음부터 부처님의 크신 아누다라삼막삼보리의 깨달음을 확신한다는 것은 너무 어려운 일인지도 모릅니다. 대부분 사람은 부처님께 '나 좋게 해주시오.' 합니다. 이것은 무엇을 모르는 마음입니다. 부처님을 사람들 좋게 해주는 분으로 착각한 마음입니다. 이러한 마음을 발심이라고 할 수 없을 테지요.

반면 '부처님 시봉 잘하길 발원.' 하는 마음 자세로 출발한다면, 이것은 아는 마음으로 출발한 것이라 하겠습니다. 왜냐하면 부처님 시봉 잘하기를 발원하는 것은 내가 모든 것을 구족했다는 깨달음을 포함하고 있기 때문입니다. 진정한 발심發心은 설산동자와 같은 보살들이나 하는 참 어려운 일이라고 생각할 수 있으나, 보통 사람들도 '부처님 시봉 잘하기를 발원.' 하는 마음을 연습함으로써 발심의 길로 갈 수 있을 것입니다.

그러면 올바르게 발심한 이는 어떻게 원을 세울까요?

예를 들어 자신의 빈곤이 마음에 걸린다면, 올바르게 발심한 이, 부처님 시봉하는 사람의 기도는 어떠할까요? 그는 아마도 넉넉함이 아주 먼 곳에 있다고 생각하지 않을 겁니다. '비록 지금은 빈곤하지만, 부자가 된다는 것은 마치 마당에 있는 나의 신발을 현관에 들여놓는 것처럼 지극히 자연스러운 것이다. 본래 그것(富)이 남의 것이 아니기 때문이다.'라는 생각을 가지고, 그런 마음으로 원을 세울 것(기도할 것)입니다.

대개 보통 사람들은 어떤 소원이 있을 때, 그 소원 성취는 자기와 거리가 먼 어려운 것으로 생각하고, 그것을 이루기 위해 두 주

먹을 불끈 쥐고 철저히 정진합니다. 그렇게 해서 소원이 성취되면 '옳지! 소원이 성취되었다. 이것은 내 것이다.' 하며 잘난 체합니다. 이런 식으로 소원 성취를 하는 이들은 '부처님 나 좋게 해주시오.' 하는 용심用心으로 기도하는(원을 세우는) 사람입니다.

그러나 '시봉 잘하겠습니다.'라는 마음에서 출발한다면, '모든 것이 다 구족되어 있다.'라는 용심에서 출발하는 것이기 때문에 대단한 소원이 성취되더라도 감격하지 않고, 마치 몸의 가려운 곳을 긁는 것처럼 자연스럽고 당연하게 받아들입니다. 돈이 들어와도 자연스럽고, 명예를 얻어도 자연스럽고, 건강을 잃었다가 찾아도 자연스럽습니다. 아버지가 상속해 주실 물건을 내 것으로 하는 일이 자연스러운 것처럼, 당연하고 자연스럽습니다. 이것이 발심하는 이의 기도라 하겠습니다. 이렇게 기도하여야 최고의 지혜에 도달할 수 있을 것입니다.

소원 성취에 감격하는 이는 그 소원 성취를 자기 것이 아닌 남의 것을 억지로 가져온 것처럼 부자연스럽게 여기기 때문에, 지금은 이루었더라도 다시 잃어버릴 공산도 크다고 보아야 합니다. 이러한 용심의 기도로는 최고의 지혜, 부처님의 지혜에 도달하기 어려울 것입니다.

또 발심 수행의 자세를 말한다면 매사에 어른스럽게 생각하여야 한다는 것입니다. 모든 것에 책임지는 자세라고 하겠습니다. 다음과 같은 '때 묻지 않은 이야기'를 통해 정리해 봅니다.

신도 한 사람이 스님에게 깨끗한 모시 두루마기를 한 벌 맞춰 드렸다. 스님은 이 두루마기를 입고 시장에 가다가 마침 개울에서 미꾸라지 한 통을 잡아서, 신나게 올라오는 아이들을 만났다.

"얘들아, 그 미꾸라지 나에게 팔아라."

미꾸라지를 사서 방생하려는 생각으로 말을 붙였다. 그러나 아이들은 한사코 팔지 않겠다고 버티었다. 나중에는 아이들하고 옥신각신 싸움까지 하면서 팔라고 하였지만, 아이들은 여전히 듣지 않았다. 두루마기는 온통 흙투성이가 되었고, 끝내 아이들을 지서에 끌고 들어가 담판을 하였다.

이 스님은 그 지방에서 워낙 유명한 무심 도인이라, 순경 아저씨들이 곧 아이들을 달래어 그 미꾸라지를 스님께 팔게 하였다.

그렇게 하는 과정에서 신심이 돈독한 보살님이 정성 들여서 해준 옷은 진흙으로 더럽혀져 버렸고, 스님은 아이들과 싸워 어른 체면도 잃게 되었습니다. 이러한 이야기를 후세에서는 "참으로 무심도인이다."라고 말함으로써, 듣는 이들이 '도인이 되려면 그런 식으로 세속의 때가 묻지 않도록 하여야 하는 모양이다.'라고 생각하게 합니다. 그 스님은 돈에 대한 애착도 없고 불쌍한 사람에게는 무엇이든지 주려는 훌륭한 마음을 가지고는 있었지만, 한 가지 염두에 두지 못한 것은 신도의 마음입니다. 미꾸라지한테는 잘했는지 몰라도 옷을 지어주신 분에게는 책임을 다하지 못했습니다.

책임지는 마음, 어른 마음을 연습하는 것은 옳게 발심한 사람의 수행 자세이며, 이러한 마음은 최고의 어른이 되게 할 것입니다.

수보리여, 어떻게 생각하느냐. 여래가 연등 부처님 처소에서 법法이 있었기에 아누다라삼막삼보리를 얻었겠느냐?

아닙니다. 세존이시여, 제가 부처님께서 설하신 바를 알기로는 연등 부처님 처소에서 법이라고 할 것이 없기에 여래께서는 아누다라삼막삼보리를 얻었습니다.

부처님께서 말씀하시되,

그렇고 그렇다. 수보리여, 실로 법이라고 할 것이 없으므로 여래는 아누다라삼막삼보리를 얻었다고 하느니라. 수보리여, 만약 법이 있어서(실제로) 여래가 아누다라삼막삼보리를 얻었다고 한다면 연등 부처님이 나에게 '너는 오는 세상에 부처가 될 텐데 그때 너의 이름을 석가모니라고 하리라.' 하는 수기를 주시지 아니하였을 것이다. 실제로 법이 있지 않음으로 아누다라삼막삼보리를 얻었다고 할 수 있나니, 그러한 연고로 연등 부처님이 나에게 '너는 이다음 세상에 부처가 될 텐데 그때 이름을 석가모니라고 하리라.' 하는 수기를 주셨느니라.

須菩提여, 於意云何오 如來 於然燈佛所에 有法하야 得阿耨多羅三藐三菩提不아

不也니다. 世尊하, 如我解佛所說義로는 佛이 於然燈佛所에 無有法하야 得阿耨多羅三藐三菩提니이다.

佛言하사되

如是如是니라. 須菩提여, 實無有法일새 如來得阿耨多羅三藐三菩提니라. 須菩提여, 若有法하야 如來得阿耨多羅三藐三菩提者ㄴ데는 然燈佛이 則不與我受記하사되 汝於來世에 當得作佛하면 號를 釋迦牟尼라하리라하라. 以實無有法일새 得阿耨多羅三藐三菩提니 是故로 然燈佛이 與我受記하시고 作是言하사되 汝於來世에 當得作佛하면 號를 釋迦牟尼라하리라하라.

세상을 살아가는 데 필요한 것들은 어떤 원리 또는 방법론을 통하여 그 전모를 파악할 수 있지만, 부처님의 진리는 어떤 원리나 방법론에 의해서 알 수 있는 것이 아니라는 이야기이지요. 만일 부처님의 진리가 어떤 모델, 비유 또는 방법론에 의해서 알아진 것이라면 그것은 다 잘못 알아진 것이라는 뜻이지요. 즉, 묘한 방책이나 방법이 없다는 것입니다.

'참'이라는 것은 어떤 방법론이나 공식에 의해서 알아지는 것이 아니라 비운 마음에서 느닷없이 알아지는 것이며, 이것이야말로 정말 제대로 알아진 것입니다. 반대로 '하겠다' 하는 마음, 즉 비워지지 않은 마음으로 어떤 방법론에 의해서 알아진 것들은 모두 다 참이 아니고 사도邪道라고 보면 옳습니다. 이러한 것을 한 도인은 다음과 같이 설명하셨습니다.

몸뚱이 착着을 수반한 깨달음은 모두 다 사도邪道다. 이러한 깨달음은 무슨 원인을 지어서 자신이 이러한 깨달음에 도달하게 되었는지 모른다는 특징이 있다.

마치 법이 있는 것처럼 깨달은 진리는 다 잘못된 것이라는 말씀입니다.

그러면 몸뚱이 착을 수반한 깨달음이란 무엇을 말하는 것이며, 참 깨달음은 어떠한 것일까요?

세상에는 무척 많은 도인이 있습니다. 아는 소리를 하는 사람도 많습니다. 그들이 하는 아는 소리가 참으로 깨친 소리일까요? 아는 척하는 사람들의 소리는 대부분 몸뚱이 착을 수반한 아는 소리인 경우가 많습니다. 그것은 무소주無所住한 마음으로 알게 되었다기보다는, 나름의 비법이나 방법론에 의해 안 소리입니다. 마치 장님이 여러 번 다녀 보아 어디가 어떤지를 잘 아는, 익숙해진 길을 가는 것을 보고 장님이 눈을 뜨고서 그곳을 간다고 말할 수 없는 것과 같습니다. 부처님께서는 이것을 경계하시고자 『능엄경』에서 다음과 같이 말씀하셨습니다.

> 너희들이 닦을 적에 미세한 마魔의 장난이 생기는 것을 알지 못하나니, 마의 경계가 앞에 나타날 적에 너희들이 알지 못하면 마음을 옳게 가지지 못하므로 나쁜 소견에 떨어지게 되느니라. 너의 오음五陰에서 생기는 마거나 하늘에서 오는 마거나 혹 귀신이 붙거나 혹 도깨비를 만날 적에, 마음으로 분명히 알지 못하여 도적을 아들인 양 여기기도 하고 또는 조그만큼 얻고 만족하게

여기며 마치 하늘나라의 알지 못하는 비구가 성과聖果를 얻었노라고 허망하게 말하다가, 천상의 과보가 다하여 쇠잔하는 모양이 나타남을 보고 아라한도 다시 몸을 받는다고 비방하고서 아비지옥에 떨어진 것과 같게 되리니, 너는 자세히 들어라.

…중략…

이 마음으로 연구하는 것이 맑게 사무치어 정신의 빛이 혼란하지 아니하면, 문득 밤중에 어두운 방 안에서 여러 가지 이상한 물건을 보는 것이 밝은 낮과 다르지 아니하고 방 안에 있는 물건도 없어지지 아니하리니, 이것은 마음이 세밀하고 보는 것이 고요하고 맑아져서 어두움을 뚫어 보게 되어 잠깐 이렇게 될지언정 성인이 깨닫는 경계는 아니니, 성인의 경계라는 마음을 내지 아니하면 좋은 경계라 하려니와, 만일 성인의 경계라는 생각을 지으면 곧 여러 가지 사마邪魔의 홀림을 받으리라.

또 이 마음으로 맑고 깨끗함을 성취하되 마음을 깨끗이 하는 공부가 지극하여지면, 문득 시방 국토의 산과 강들이 부처님 세계를 이루어 칠보가 구족하고 광명이 가득함을 볼 것이니, 항하사 같은 부처님네가 허공에 가득하고 누각과 궁전이 화려함을 볼 것이요, 아래로는 지옥을 보고 위로는 천궁을 보는 것이 조금도 막힘이 없으리니, 이것은 좋아하고 싫어하는 생각이 날로 간절하여지다가 그 생각이 점점 오래되어 변화하여 되는 것일지언정 성인의 깨달은 경계는 아니니, 성인의 경계라는 마음을 내지 아니하면 좋은 경계라 하려니와, 만일 성인의 경계라는 생각을 지으면 곧 여러 가지 삿된 마의 홀림을 받으리라.

무엇인가 있는 듯한 경계는 모두 몸뚱이 착에서 벗어나지 못한 깨달음입니다.

올바른 깨달음과 잘못된 깨달음에 대해서 비교적 명쾌하고 상세히 기술된 선禪의 수행 지침서에서는, 깨닫지 못했으면서도 자신은 깨달았다고 착각하는 도인의 예를 다음과 같이 들고 있습니다.*

1. 좌선 상태에서 항상 졸고 있는 선사
2. 좌선 상태에서 항상 눈을 감고 있는 선사
3. 화두話頭는 타파하였지만 말할 때나 잠잘 때는 성품을 잊어버린다는 스승
4. 오도悟道하여 수행자를 지도하다 늙어 노망에 드는 선사
5. 화두는 타파하였지만 구경究竟에는 이르지 못하여 지금은 염불을 하고 있다는 선지식
6. 수행자의 공부가 행주좌와일여行住坐臥一如에도 이르지 않았는데, 묵언默言하라고 하거나 토굴 생활을 권유하는 스승
7. 아뢰야식을 확실히 모르는 선지식
8. 숙면일여熟眠一如의 검증법을 모르는 선지식 등.

---

* 姜丁眞, 『大自有人』(경서원, 1996)

아마도 이들 도인은 몸뚱이 착을 깨닫지 못했으며, 따라서 마음이 둘이 되는 것을 면할 수 없었을 것입니다.

그러면 참 깨달음은 어떠한 것인가?

'참 깨달음'은 중생심으로 볼 때 소득이 없는 것처럼 보일지 모릅니다. 또 도인은 수시로 기적을 나타내지만, 도인의 기적이란 너무도 자연스러워서 보통 사람의 눈에는 잘 띄지 않을 것입니다.

반면 아상에 착하여 알아진 것은 소득이 있는 것, 또는 기적을 나타내는 것처럼 보이겠지요. 부처님께서는 "수보리여, 진리 같은 것이라든가 신통한 것이 있어서 깨쳤다면, 절대로 연등 부처님께서는 나에게 수기를 주지 않았을 것이다."라고 하셨습니다.

왜 그런가 하니, 여래란 것은 모든 세상 우주의 뜻 그대로이기 때문이니라.

何以故오 **如來者**는 **卽諸法**에 **如義**니라.

직역하면 '여래라고 하는 것은 모든 법의 뜻과 같으니라.'가 되겠습니다. 다시 말해서 '여래라는 것은 다름 아닌 모든 세상 우주의 뜻 그대로다.'라는 것입니다. 이 말씀은 석가세존께서 미래세에 부처님이 되어 호를 석가모니라 하며, 중생을 제도할 것이라는 수기受記를 받은 것도, 마음을 닦았으므로 그렇게 될 수밖에 없는 것이었다는 뜻입니다. 그런데 원인 지은 결과를 어찌 석가세존이 수기를 받으신 사실에서만 볼 수 있겠습니까. 이 우주 삼라만상이 모두 다 세상 우주의 뜻, 자연의 뜻이라 할 것입니다.

세상에서는 노력하면 한 것만큼 결과가 따릅니다. 덜 좋은 짓을 하면 한 것만큼 결과가 오지요. 예를 들어서 내 얼굴이 이 모양인 것은 저절로 된 것이 아니라 무엇인가 원인이 있어서 되었다고 볼 수 있을 것입니다. 다시 말하면, 이 모양으로 된 것은 부처님의 뜻이라고 할 수 있는데, 이것이 바로 "여래자 즉제법 여의"입니다.

이 세상에서 일어나는 모든 것, 좋은 일이라든지 언짢은 일이라든지 복된 일이라든지 재앙이라든지, 모두가 다 원인이 있어서 일어나는 것이고 그것이 다 부처님의 뜻이라고 해석할 수 있습니다. 다음과 같은 이야기*를 생각해 봅니다.

고아원 원장과 초등학교 교장을 했던 분이 대화를 나누었다. 초등학교에서 가르쳤던 학생들은 자라고 나서 길에서 만나면 대체로 인사를 잘하는데, 이에 비해 고아원 원생들은 다 자란 다음 길에서 만나면 인사를 잘 하지 않는다는 것이다.

고아원 원장이 인사를 잘 하지 않는 것에 대한 불만을 어느 고명한 스님께 말씀드렸다. 그 스님께서는 오히려 "공부 잘했소."라고 하였다.

왜 공부를 잘했다고 했을까?

대체로 과거 생의 배은망덕한 마음이 원인이 되어 고아가 되는

---

* 김재웅, 『금강경 독송회 회보』 합본호

수가 많다고 한다. 이러한 마음이 있으면 인사하기가 쉽지 않다. 그러니까 고아원 원장은 이것을 잘 깨쳤으며 잘 보았다는 뜻으로, 스님께서는 공부 잘했다고 하였을 것이다.

이러한 것도 부처님의 뜻, 자연의 뜻이라고 말할 수 있습니다.

> **만약 어떤 사람이 말하기를 여래가 아누다라삼막삼보리를 얻었다고 한다면, 수보리여, 실로 법이 있다고 할 수 없으므로 부처님이 아누다라삼막삼보리를 얻었다고 할 수 있느니라.**
> **若有人**이 **言如來 得阿耨多羅三藐三菩提**라하면 **須菩提**여, **實無有法**일새 **佛**이 **得阿耨多羅三藐三菩提**니라.

앞서 해석한 것처럼 다른 사람들은 부처님이 아누다라삼막삼보리라고 하는 대단하고 엄청난 것, 보통 사람들이 얻지 못하는 최고의 지혜를 얻었다고 이야기합니다. 그런데 얻었다고 하는 부처님의 아누다라삼막삼보리는 자연스러운 것이요, 현실과 조화로운 것일 뿐 대단한 것이 아니며, 별것도 아니므로 현실(또는 사실) 이외의 별다른 것이 아니라는 말씀입니다. 분별이 있는 중생심으로 보니까 여래가 무엇을 얻은 것으로 보이지, 실제로는 얻은 것이 없습니다.

> **수보리여, 부처님이 얻은 아누다라삼막삼보리는 실됨도 없고 허함도 없느니라.**

須菩提여, **如來所得阿耨多羅三藐三菩提**는 **於是中**이 **無實無虛**니라.

‘부처님께서 아누다라삼막삼보리를 얻었다고 한다면 그것은 대단한 것, 신통한 것, 훌륭한 것 또는 엄청난 것이 아니다. 너희들이 상상하는 어떤 내용도 없다.’라는 뜻으로 무실無實이라 하셨습니다. 그러나 아무것도 없는 것(무실)이냐 하면, 그렇지는 않다(무허)는 것입니다. 실로 엄청난 것, 무량 무변 공덕이 있다는 뜻으로 무허無虛라 하신 것입니다.

본래 맑은 수정이 있는데 만약 수정 옆에 붉은 색종이가 있다면, 이 수정을 멀리서 보면 붉은색으로 보일 것입니다. 붉게 보이는 것은 수정 자체가 본래 붉은색이어서가 아니고, 색종이가 붉은색이기 때문입니다. 색종이만 치우면 맑고 무색투명한 본래 모습이 나타날 것입니다. 붉은 색종이는 본래 모습이 아니므로 ‘무실’이요, 비록 잘 보이지는 않으나 분명히 존재하는 수정은 ‘무허’로 비유할 수 있겠습니다.

이러한 연고로 여래가 말씀하시는 일체법이 다 불법이라고 하느니라.

是故로 **如來說 一切法**이 **皆是佛法**이니라.

우주의 삼라만상이 펼쳐진 것은 내 마음 닦은 대로의 표현이며,

이것이 그대로 불법佛法이라는 것이지요. 그러므로 불법이 이것 이외에 따로 있을 수 없다는 말씀이기도 합니다. 마음을 비우고 보면 현실이 다 불법입니다. 지금 그대로 질서정연하게, 모두 있을 자리에 있는 것입니다. 조선의 명재상 황희 정승의 일화를 통하여 좀 더 쉽게 이해할 수 있습니다.*

황희는 항상 똑바로 앉아서 책을 읽었습니다. 어느 날 갑자기 밖이 떠들썩해졌습니다. 여자 종들이 다투고 있었습니다. 그래도 황희는 책만 읽었습니다. 싸우던 여자 종 하나가 황희가 있는 방으로 와서 눈물을 흘리며 억울함을 이야기했습니다.

"…그러니, 삼월이가 분명 잘못했지요?"

잠자코 듣고 있던 황희가 말했습니다.

"네 말이 옳다."

이번에는 다른 여자 종이 들어와서 황희에게 고자질하였습니다.

"…분명 점례가 잘못한 것이지요?"

황희는 또 이렇게 말했습니다.

"네 말이 옳다."

두 여자 종은 멍하니 황희를 바라보았습니다. 모두 다 옳다니, 누가 그른지 알 수 없었습니다. 옆방에서 듣고 있던 부인이 문을 열고 들어서며 한마디 하였습니다.

---

* 김병태, 『황희』(꿈동산, 1991)

"아니, 대감. 세상에 그런 대답이 어디 있어요."

황희는 시치미를 떼며, "부인의 말도 옳구려." 하고 말했습니다.

두 여자 종과 부인은 웃음을 터뜨렸습니다.

탐진치를 잘 닦은 눈으로 보니 모든 것이 있을 자리에 다 있는 것으로 보였고, 삼월이, 점례, 그리고 부인의 주장이 다 부처님 법으로 보였기에 그러한 말을 하였을 것입니다.

마음속에 탐진치가 가득 차 있는 사람은 세상의 모든 일이 불공평하고 불만스러운 것으로 가득 차 보일 것입니다. 그러나 탐진치를 닦은 이는 모든 것이 잘 되어가는, 또는 완성된 모습으로 보일 것입니다. 실제로 이 세상에는 무상한 일, 부조리한 일은 하나도 없다고 합니다. 부처님께서는 모든 것은 영원한 모습이며, 있을 자리에 다 잘 있다는 뜻으로 『법화경』「방편품」에서 이렇게 말씀하셨습니다.

진리는 항상 진리의 자리에 있으며　是法住法位
세상의 모습 또한 항상 존재하네.　世間相常住

이것은 "일체법 개시불법"의 다른 표현이라 하겠습니다.

수보리여, 여기서 말하는 일체법이란 일체법이 아닐새 그러한 연고로 이름하여 일체법이라고 하느니라.

須菩提여, **所言一切法者**는 **卽非一切法**일새 **是故**로 **名**이 **一切法**이니라.

우리는 '일체' 혹은 '전체' 하며, 상대적으로 '부분이 있다.'라는 사고에 매우 익숙해져 있습니다. 그런데 본래 올바른 이치란 한 부분에만 적용되는 것이 아니고, 하나나 전부에 두루두루 통용되는 것이기 때문에 '다(모두)'라고 할 것도 없습니다. 본래 '다'라고 할 것도 없는데, 중생들은 나누어 보는 습習이 있어 '부분' 또는 '모두(다)'라고 한다는 것이지요. 그러니까 "이치가 본래 그런 것인데 '다'라고 할 것이 무엇이겠느냐? 다만 사람들이 '다'라고 할 뿐이다." 하시는 겁니다.

수보리여, 비유하면 사람의 몸이 크다고 하는 것과 같으니라.
수보리 존자가 말씀드리기를,
세존이시여, 여래가 말씀하신 '사람의 몸이 크다.'라고 하는 것은 곧 큰 몸이 아닐새 이것을 이름하여 크다고 하는 것입니다.
須菩提여, **譬如人身**이 **長大**니라.
須菩提言하되
世尊하, **如來說 人身長大**는 **則爲非大身**일새 **是名大身**이니이다.

'어떤 사람의 몸이 큰 것과 같으니라.'라고 비유하신 이 말씀은, 사람의 몸이 큰 것은 무엇인가 몸집이 클 만한 원인을 지어서 컸을 뿐이니 지극히 자연스러운 것이고 순리라는 뜻입니다. 그렇게 클 만한 원인을 지어서 커진 것이니까 크다고 할 것도 없다는 말씀입니다. 본래 클 만한 원인을 짓지도 않았는데 크다면 '클 만한 원인도 짓지 않았는데 왜 클까?' 하고 따져 보기도 하고 놀랄 만한 일로 받아들일 수도 있겠지요. 하지만 당연히 클 원인을 지어서 크다면, 놀랄 만한 일도 아니고 분별 낼 것도 없다는 이야기입니다.

다른 사람들은 키가 크다고 하고 때로는 놀라기도 합니다. 그러나 키가 큰 것은 원인에 따른 자연스러운 결과일 뿐입니다. 대체로 그 원인을 알지 못하는 사이에 심었기 때문에 키 큰 사람은 자기가 키가 크다는 생각을 내지 않겠지요. 이것을 "즉위비대신 시명대신"이라 하겠습니다.

수보리여, 보살도 이와 같아서 만약 '내가 마땅히 한량없는 중생을 멸해 제도한다.'라고 한다면 이는 곧 보살이라고 부를 수 없으니, 왜 그러한가 하면 수보리여, 실로 무슨 법이라고 할 것이 없음을 이름하여 보살이라고 하기 때문이니라.

須菩提여, **菩薩**도 **亦如是**하야 **若作是言**하되 **我當滅度無量衆生**이라하면 **則不名菩薩**이니 **何以故**오 **須菩提**여, **實無有法**을 **名爲菩薩**이니라.

보살의 눈에는 실제로 제도할 중생이 없어야 한다는 말씀이지요. 왜냐하면 보살은 모든 중생을 중생으로 보지 않고 부처님으로 보기 때문입니다. 그는 자신의 허물을 보고 고치려고 할 뿐, 중생의 허물은 보지 아니합니다. 보살은 자신의 마음을 부지런히 부처님께 향하려고 할 뿐, 외부의 일에는 탐내고 성내는 마음이 없습니다. 따라서 그는 중생의 본래 모습을 볼 수 있습니다.

중생의 본래 모습은 부처님입니다. 형상이 없는 부처님의 모습입니다. 이렇게 중생을 부처님처럼 볼 수 있는 것은 탐내고 성내는 마음이 없기 때문입니다.

실무유법을 행하는 이를 이름하여 보살이라고 합니다. '실무유법'이란 탐내고 성내는 일을 아니한다는 뜻입니다.

중생들은 종종 탐내고 성내기 때문에 상대의 참모습을 볼 수 없습니다. 상대를 부처로 보지 못함은 물론이려니와, 때로는 개나 돼지로 보기도 합니다. 다 자신의 마음만큼 보는 것이라 하겠지요. 회룡사에서 전해오는 다음과 같은 이야기를 생각해 봅니다.*

이태조와 무학 대사가 회룡사에서 휴식하고 있을 적이다. 때는 여름철, 푸른 나무 짙은 그늘이 푸른 비단 장막으로 천봉만학을 둘러 덮고 그 속에서 뻐꾹새, 꾀꼬리가 지저귀며 날씨도 매우 화창했다. 태조는 이런 산속에서 세상 모든 생각을 다 잊고 하루라도 소일한다는 것이 마치 신선이 된 것 같았다. 그때 무학 대사와 함께 농담이라도 하면서 한번 웃고 싶었다.

---

* 이종익, 『무학대사』(보련각, 1981)

"스님"

"예, 말씀하십시오."

"오늘 이 고요한 산속에 있고 보니 좀 심심하기도 하고, 스님과 무슨 해학(유머)이라도 하면서 하루를 유쾌하게 지내고 싶소이다."

무학 대사는 빙그레 웃으며

"좋도록 하시지요."

"그런데 오늘 이 자리에 쥐도 새도 없고, 오직 스님과 과인 두 사람뿐이니 아무런 말을 해도 새지 않을 것입니다. 그러니 서로 상대방을 가장 못생긴 것으로 조롱하는 농담을 합시다."

무학 대사는 또 한 번 빙그레 웃으면서

"그렇게 하시지요."

"그러면 스님이 먼저 과인에게 조롱하여 보시지요."

"아니, 마마께서 먼저 하십시오."

"그러지요." 하고는 무학 스님을 바라보면서

"과인이 스님을 바라보니 굶주린 개가 측간을 바라보는 형상이며, 멧돼지가 산비탈을 지고 가는 모양이구려."

"예, 그러하옵니까? 산승은 마마를 바라보오니 꼭 부처님 같사옵니다."

태조는 오히려 불쾌히 여기면서

"오늘 이 자리에서는 서로 욕지거리라도 하면서 한번 웃자는 것이온데 어찌 그 약속대로 하지 않습니까?"

"약속대로 하지 않은 것이 없사옵니다."

"과인은 스님을 기구망측지상 산저부우지상飢狗望厠之象 山猪負隅之象이라고 욕설하였는데, 어찌하여 스님은 과인을 부처 같다고 하십니까?"

"예, 부처님 눈으로 보면 부처로 보이는 것입니다. 용의 눈으로 보면 용으로 보이고요."

이 말을 들은 태조는 깜짝 놀라며 말했다.

"과인이 졌소이다."

재미있는 이태조와 무학 대사의 해학 속에, 참으로 엄숙한 금강경의 진리가 담겨 있습니다.

이런고로 부처님이 말씀하신 일체법이란 나도 없고, 남도 없고, 중생도 없고, 수자도 없는 것이다. 수보리여, 만약 보살이 말하기를 '내가 마땅히 부처님의 세계를 장엄한다.'라고 한다면 이는 보살이라고 할 수 없을 것이니, 왜냐하면 여래가 말씀하시는 '부처님 세계를 장엄한다.' 함은 곧 장엄이 아니요, 그것을 이름하여 장엄이라고 하기 때문이니라. 수보리여, 만약 보살이 '내가 없는 법'을 통달할 것 같으면 이 사람이 여래께서 말씀하시는 참 보살이니라.

是故로 佛說一切法이 無我無人無衆生無壽者니라. 須菩提여, 若菩薩이 作是言하되 我當莊嚴佛土라하면 是不名菩薩이니 何以

故오 如來說 莊嚴佛土者는 卽非莊嚴일새 是名莊嚴이니라. 須菩提여, 若菩薩이 通達無我法者ㄴ데는 如來說 名眞是菩薩이니라.

"이런고로 부처님이 말씀하신 일체법이란 나도 없고, 남도 없고, 중생도 없고, 수자도 없는 것이다."라고 하신 이 말씀은 일체의 모든 법은 결국 무아無我에 귀착된다는 뜻입니다. 그러니까 세상의 모든 것에 대하여 아상 인상 중생상 수자상을 가질 이유가 없다는 것이지요. '너의 눈에 보이는 모든 사물 또는 너에게 올라오는 모든 생각이나 이치는 따질 필요가 없다. 궁리할 필요도 없다. 다 있을 자리에 있는 것이다.'라는 말씀입니다. 다시 말해서 '나'라는 생각을 하면 모든 것에 분별이 생겨나니, 실제로 할지언정 '내가 한다.'라는 생각은 하지 않아야 한다는 것입니다.

모든 분별을 부처님께 바치는 것을 장엄 불토라고 하겠지요. 마음속의 모든 분별을 부처님께 바치는 것은 몸뚱이 착을 거스르는 행위로, 보통 사람들은 '쉽지 않은 일'로 받아들여 분별심을 내고 이름을 지으며 '지극히 어려운 일'이라고 하지만, 바치는 것이 습관이 된 사람에게는 '본래 가야 할 길'이며 '당연히 해야 할 일'이 됩니다. 분별을 쉬는 것이 자연스러운 것이며, 장엄이라고 분별을 낼 필요도 없다는 뜻으로 "즉비장엄 시명장엄"이라고 하신 것입니다.

결론적으로 말씀하십니다.

"수보리여, 만약 보살이 '내가 없음'을 통달할 것 같으면, 이 사람이 여래께서 말씀하시는 참 보살이니라."

통달무아법자通達無我法者는 부처님께 바치는 것이 습관이 된 것을 말하며, 무엇을 하겠다고 하거나 재주를 부리지 말라는 뜻도 있습니다. 우리는 무언가 하지 않으면 마음이 편치 않고 불안합니다. 가만히 있으려고 해도 가만히 있지 못합니다. 그리하여 무언가를 하여 조금 되면 만족해하고, 안 되면 위축됩니다.

새롭게 할 것 없이 바치기만 하면 되는데, 무언가 하려고 하는 것은 우리 마음에 바쳐야 할 업보가 많기 때문입니다. 이 우주 삼라만상은 질서정연하고 있어야 할 자리에 다 있어서 더 이상 분별을 낼 필요가 없으며, 있는 그대로가 다 부처님의 법인데 그것을 모르고 분별을 낸다는 것입니다.

"통달무아법자 여래설 명진시보살"에는 '새롭게 하려고 할 것이 없다. 너의 분별만 잘 바치면 그대로 장엄 불토다.'라는 뜻도 있습니다.

18

모든 사람을 부처님으로 보라

第十八 一體同觀分

수보리여, 어떻게 생각하느냐? 여래는 육안이 있느냐?

그렇습니다. 세존이시여, 여래는 육안이 있습니다.

수보리여, 어떻게 생각하느냐? 여래는 천안이 있느냐?

그렇습니다. 세존이시여, 여래는 천안이 있습니다.

수보리여, 어떻게 생각하느냐? 여래는 혜안이 있느냐?"

그렇습니다. 세존이시여, 여래는 혜안이 있습니다.

수보리여, 어떻게 생각하느냐? 여래는 법안이 있느냐?

그렇습니다. 세존이시여, 여래는 법안이 있습니다.

수보리여, 어떻게 생각하느냐? 여래는 불안이 있느냐?

그렇습니다. 세존이시여, 여래는 불안이 있습니다.

須菩提여, 於意云何오 如來 有肉眼不아

如是니다. 世尊하, 如來 有肉眼이시니이다.

須菩提여, 於意云何오 如來 有天眼不아

如是니다. 世尊하, 如來 有天眼이시이니다.

須菩提여, 於意云何오 如來 有慧眼不아

如是니다. 世尊하, 如來 有慧眼이시니이다.

須菩提여, 於意云何오 如來 有法眼不아

如是니다. 世尊하, 如來 有法眼이시니이다.

須菩提여, 於意云何오 如來 有佛眼不아

如是니다. 世尊하, 如來 有佛眼이시니이다.

금강경 17분은 "약보살 통달무아법자 여래설 명진시보살"로 끝맺었는데, '실제로 나라는 것은 없다. 그러니 너희들 마음을 비워라. 모든 중생을 다 부처님 만들어라.' 하는 말씀이었습니다. 보통 사람들은 여기까지 듣고 생각하기를 '부처님께서는 마음을 비우라는 말씀도 하시고 또 이 경을 읽으면 공덕이 무량무변하다는 말씀도 하셨는데, 부처님 자신에 대한 말씀은 없지 않은가? 부처님께서는 이렇게 닦으셔서 얼마나 좋아지셨나, 얼마나 밝으신가?' 하며 부처님에 대해 궁금해 할 것입니다.

부처님께서는 당신의 닦으신 정도를 보여주는 것은 이 경을 읽는 사람에게 동기 부여도 되고 격려도 되는 좋은 자극제가 될 수 있다고 생각하시고, "나는 중생이 가진 눈 이외에 네 가지 눈이 있으며, 내가 닦아서 밝아진 정도가 어느 정도인가 하면, 무량아승기 중생의 마음을 낱낱이 다 안다."라는 말씀을 하신 것으로 이해할 수도 있을 것입니다.

부처님의 오안五眼과 밝으신 정도에 대한 말씀을 들으며 공부하는 우리는 '마음을 닦으면 이렇게까지 될 수 있는가 보다.'라는 생각이 듭니다. 여래께서 육안肉眼이라고 하는 보통 중생이 갖는 눈 뿐만 아니라 가장 밝으신 불안佛眼까지도 가지고 있음을 설하신 뜻은, 공부하는 보통 사람들도 닦는 정도에 따라 불안까지도 가질 수 있다는 가능성을 말씀하신 것이며, 다섯 개의 모든 눈이 마음 닦아지는 정도에 따라 나타나는 것일 뿐, 각각 존재하는 것이 아니고 한 가지임을 일러주시는 것이기도 합니다.

육안肉眼은 몸뚱이가 가지고 있는 눈을 말합니다. 동물들도 똑같이 가지고 있는 그런 눈이지요. 육안으로는 사물을 봅니다. 몸뚱이가 가지고 있는 일차적인 감각, 즉 '안이비설신'으로 아는 것을 대표하는 것이 육안이라고 하겠습니다. 천안天眼은 눈에 보이지 않는 어떠한 형태를 보는 눈을 말합니다. 이것은 마음의 눈이라고도 부르는데, 벽 너머의 감나무를 보는 것이라든가 산 너머의 노루를 보는 것 따위이지요. 혜안慧眼은 지혜의 눈 또는 밝은 눈이라고도 합니다. 사물을 있는 그대로만 보는 것이 아니라, 겉으로 나타난 사물을 통해서 어떤 판단을 내리는 것을 말합니다. 미래를 내다볼 수 있는 눈이지요. 다음과 같은 이야기를 통하여 어느 것이 천안이고 어느 것이 혜안인지 검토하여 보기로 합니다.*

중국의 원천강袁天綱 선생이 자사로 부임하였을 때의 일이다. 지은 지 오래된 관청 건물이 곧 무너지게 생겨서 중수하게 되었다. 그래서 그 고을에서 나는 큰 나무를 잔뜩 거두어들여 그중에서 대들봇감을 골라 놓았다. 대들봇감이 얼마나 크고 튼튼하게 생겼는지 선생의 생각에 한 천 년은 가겠다 싶었다. 그러나 그것은 생각일 뿐이었고…. 보니까 얼마 안 가서 사고가 나게 생겼다. 그만 대들보가 부러져서 사람 둘이 죽을 판이었다.

선생은 황급히 목수에게 궤짝을 짜게 하였다. 그러고는 종이에 다섯 자씩 두 줄을 적었다. 선생은 종이를 접어 궤짝에 넣고 못질시키고는 "만일 내 직계 손이 죄를 짓고 이 고을에서 재판받게 되거든 이 유서를 자사에서 보여라." 하고 일러두었다.

선생이 세상을 떠나고, 구대九代 종손이 살인죄로 잡혀 와서 재판을 받게 되었다. 집안에서는 자사에 탄원하였다.

"이 사람이 유명한 원천강 선생의 구대 직계 손인데, 그분이 이러한 일을 미리 아시고, 그에 대한 말씀을 남기셨으니 보아주십시오."

"그럼, 유서를 모셔 오너라."

유서가 든 궤짝을 가져오는데 동헌 마루에 높이 앉아 있자니 어쩐지 자사의 마음이 편치 않았다. 유명한 전임 자사의 말씀이

---

* 탄허 스님, 『부처님이 계신다면』(교림, 1983)
이 이야기는 소강절, 율곡 이이 선생님의 일화로 알려져 있기도 하다.

오신다니 일어서서 받는 게 좋을 듯하였다. 자사가 마루에서 뜰로 막 내려서는데 그만 대들보가 딱 부러졌다. 마루에 앉아 있었더라면 자사는 꼼짝없이 대들보에 깔려 죽었을 터였다. 사람들은 놀라며 유서를 뜯어 보았다.

> 그대가 대들보에 깔려 죽을 것을 내 구해주었으니,
> 그대는 나의 9대손을 살려 주시게나.
> 구여압량사 활아구대손救汝壓梁死 活我九代孫

대들보를 볼 때 대들보만 보는 것은 육안입니다. '대들보가 머지않아 부러질 것이다. 그리고 이 대들보로 인하여 그 고을의 자사가 죽을 것이다. 또 이때 자신의 구대 손도 살인죄로 죽게 될 것이다.' 라고 알 수 있는 눈은 바로 마음의 눈, 천안이라고 봐야 할 것입니다. 그리고 그 천안을 기본으로 해서 혜안이 나올 수 있겠지요. 수백 년 후에 그 고을의 원님과 자손이 죽을 것을 살릴 수 있다는 판단은 혜안입니다.

여기서 한발 더 나아가, 밝은 눈(慧眼)으로 사물의 이치를 비추어 보아 이를 깨닫거나 종합하는 지혜를 법안法眼이라고 합니다. 불안佛眼은 사물의 이면에 숨겨진 은밀한 이치를 보는 것이며, 또 중생을 제도하시는 입장에서 보는 눈이라 하겠습니다.

금강경 14분에서 "부처님의 지혜로 이 경을 수지독송하는 사람들이 모두 다 무량 무변 공덕을 얻음을 보느니라." 하신 말씀이라든지, 16분에서 "이 경을 수지독송하되 다른 사람으로부터 업신여김을 받는다면, 이 사람은 전생에 지은 죄업으로 악도에 떨어지련만, 금세인의 경천을 받는 연고로 전생에 지은 죄업을 소멸하고 반드시 최상의 지혜를 얻게 되느니라." 등은 불안으로 보신 예가 될 것입니다. 모든 중생이 다 부처의 모습으로 보이고, 모든 것이 다 되어지는 것으로 보이고, 언젠가는 해탈을 얻을 것으로 보이는 것은 제도하시는 입장에서 본 시각으로, 바로 부처님의 눈(佛眼)이라 할 것입니다.

육안은 무상하고, 혜안 법안 불안은 육안과 달리 영원할 것으로 여겨집니다. 그런데 이 오안이 모두 다 제각각 다른 것이냐 하면, 그렇지는 않은가 봅니다. 적어도 본다는 성품, 안다는 성품에서는 동일합니다. 영원하다는 점에서도 동일합니다. 『능엄경』을 보면, 보는 성품이 영원함을 다음과 같은 비유로 설명하고 있습니다.

부처님께서 불심이 돈독한 바사닉 왕에게 말씀하셨습니다.

"대왕이여! 그 무상한 몸 가운데 무상하지 않은 것이 있는 줄 아는가?"

바사닉 왕은 부처님의 이 말씀을 듣고 합장하고 여쭈었다.

"알지 못하나이다."

"내가 이제 나고 멸하지 않는 성품을 보여주리라. 대왕의 나이 몇 살 때 항하수를 보았는가?"

"제 나이 세 살 때 어머니를 따라 보았나이다."

"몸뚱이는 스무 살 때에 열 살보다 늙었고, 지금 예순 살에는 더욱 늙었을 터인데 세 살 때 보던 물과 열세 살 적에 보던 것과는 어떠한 차이가 있던가?"

"세 살 적과 똑같아서 조금도 달라지지 아니하였사오며 지금 예순두 살이지만 세 살 적이나 조금도 다름이 없나이다."

"대왕이 지금 머리카락이 하얘지고 낯이 쭈그러짐을 싫어하거니와, 낯은 어렸을 적보다 쭈그러졌을망정, 지금 항하수를 보는 정기도 어려서 보던 것보다 늙어졌는가?"

"그렇지 않나이다. 세존이시여."

"대왕의 낯은 비록 쭈그러졌을망정 보는 정기는 쭈그러지지 아니하였나니, 쭈그러지는 것은 변하려니와 쭈그러지지 않는 것은 변치 아니할 것이며, 변하는 것은 없어지려니와 변하지 않는 것은 없어질 것이 아니어늘, 어찌하여 죽은 뒤에는 아주 없어진다는 주장을 되풀이하는가?"

이 글은 육안은 무상하지만 보는 성품은 영원하다는 것을 나타내고 있습니다. 보는 성품만 영원하냐 하면, 듣는 성품도 그렇고 안이비설신의眼耳鼻舌身意가 다 그렇다는 것입니다. 마찬가지로 육안만 그러하냐 하면, 천안도 그러하고 혜안 법안 불안도 보는 성품이요, 그 보는 성품, 아는 지혜는 영원할 것입니다. 결국 육안이나 불안이나 보는 성품, 그 뿌리는 하나고 영원하다는 점에서 맥을 같이합니다.

우리의 눈(육안)은 여러 가지 사물을 있는 그대로 봅니다. 방안의

에어컨이나 시계 또는 앉아 있는 우리의 모습을 봅니다. 그러나 이 것들이 실제로 있는(존재하는) 것인 줄로 아는 한, 거기에 매달려 우리 속에 있는 영원한 것을 볼 수 없습니다. 눈에 보이는, 외부에 있는 것이 틀림없이 존재하는 것으로 보이고 대단한 것으로 느껴질수록, 자기 속에 있는 보는 능력은 감퇴합니다. 이와는 반대로 육안으로 보이는 것들이 뜬구름같이 느껴질수록, 보통 때에 못 보던 것들을 더욱 잘 볼 수 있을 것입니다.

마음의 분별심을 닦음에 따라 눈에 보이는 것들이 점차 무상하게 느껴지고 뜬구름 같이 생각되면서, 보는 범위가 더 넓은 천안으로 발전될 것입니다. 무엇이 실제로 있다고 생각하는 한, 우리는 그것밖에 보지 못하게 됩니다. 외부의 것이 무상하다는 생각이 들지 않으면, 즉 무상을 깨닫지 않고는 천안은 열리지 않을 것입니다. 여기서 미국까지 굉장히 멀다고 생각하는 한, 미국을 여기처럼 볼 수 없을 것입니다.

실제로 있다고 느낀다면, 예를 들어 실제로 벽이 있다고 본다면 벽 너머에 있는 것들이 보이지 않을 것입니다. 그러나 없다는 것이 자기에게 실實답게 되어 육안으로 보이는 것이 실체가 아니고 허상이라고 인식되면, 상대적으로 마음의 범위가 더욱 커지며 천안으로, 혜안으로, 나아가서는 불안으로도 발전할 것입니다.

그러면 육안과 불안이 다른 것이냐 하면, 분별심으로 보니까 나누어 보이지 사실은 더욱더 밝아져서 뚜렷해졌을 뿐, 육안이나 불안이 둘이 아니고 모두 하나라는 뜻으로 옛 현성들이 '일체동관一

體同觀'이라고 부제를 붙였을 것입니다.

수보리여, 어떻게 생각하느냐? 항하에 있는 모래를 여래는 설하신 적이 있느냐?
그렇습니다. 세존이시여, 여래는 그 모래를 말씀하셨습니다.
수보리여, 어떻게 생각하느냐? 한 항하에 있는 모래 수만큼의 항하, 그 모든 항하에 있는 모래 수만큼 부처님의 세계가 있다면, 그 부처님 세계가 많으냐, 어떠냐?
매우 많습니다. 세존이시여.
부처님께서 수보리 존자에게 이르시기를,
그렇게 많은 국토(부처님의 세계)에 있는 모든 중생이 가지고 있는 약간의 마음까지도 여래는 낱낱이 다 잘 아시느니라.
須菩提여, 於意云何오 如恒河中所有沙를 佛說是沙不아
如是니다. 世尊하, 如來說 是沙니다.
須菩提여, 於意云何오 如一恒河中所有沙有如是等恒河是諸恒河所有沙數佛_世界如是가 寧爲多不아
甚多니다. 世尊하,
佛告須菩提하사되
爾所國土中所有衆生의 若干種心을 如來悉知하시나니,

부처님께서는 "어떻게 생각하느냐, 한 항하에 있는 모래 수만큼의 항하, 그 모든 항하에 있는 모래 수만큼의 부처님 세계가 있다

면 그 부처님 세계가 많으냐, 어떠냐?" 하고 물으신 후 "부처님의 세계가 그렇게 많더라도, 그렇게 많은 국토에 있는 모든 중생이 가지고 있는 가지가지의 마음들을(약간 가지고 있는 마음까지도) 여래는 낱낱이 다 아시느니라."라고 하셨습니다.

한 항하에 있는 모래, 이 모래 수만큼의 항하, 그 항하에 있는 모래 수만큼이니 얼마나 많겠습니까. 그리고 그만큼의 부처님 세계 안에 있는 중생은 또 얼마나 많겠습니까? 한 중생의 마음속에도 생각이 평생 가지가지 많은데, 그 많은 중생의 그 많은 생각을 부처님께서는 다 아신다고 하셨습니다. 가지고 있는 약간의 마음(若干種心)까지도 다 아신다고 하셨습니다.

자신의 분별이 본래 없는 것을 깨닫게 되면 영원성은 더욱 뚜렷해지고, 육안으로 보는 대상 또한 더욱 꿈과 같이 느껴지며 왜소하게 느껴지고, 따라서 보는 범위가 넓어질 것입니다. 그때는 마치 높은 산봉우리에 오르면 계곡과 산세의 모습이 낱낱이 보이듯 그 정체가 분명히 드러나, 분명하게 실체를 깨닫게 될 것입니다. 그러니까 조금 심어놓은 마음, 즉 아래의 작은 봉우리부터 계곡의 모습까지도 다 낱낱이 볼 수 있다는 것이지요. 높은 봉우리에서 내려다보면 아래서 생각했던 모습과는 상당히 다르겠지요.

왜냐하면 여래가 설하시는 모든 마음이라고 하는 것은 마음이 아니라 이름이 마음이기 때문이니라. 왜 그런가 하면 수보리여, 과거의 마음도 얻을 수 없고, 현재의 마음도 얻을 수 없으며,

미래의 마음도 얻을 수 없는 것이기 때문이니라.

何以故오 如來說 諸心이 皆爲非心일새 是名爲心이니라. 所以者何오 須菩提여. 過去心不可得이며 現在心不可得이며 未來心不可得이니라.

산 아래서 생각했던 마음은 산 위에서 보면 다르다고 해서, 또 다르게 보아야 한다고 해서 "여래설 제심 개위비심 시명위심"이라고 하신 것입니다. 실제로 우리가 느끼는 마음은 '모르는 마음', 즉 망념이요, 이 마음을 망념으로 볼 수 있는 것은 '아는 마음'이라 하겠습니다.

"과거심불가득 현재심불가득 미래심불가득"은 바로 모든 마음이 망념임을 설명하는 표현으로, 과거는 이미 지나 잡을 수 없으니 과거심은 죽은 마음이요, 미래는 아직 오지 않은 헛된 것이니 미래심은 허한 마음이요, 또한 현재는 잠시도 머무르지 않는다는 뜻이겠지요.

그러니까 '과거심불가득 현재심불가득 미래심불가득'의 수행은 모든 마음(諸心)이 '개위비심 시명위심'임을 알게 하는 것이고, 이것은 밝아지는 수행 방법이 되는가 봅니다. 마치 여래께서 수많은 중생의 약간종심若干種心을 알 수 있는 밝음을 얻은 것처럼 말입니다.

'과거심불가득 현재심불가득 미래심불가득'은 어둠에서 깨어 밝아지라는 가르침입니다. 취해 있지 말고 늘 깨어 있으라는 가르침이라 할 수 있지요. 다른 말로는 분별심을 갖지 말라는 가르침이라고 할 수도 있고 무아無我의 증득證得 방법을 설하신 것이라고 할 수 있습니다.

이렇게 말씀드리면 처음의 부처님 말씀보다 조금 더 이해하기 쉽긴 하지만 아직도 개념이 와닿지 않는 너무 넓은 뜻이어서 잘 이해할 수 없을 것입니다. 다음의 글은 실생활에서 위와 같은 부처님의 말뜻을 이해하는 데 도움이 될 것입니다.*

근심과 걱정은 인간 최대의 적으로, 진보를 방해합니다. 과거에 일어났던 일의 공포, 미래에의 공포는 전진을 거부합니다.

수년 전에 나는 몹시 병든 C씨의 상의를 받았습니다. 그의 병은 미칠 듯한 공포 때문이라는 것을 알았습니다. 그는 청년 시절에 과실을 범하여 그 죄과로 교도소에 갔었습니다. 석방된 뒤에도 그치지 않는 공포를 가지고 살아왔습니다. 과거가 발각될까 봐 겁쟁이가 되어 버린 것입니다. 과거를 조사받아야 하는 지위라면 실업계의 어떤 좋은 의자에도 앉으려고 하지 않았습니다. 그런 까닭에 고용주를 가끔 바꾸지 않으면 안 되었습니다. 그것은 C씨가 훌륭하고 유능한 사람, 때때로 지위 승진에 화제로 오를 만한 사람이었기 때문입니다.

더구나 그는 결혼하여 좋은 가정을 꾸리고 있었습니다. 병들기 몇 달 전부터 실적이 좋은 큰 회사에 근무하였으며 급속히 지위

---

* 단 카스터, 『정신력의 기적』(현암사, 1977)

가 올라갔습니다. 만사가 잘 되어 가고 있었습니다. 그런데 승진이 눈앞에 다가오니 신원증명서를 낼 것이 두려워서 병이 난 것입니다. 이렇게 몇 년이라는 세월을 C씨는 비참한 노예와 같은 생활에 시달렸습니다.

이와 같은 과거의 죄과, 돌아오지 아니한 미래에의 불안에 대해서 저자는 다음과 같은 처방을 내리고 있습니다.

정신은 당신이 가진 최대의 힘입니다. 신념에 기인하여 당신은 항상 정신의 힘을 사용하고 있습니다. 믿는 힘은 당신의 최대의 재산 중 하나입니다. 어떻게 믿을 것인가, 무엇을 믿을 것인가를 선택할 권리는 대생명력이 당신에게 준 최대의 선물입니다. 정신을 사용하는 일에 의거하여, 사고의 습관에 의거하여 운명을 지향할 수 있고, 또 하는 것입니다. 나쁜 일, 병, 실패 혹은 불행을 믿는 것은 무한한 정신력을 당신 자신에게 거슬러서 쓰는 일입니다.

자기 자신을 향하여 "왜 나는 부정적인 신념을 가지는 것인가? 왜 나는 겁내는 것인가? 그것은 단순히 사고의 버릇에 불과한 것인가? 나는 정말 멈추어 서서 나의 신념을 분석하였는가? 나의 현재의 신념은 합리적인 기초 위에 있는가?"라고 물어보는 것도 좋은 일입니다.

그리고는 자신에게 이렇게 말씀하십시오.

"대생명력은 보편의 선으로써 그 자신을 나에게 부어 준다. 내가 무엇일지라도 선으로 둘러싸여 있다. 대생명력이 내가 된 것이다. 그것은 항상 나를 버티어 준다. 나는 지금 좋은 것을 받아들인다. 아무것도 겁낼 것은 없다. 내 생각이 세계에서 최대의 위력을 지휘한다. 나의 좋은 생각은 좋은 것만을 나에게 끌어 붙인다. 나에게 좋은 것, 남에게 좋은 것만을 생각하기 때문이다. 나에게서 나가는 것은 반드시 나에게 돌아오지 않으면 안 된다."

과거에 대해 걱정하고 미래에 대해 불안해하기보다는, 현재의 자기 마음을 가지런히 하기만 하면 된다는 것을 '대생명력에의 믿음'과 '신념의 위력' 등으로 구체적이고 실감 나게 기술하고 있습니다.

이렇게 하면 더욱 깊고 포괄적인 뜻이 되겠지요.

"과거는 지난 것이니 과거심을 연습하면 죽은 마음의 연습이요, 미래는 돌아오지 않은 것이니 돌아오지 아니한 미래를 궁리하는 것은 허한 마음의 연습이다. 현재 현재에 부처님을 향한다면 미래는 완전할 것이다."

19

법계는 두루 통해 있다

第十九 法界通化分

수보리여, 어떻게 생각하느냐? 만일 어떤 사람이 삼천대천세계에 가득 찬 칠보로 보시한다면 그가 이 인연으로 얻게 되는 복덕이 많겠느냐?
그렇습니다. 세존이시여, 이 사람은 이러한 인연으로 얻는 복덕이 매우 많을 것입니다.
수보리여, 만일 복덕이 실다운 모양이 있을진대는 여래는 복덕이 많다고 이야기하지 않고, 복덕의 모양이 없기 때문에 복덕이 많다고 하시느니라.

須菩提여, 於意云何오 若有人이 滿三千大千世界七寶로 以用布施하면 是人이 以是因緣으로 得福이 多不아
如是니다. 世尊하, 此人은 以是因緣으로 得福이 甚多니다.

須菩提여, **若福德**이 **有實**인데는 **如來 不說得福德多**니, **以福德**이 **無故**로 **如來說 得福德多**니라.

금강경 17분에서 부처님께서는 부처님이 얻은 법은 실다움(꾸밈이나 거짓이 없이 참됨)도 없고, 그렇다고 하여 아무것도 없는 것도 아니라는 뜻으로 '무실무허無實無虛'를 말씀하셨습니다. 부처님께서 '형상이 있는 것은 허망한 것'이라는 이야기를 수없이 반복해서 말씀하셨지만, 중생들은 수많은 세월을 통하여 해왔던 습習 때문에 보이는 것에는 실다운 그 무엇이 있을 것이라고 생각하며 자꾸 찾고 있습니다. 그래서 이 19분에서도 간결하고도 분명하게 '복덕이 많다고 하지만 허망한 것이다. 실다운 것은 없다.'라고 반복하여 설하십니다.

『열반경』에서도 다음과 같이 말씀하십니다.

모든 행은 다 떳떳하지 아니하여 생하고 멸하는 것이다.
제행무상 시생멸법 諸行無常 是生滅法

보시와 그로 인한 과보, 설령 그 과보가 아무리 많다고 한들, 나고 죽음이 있으니 얼마나 실답겠느냐는 것입니다. 그래서 다음과 같이 말씀하신 것입니다.

복덕이 있는 것 같으면, 若福德有實
복덕이라고 할 수 없다. 如來不說得福德多

'생겼다가 없어졌다' 하는 복이 많은 것이 아니라면, 어떠한 것이 참으로 복이 많은 것인가요? 아마도 진정 많은 복은 '생겼다가 없어졌다' 하지 않을 것입니다.

> 생과 멸이라는 분별심만 바치면 곧 고요하고 즐거우리.
> 생멸멸이 적멸위락 生滅滅而 寂滅爲樂

생과 멸이 없는 복, 그 복은 아마도 형상이 없는 복이라 할 수 있고, 이러한 복이야말로 참으로 영원하다 할 것이며 많다고 할 것입니다. 따라서 이렇게 말씀하셨습니다.

> 복덕에 형상이 없다면, 以福德無故
> 이것이야말로 복덕이 많은 것이다. 如來說得福德多

설산동자의 수행을 나타내는 『열반경』 사구게처럼, 19분의 이 내용 역시 또 하나의 금강경 대의를 나타내는 사구게로서 다음과 같이 엮어봅니다. 앞부분이 무실無實의 내용을 표현한 것이라면, 뒷부분은 무허無虛를 설명하는 것이라 하겠습니다.

> 복덕이 많아 보이는 것은 복덕이 많은 것이 아니요,
> 많다 적다 분별이 없는 곳에 참 많은 복이 있다.

20
일체의 색과 상을 떠나다
第二十 離色離相分

수보리여, 어떻게 생각하느냐? 구족한 색신(32상을 갖춘 훌륭한 외모)만을 보고서 부처님이라 할 수 있겠느냐?
아닙니다. 세존이시여, 구족한 색신만을 보고 부처님이라 할 수 없습니다. 왜냐하면 부처님이 말씀하시는 구족색신이라고 하는 것은 구족색신이 아니고, 그 이름이 구족색신이기 때문입니다.
須菩提여, 於意云何오 佛을 可以具足色身으로 見不아
不也니다. 世尊하, 如來를 不應以具足色身으로 見이니 何以故오 如來說 具足色身은 卽非具足色身일새 是名具足色身이니이다.

훌륭한 외모를 얻는 방법이 있을까요? 훌륭한 외모를 가지는 것도 큰 복이라 할 수 있습니다. 만일 못생긴 사람이 후천적인 노력만으로 예뻐질 수 있다면, 틀림없이 수많은 사람이 그 비법을 찾으려고 각고의 노력을 쏟을 것입니다.

과연 미인이 되는 비법이 있을까요?

무엇을 이루는 방법으로 물리적인 노력이나 정신적 또는 종교적인 방법 등을 포함하여 세 가지 유형類型을 생각해 볼 수 있습니다. 두 가지는 보통 사람들도 상상할 수 있지만, 나머지 하나는 상상하기 어려워 유형의 범위에 들지 않는다고 하겠습니다.

첫 번째, 물리적인 노력에 의한 목표 달성입니다. 얼굴이 못난 사람이 미인이 되고 싶은 경우, 보통 사람들이 가장 떠올리기 쉬운 방법은 성형수술입니다. 요즘은 성형수술의 방법이 발달해서 별 부작용 없이 미모의 얼굴로 바꿀 수 있습니다. 성형수술의 방법이 더욱 발달한다면, 비단 미인의 모양을 만들 뿐만 아니라 도인의 틀도 나게 할 수 있고 부자의 틀이나 대통령의 틀도 나게 할 수 있을지 모릅니다. 이렇게 물리적인 변형에 의해서 외모를 바꾸는 것은 우리가 아는 가장 쉽고 확실한 목표 달성 방법이라고 하겠습니다.

두 번째, 신념과 기도를 이용한 방법입니다. 어떠한 종교를 믿건, 마음에 그리는 대로 결과가 이루어지는 실례를 도처에서 발견할 수 있습니다. 마음속에 성공을 그리면 성공을 이루게 되고, 건강을 상상하면 건강을 얻게 된다는 것입니다. 아직 일부의 사람들은 이러한 정신적인 성취 방법을 재현성(再現性, reproducibility)이 결여된 비과학적인 방법이라며 믿기를 거부하고 있습니다만, 그럼에도 이에 대한 믿음은 첨단 과학기기의 도움을 얻어 점차 보편화되고 확산되는 추세입니다. 많은 나라에서 이러한 방법을 동원하여 고도의 정보 전략산업으로 활용하고 있는 것도 사실입니다.

기도나 신념으로 이룬 다음과 같은 기적적인 이야기는 있을 수 있는 일입니다. 이 글을 읽고 믿을 수 있게 된다면, 우리가 목표로 하는 어떠한 일도 이와 유사한 방법으로 모두 이룰 수 있다는 결론에 도달할 것입니다.

피에르도 래더는 벨기에인이다. 그는 쓰러지는 나무에 깔려 한쪽 다리를 크게 다쳤다. 그를 진찰한 외과 의사 아페넬 박사는 박살이 난 근육조직에 파고든 뼈의 파편을 조심성 있게 제거했다. 래더의 다리는 무릎 바로 밑에 상처가 나고, 상하 뼈 사이에 3센티미터 이상의 간격이 벌어져 있었다. 환부의 밑 부분은 전혀 감각이 없었고, 모든 방향으로 움직여졌다. 뒤꿈치를 마치 무릎 관절처럼 뒤로 굽힐 수도 있고, 발을 역방향으로 비틀 수도 있었다. 정상 상태에서는 관절 조직의 방해로 도저히 할 수 없는 것이다. 치료의 가능성은 전무한 상태였다. 의사들은 이구동성으로 심한 고통을 면하려면 다리를 절단할 수밖에 없다고 하였다. 박살 난 뼈가 재생할 것이라는 기대는 물론 없었다. 목발에 의지하고도 제대로 운신할 수 없었는데, 그는 이 고통을 8년간이나 견뎌내었다.

이상이 1875년 1월 이 환자를 진찰한 헤스텐 벨게 박사의 기록이다.

독실한 가톨릭 신자인 그는 하느님의 힘에 의지하고자 고용주를 설득해서 벨기에의 우스타카 루르드에 있는 성모 마리아상을 참배하기 위하여 경비를 타냈고, 1875년 4월 7일에 집에서 출발했다. 래더는 정거장까지 1.5마일의 거리를 아내의 부축을 받으면서 목발에 의지하여 두 시간이나 걸었다. 정거장에서는 브룸이라는 철도원의 도움으로 기차에 올랐는데 철도원은 래더의 다리를 보고 안쓰러워하며 말했다. "이런 꼴을 하고 우스타카까지 갈 수 있겠소? 집에 얌전히 있는 것이 좋을 성싶은데." 그러자 래더는 "우스타카의 성모 마리아상을 참배하고 질병이나 부상이 거뜬히 나은 사람이 얼마든지 있소. 나라고 은혜를 받지 말라는 법이 없지 않겠소."라고 하였다.

간신히 루르드의 성모상이 있는 작은 동굴에 도착한 래더는 그만 기진맥진해서 땅에 쓰러지고 말았다. 어디 그뿐이랴. 주위에 몰려든 참배객들에게 짓밟혀 그때마다 겪어야 하는 고통은 이루 다 말할 수 없었다. 래더는 다른 사람들처럼 동굴 속을 몇 번이고 돌려고 했으나, 두 번 돌고 나니 이미 탈진하였다. 그는 땅바닥에 주저앉아 '다시 한번 처자를 위하여 일하고자 하오니 남에게 폐를 끼치지 않고 일할 수 있는 건강체를 돌려주십시오.' 하고 간절하게 기원하였다.

그러자 전신이 마비되고 이어 기묘한 감각이 일어났다. 그는 저도 모르게 일어나서 군중 사이를 뚫고 성모상으로 다가서서 무릎을 꿇었다. 그리고 불현듯 자신의 행위를 깨달았다. 그는 희

희낙락하게 동굴 속을 걷기 시작했다. 그 모습을 본 아내는 그만 너무나도 믿을 수 없는 광경에 기절하고 말았다.

래더는 곧 근처 병원에 가서 검사받았다. 상처가 거의 다 아물고, 다리 전체가 옛날의 정상 상태로 복귀하고 있었다. 골절은 온데간데없었다. 두 다리의 길이도 같아졌고, 멀쩡한 상태로 회복되었다. 어려움이 있었다면 오래간만에 신어 보는 구두가 익숙지 못했다는 것뿐이다.

이 소식을 듣고 아페넬 박사가 달려왔다. 면밀히 조사한 결과 박살 난 뼈 사이에 비었던 간격에는 뼈가 생겨 있었다. 피에르도 래더는 그 후 1898년 폐렴으로 사망할 때까지 23년간 정상적으로 걸어 다녔다. 그동안 그는 만나는 사람마다 신의 복음을 전하였고, 그의 힘으로 많은 무신론자가 교회의 문을 두들기게 됐다고 한다.

반 헤스텐 벨게 박사는 래더의 사망 후 그 사체를 발굴하여 해부하는 허가를 당국으로부터 받았다. 해부는 1899년 5월 24일 실시됐다. 박사는 사체의 두 다리를 무릎 부분에서 절단하고 뼈를 검사해서 사진으로 찍었다. 그 사진에는 왼쪽 다리의 변형된 모습이 뚜렷이 나타나 있었다. 그러나 아무런 이상 없이 체중을 지탱할 수 있었고, 예상했던 뼈의 결함 부분은 전혀 찾아볼 수 없었다. 이 해부 보고는 반 헤스텐 벨게, 데상, 르와이에 세 명의 공동 집필 논문 형식으로 종합되어 그 일부가 1899년 10월에 발행된 『과학문제』 잡지에 게재되었다.

매우 단순한 골절이라도 치유하는 데 수 주일이 걸리는데, 일순간에 나았다는 것은 있을 수 없는 일이다. 그러나 래더의 경우는 분명히 일순간에 치유된 것이다.*

이것이 일이 되게 하는 두 번째 방법으로, 정신적인 집중이나 암시 또는 기도에 의한 방법이라 하겠습니다. 기도 또는 정신력의 집중은 어떠한 일을 성취합니다. 이와 같은 방법을 통하여 추한 사람이 훌륭한 외모로 변하는 것도 가능할지 모릅니다. 순수한 믿음과 성실한 노력만 기울일 수 있다면 기적적인 일도 가능할 것입니다. 임금의 추한 딸이 정성껏 부처님께 기도를 드려 기적적으로 절세의 미인으로 변했다는 『현우경』의 이야기도 이러한 상황에 해당한다고 할 수 있으며, 불가능한 일만이 아닐 것입니다.

세 번째는 보통 사람들이 이해하거나 상상하기 몹시 어려운 방법, 즉 '무심을 행하는 방법'입니다. 무심을 행하는 사람은 훌륭한 외모를 바라지 아니합니다. 무엇을 하겠다는 생각이 없습니다. 닥치는 일, 주어진 일만을 행할 뿐입니다. 따라서 '왜 아니 되느냐.' 하는 생각도 없습니다. 정확히 말해서 '무심을 행하는 방법'이란 무슨 일을 이루는 방법이라고 이름 붙일 수 없을 것입니다. 그러나 억지로 이름 지어 '금강경을 실천하는 방법'이라고 해 봅니다.

---

* 앨런본, 『믿을 수 없는 우연』(송산출판사, 1986)

무심의 행을 하는 이들은 어떤 가시적인 목표를 추구하지 않기 때문에, 무심의 행을 연습하는 것은 목표 달성과 아무런 연관이 없는 듯이 보입니다. 그러나 이들은 마음속에 무엇이 '안 된다.' 하는 생각 또한 없습니다. 훌륭한 외모를 얻는다고 기대할 수는 없을지 모르지만, 이들은 못생긴 얼굴의 원인도 만들지 아니합니다.

따라서 이러한 수행을 하는 사람은 적어도 못생긴 외모는 아닌 것이 분명합니다. 왜냐하면 못생긴 외모와 남에게 혐오감을 주는 외모는 병적인 분별심에서 생긴 것이며, 병적인 분별심이 없는 금강경 수행자는 못생기게 하는 요소인 불건강한 마음을 다 청소하였기 때문에 자연히 원만한 모습이 되었을 것입니다. 역대 도인의 모습이 모두 원만 구족상具足相이요, 부처님의 모습이 참으로 거룩하고 훌륭한 것도 이와 같은 이유에서 비롯되었을 것입니다.

다시 말하면, 부처님의 모습이나 도인의 모습은, 잘생긴 모습을 위하여 물리적인 노력을 하였다거나 마음속에 훌륭한 외모를 그려서 되었다기보다는 안 되는 마음, 궁한 마음, 음란한 마음 등 온갖 불건강한 마음을 다 해탈하여 건강한 마음, 부처님 마음이 되었기에 자연스레 나타난 모습으로 보아야 할 것입니다.

부처님께서 "구족한 색신(32상의 훌륭한 외모를 갖춘 몸)만을 보고서 부처님으로 볼 수 있겠느냐?"라고 물으셨고, 수보리 존자는 "그렇지 않습니다. 여래는 구족색신具足色身으로 볼 수 없습니다."라고 대답하였습니다.

색신色身을 갖춘 원인은 여러 가지가 있다는 것이지요. 물리적인 방법에 의해서 구족색신이 될 수 있으며, 자기 암시를 통해서도 구족색신이 될 수가 있는데, 그런 구족색신을 보고 부처님이라고 할 수 없다는 것입니다. 왜냐하면 부처님께서 이야기하신 구족색신이라는 것은 보통 사람들이 이야기하는 구족색신과는 다르기 때문입니다.

부처님께서 말씀하시는 구족색신은, 비록 몸뚱이기는 하여도, 부처님을 지향함으로써 건강해진 마음, 분별이 하나도 섞이지 않은 마음을 말합니다. 이 마음에는 부수적으로 구족한 몸이 뒤따릅니다. 반면 보통 사람들이 말하는 구족색신은 마음에 그림을 그렸다거나 또는 훈련하여 이루어진 몸뚱이를 의미합니다.

그래서 부처님께서 말씀하시는 구족색신은 우리가 말하는 구족색신과는 다르다는 뜻으로 "즉비구족색신 시명구족색신"을 말씀하셨습니다. 부처님의 구족색신은 '못생겼다,' '안 된다.' 하는 생각 등의 분별심을 다 바친 마음일 뿐인데, 외부 사람들에게 모두 다 원만 구족한 모양으로 보인다는 것입니다.

수보리여, 어떻게 생각하느냐? 구족한 모든 모양(80가지 훌륭한 표정)을 가지고 부처님이라 할 수 있겠느냐?
아닙니다. 세존이시여, 구족한 모든 모양으로 부처님이라고 할 수 없습니다. 왜냐하면 부처님이 말씀하시는 구족한 모양이라고 하는 것은 구족이 아니고 그 이름이 제상구족이기 때문입니다.

須菩提여, **於意云何**오 **如來**를 **可以具足諸相**으로 **見不**아

不也니다. **世尊**하, **如來**를 **不應以具足諸相**으로 **見**이니, **何以故**오

如來說 諸相具足은 **卽非具足**일새 **是名諸相具足**이니이다.

이것도 위에서 설명한 것과 같은 맥락으로, '색신' 대신에 '제상'을 넣어서 해석하면 됩니다. 그러면 구족색신과 구족제상은 어떻게 차이가 나는가? 여래는 서른두 가지 상호相好와 여든 가지 종호種好를 가지고 계신다고 합니다. 여든 가지 종호란, 여든 가지 훌륭한 표정이라는 뜻입니다. 여기서 구족색신은 삼십이상을 말하고, 구족제상이란 팔십종호를 나타낸다고 이해하면 됩니다.

21

부처님께서 하신 말씀은 당신의 말씀이 아니다

第二十一 非說所說分

수보리여, '여래는 법을 설한 바가 있다고 생각한다.'라고 말하지 마라. 그렇게 생각하지 마라. 왜냐하면 만일 어떤 사람이 '여래는 법을 설한 바가 있다.'라고 말한다면 그것은 바로 부처님을 비방하는 것이 되며, 내가 설하는 것을 능히 이해(해석)하지 못한 연고이니라. 수보리여, 설법이라는 것은 가히 설할 법이 없는 것을 이름하여 법을 설한다고 하느니라.

須菩提여, 汝勿謂하라. 如來 作是念하되 我當有所說法하라. 莫作是念하라. 何以故오 若人이 言如來 有所說法이라하면 卽爲謗佛이며 不能解我所說故니라. 須菩提여, 說法者는 無法可說이 是名說法이니라.

우연히 어느 목사의 감동적인 신앙 체험 이야기를 들을 기회가 있었습니다. 그 목사는 40대 중반이었습니다. 그는 어떻게 해서 기독교를 믿게 되었으며 목회자가 되었는지와 자신이 경험한 이적異跡을 이야기하였는데, 지금 우리가 공부하고 있는 21분과도 관련이 있다는 생각이 들었습니다.

저는 어렸을 때 시골에서 교회를 다니며 성장하다가 중도에 교회에 다니는 것을 그만두었습니다. 제가 어른이 된 뒤에, 간경화라는 무서운 병이 들어 병원에 입원해 있을 때, 병실에 우연히 새 한 마리가 들어 왔습니다.

새를 쫓아도 달아나지 않아서 함께 지내는 것이 낙이 되었는데, 하루는 누군가 문을 열고 들어오는 순간에 그 새가 밖으로 날아가는 것이었습니다. 그동안 정이 들었던지, 저도 모르게 쫓아 나갔습니다. 그냥 멀리 달아났으면 더 쫓아가지 않았을 텐데, 조금 가다가는 멈추고 그곳까지 쫓아가면 또다시 저만치 달아나고 하는 것이 마치 새가 저를 보고 '나를 따라오시오.' 하는 느낌이 들었습니다. 그 새가 조금 가다 멈추고 조금 가다 멈추고 해서 계속 따라가다 보니 어느 교회 앞까지 가게 되었습니다.

마침내 새를 쫓아 교회 안까지 들어가게 되었는데, 들어서자마자 새를 잡으려던 생각은 어디로 가 버리고 그 옛날에 예수님 믿던 생각이 나면서 한없이 눈물이 흘러내렸습니다. 한참을 울고 나니까 '내가 옛날에는 예수님을 믿었는데, 그동안 너무 하나님을 잊고 있었구나. 아마 그것이 원인이 되어 병이 들었는지도 모른다. 이제부터라도 마음을 바로잡고 하나님을 믿어야겠다. 그 새는 나를 하나님께 인도하기 위한 사자였는가 보다.'라고 생각되었습니다.

그 후 교회에 열심히 다녔고 그러는 사이에 병의 증세는 씻은 듯이 사라져 버렸습니다. 더욱더 신심이 솟아올랐으며, 기도만 열심히 하면 항상 응답이 있었습니다. 그리하여 저는 그동안의 생활을 청산하고 성직자의 생활을 하게 되었습니다.

목사 생활을 시작하면서 생활이 어려워 남의 집 지하실 단칸방에 세 들어 살았는데, 비만 오면 방에 물이 새어 다섯 식구가 물을 퍼내는 것이 일이었습니다. 퍼내다 퍼내다 지친 끝에 '지금까지 한 번도 이런 것을 가지고 기도해 본 적은 없는데, 이것도 한번 기도로 해결해 보자.'라는 생각이 나서 열심히 기도했습니다. 그러자 역시 기적이 일어났습니다. 땅에서 솟아 나오던 물이 점점 줄어들더니 드디어는 장판을 들춰보면 풀썩풀썩 먼지가 날리는 상황까지 되었습니다. 그러니 하나님께 진실로 기도만 하면 반드시 응답이 있다는 믿음과 자신이 생기게 되었습니다. 그것은 '하나님이 주신 선물'이었으니까요.

그 후로는 신념이 더욱 강해졌습니다. 교회를 짓는 데도 자금이 없이 계약부터 하고 보았습니다. 잔금 치르는 문제도 '기도하면 되겠지.'라는 여유를 가지고 일을 벌일 만큼 믿음이 발전하였습니다. 그렇게 계약은 하였지만, 잔금 치를 날이 사흘밖에 남지 않았는데도 돈이 구해지지 않았습니다. 그래서 "만기일을 하루 더 늦추어 달라. 하루만 더 참아 달라." 하고 부탁한 뒤 열심히 기도했더니, 우연히도 어느 신도가 꼭 필요한 액수만큼의 돈을 싸 들고 찾아왔습니다. "내가 교회를 만들고 싶어 모은 돈인데, 이 돈으로는 부족하여 누가 교회를 만드는 사람이 있으면 도와주려고 두루두루 수소문하며 알아보는 중이었소. 바로 당신이 교회를 만든다니 거기에 보태시오." 하는 것이었습니다. 그래서 잔금 문제를 해결할 수 있었습니다. 이것도 말하자면 하나님이 주신 선물입니다.

이런 기적은 성경 말씀에 근거를 둡니다. "구하라. 그러면 주실 것이요, 두드려라. 그러면 열릴 것이다. 하늘을 나는 새들에게도 먹을 것을 주거늘 너희한테 먹을 것을 주지 않겠느냐."라는 성경의 말씀대로 기적이 이루어지는 것입니다. 이론대로 실제로 된 것이지요.

그의 이야기를 아주 재미있게 들었습니다. 들으면서 불교와 기독교가 어디가 다른지를 생각해 보았습니다. 주변에 불교를 믿는다는 사람을 보면 기독교를 믿는 사람과 별다른 차이를 발견할 수 없습니다. 독실한 불교 신자라고 하는 사람일수록 이 목사가 이야기한 것과 같은 종류의 기적을 많이 체험합니다.

그렇다면, 위의 이야기 중 하나님 대신 부처님을 대입하여 그것을 불교라고 말한다면 틀렸다고 할 수 있을까요? 그것이 불교와 뭐가 다르냐고 묻는다면 어떻게 대답할까요?

불교에서도 특히 지장 신앙이라든가 관음 신앙을 보면, "지장보살을 부르고 관세음보살을 불러라. 그러면 어려움에 처한 너희들을 모두 구원해 주고 소원을 다 성취시켜 주느니라." 합니다. 이렇게 보면 기독교 신앙과 똑같습니다. 지장보살이나 관세음보살 또는 아미타불을 예수님이나 하나님으로 생각한다면, 위 목사의 이야기와 별다른 차이를 발견할 수 없을 것입니다. '백일기도를 했더니 영험하게도 기적적으로 무슨 일이 이루어졌다.' 하는 이야기는 위의 목사가 말하는 기독교와 다른 점이 하나도 없습니다.

과연 금강경을 수행하는 사람의 믿음은 '무엇을 이루게 해주는 불교'와 어떤 점이 다를까요?

부처님께서는 "일체법 개시불법一切法 皆是佛法"이라고 하셨습니다. '모든 법은 다 부처님의 법이다. 분별을 쉬고 보면 모두 다 부처님의 법이다. 모든 것은 그대로 질서정연하게 되어 있다. 세상에는 억울하게 된 것은 하나도 없고, 엉터리로 된 것도 하나도 없다. 이 세상에 나타난 것은 모두 다 부처님의 뜻이고, 있을 자리에 있는 것이다.'라는 것입니다.

앞의 이야기에서 그 성직자는 집안에 물난리가 나고 그로 인해서 고통을 받는 것이 싫었습니다. 그것은 하나님이 주시는 선물로 생각되지 않았습니다. 아마도 그것은 사탄이 주는 시련이라고 생각했을지도 모릅니다. 하나님이 주시는 선물은 물난리가 아니고 어떤 좋은 것일 것이라고 생각했고, 물이 줄어든 것은 하나님이 주시는 선물이라고 생각했습니다. 불교를 믿으면서도 기도로 인한 좋은 결과는 부처님의 가피에 힘입은 것이요, 재앙은 귀신이 주는 것이라고 생각하는 것과 같습니다.

금강경 공부를 잘하는 사람이라면 이러한 물난리를 어떻게 생각해야 할까요? 금강경을 공부하는 우리는 물난리도 부처님이 주시는 선물로 생각해야 할 것입니다. 왜냐하면 '일체법 개시불법'이기 때문입니다. '물난리도 부처님이 주시는 선물이고, 가난도 부처님이 주시는 선물이다. 이 모든 것이 부처님이 주시는 선물이니까 즐겁게 바칠 뿐이다.' 하는 것이 금강경 공부를 하는 이의 마음 자세가 아닐까 싶습니다.

역경도 가난도 싫어하거나 피해 도망가는 마음을 내지 말아야 합니다. 물론 돈이나 기적이 생기는 것도 부처님이 주시는 선물임은 틀림없지만, 그것만이 아니라 재앙이나 역경이라는 것도 부처님이 주시는 선물로 생각하는 것이 금강경 공부를 하는 이의 자세이고, 부처님의 말씀인 '일체법 개시불법'을 실천하는 행行이 될 것입니다.

금강경 3분에서는 모든 것이 바쳐야 할 재산이라고 말씀하셨습니다. '좋다는 것도 나쁘다는 것도 우리의 재산이다. 그러니 다 부처님께 바쳐라.' 하셨지요. 나쁜 것도 부처님이 주시는 선물이라면, 그것을 싫어하기보다는 오히려 즐겁게 바치라는 것입니다. 즐겁게 바치다 보면 좋은 것이나 나쁜 것, 그 모든 것을 통해서 밝아질 수 있다는 것입니다.

역경처럼 보이는 것이 참 역경이 아니라고 합니다. 우리는 역경이 싫어서 달아나기 쉽지만, 역경도 우리로 하여금 죄를 사赦하게 하고 업보를 해탈하게 해주는 좋은 기회라는 것입니다. 말하자면, 역경이 채찍이라면 좋은 선물은 당근에 해당한다고 볼 수 있지요.

"잘 되는 것도 되어지는 것이요, 안 되는 것도 되어지는 것이요, 결국은 다 되어지는 것이며 좋고 나쁨이 결국 둘이 아니다."라고 부처님께서는 금강경에서 설하고 계시지 않습니까? 우리는 좋은 것과 나쁜 것을 나누어 보는 생각, 흑黑 아니면 백白이라고 하는 이원화된 생각, 즉 분별심을 갖지 않는 공부를 하는 것입니다. 이렇게 분별심을 갖지 않는다면 이것은 일반적인 불교 신앙이나 기독교 신앙과 매우 다를 것입니다.

앞의 이야기에서 그 목사가 물이 새지 않아 장판 밑이 뽀송뽀송한 것을 바라지 않고 예수님만 좋아했다면 어떠했을까요? 그저 하나님께 열심히 기도만 하고 '이런 물난리 속에서도 지낼 수 있음을 감사합니다. 이 역경을 하나님께서 주신 것을 감사합니다.' 하며 물이 새지 않는 집에서 사는 소원을 전혀 하지 않았다면 어떠했을까요? 우리 공부식으로, 물난리에서 벗어나는 것을 전혀 바라지 않고 오직 부처님만 향했다면 어떠했을까요? 그랬다면 물난리 나는 그 업장이 다 소멸되고, 나아가서는 부처님 또는 하나님을 만날 수 있었을 것입니다.

그 예로, 조선 초 영의정 황희 대감을 들 수 있겠습니다. 황희 대감은 방안에 비가 뚝뚝 새는데 그릇을 받쳐 놓고 살고 있으면서도 마음은 조금도 흔들림 없이 여여부동如如不動 하였답니다. 만약에 그분이 가난을 조금이라도 면하고자 했다면 얼마든지 할 수 있었습니다. 그러나 그분은 집이 찢어지게 가난했고 관복을 빨면 입을 옷이 없었습니다.

그토록 청빈하면서도 그가 즐기는 것이 있었는데, 그것은 도道였습니다. 바로 안빈낙도安貧樂道지요. 도를 즐기니까 가난이 대수롭지 않습니다. '청빈淸貧으로 나의 업장을 소멸하게 되니 얼마나 좋은가.' 생각했을 것입니다. 아니, 업장 소멸하겠다고 바라는 마음조차 내지 않았을 것입니다. 이것은 부처님의 말씀, 금강경 정신과 통합니다.

'이 역경을 면하게 해주십시오.'라고 빈다면 이것은 보통 신앙인의 마음일 것입니다. 그러나 황희 대감 같은 분은 '이러한 역경도 부처님이 주시는 선물이고, 이 또한 싫어할 것이 아니다. 즐거이 이 역경을 받으면 오히려 나에게 덕德이 되고, 나는 더 깊은 마음, 더욱 본질적인 것을 체험하게 될 것이다.'라고 생각했을 것 같습니다.

사람들은 모든 세상일을 좋은 것과 언짢은 것으로 나누어 보는 습관이 있지만, 실제로는 좋은 것도 언짢은 것도 없다고 합니다. 좋은 것, 언짢은 것이라는 분별심이 마음에서 사라지면 모든 것이 다 기도의 보답이요, 부처님의 선물입니다. 단지 좋은 그림을 자기 마음속에 그릴 때 좋은 그림이 되는 것이고 자기 마음속에 나쁜 그림을 그릴 때 나쁜 그림이 되는 것이며, 어느 것이든 소원대로 이루어지는 것임에는 틀림이 없습니다.

모두 다 부처님이 주신 선물이고 어느 것 하나 버릴 것이 없으니, 좋으니 나쁘니 하고 둘로 나누어 보지 않는 성숙한 마음의 경지로 올라가야 합니다. 이러한 경지를 '잘 바치는 마음, 무분별의 마음, 건강한 마음'으로 표현할 수 있습니다. 이 마음만 가지게 되면, '이 세상 모든 것이 다 안 되는 것이 없다. 모두 이루어지니, 오직 분별심만 닦을 뿐이다.' 할 것입니다. 분별심만 잘 바치면 다 질서정연하게 있을 자리에 있다는 것입니다.

그러니 부처님께서는 하실 말씀이 없으십니다. 있을 자리에 다 있는데 무슨 하실 말씀이 있겠습니까? 세상에 말 많은 사람들, 성직자나 가르치는 직종에 종사하는 사람들은 "왜 못 알아듣느냐? 잘 가르쳐 주려면 말을 하지 않을 수 없다."라며 말을 많이 하지만, 사실 많은 말이 다 자기 마음속에 있는 한恨에서 나오는 것입니다. 따라서 한을 다 쉬면 할 말이 없습니다. 모든 것은 다 있을 자리에 있으며, 중생들은 시시각각 소원 성취를 하고 있기 때문에 말이 필요 없다는 것이지요.

그러면 무엇 때문에 부처님께서는 말씀을 하셨을까요? 중생들이 물으니까 그에 대해 이야기하실 수밖에 없었을 것입니다. 물음에 대한 대답은 그 사람에 관한 이야기이지, 부처님께서 하고 싶어서 하신 이야기가 아닙니다. 묻는 사람이 밝아지는 데 필요한 그의 이야기, 달리 말하면 그의 업장을 닦는 데 필요한 그의 소리를 하신 것입니다. 이것이 바로 "무법가설 시명설법"입니다. 다음 백성욱 박사님의 말씀은 "무법가설 시명설법"을 참으로 시원하게 풀이한 말씀이라고 생각합니다.

부처님께서 팔만 사천이나 되는 많은 법문法門을 하셨다지만 그것은 부처님의 말씀이 아니다. 다만 중생衆生의 무량無量한 번뇌일 뿐이다. 부처님께서 무슨 하실 말씀이 있었겠는가. 있다면 오직 한마디, "나는 밝은 빛이다."라는 정도였을까.

내가 그대에게 하는 이러저러한 말 역시 내 소리가 아니다. 그때그때 그대의 업장을 닦는 데 필요했던 그대의 소리였다. 다른 사람을 대했더라면 그이의 업장에 따라 나는 또 달리 이야기했을 것이다. 그러므로 내 말을 가지지 마라.*

그때 혜명(밝으신) 수보리 존자가 부처님께 말씀드리기를,

세존이시여, 미래세에 어떤 중생이 이 이야기를 듣고 믿는 마음을 내겠습니까?

부처님께서 말씀하시기를,

수보리여, 그 사람은 중생이 아니고 중생이 아님도 아니니라. 왜냐하면 수보리여, 부처님께서 중생 중생하시는 것은 사실은 중생이 아니고 그 이름이 중생이기 때문이니라.

爾時에 慧命須菩提白佛言하되

世尊하, 頗有衆生이 於未來世에 聞說是法하고 生_信心不잇가

---

* 김원수, 『마음을 어디로 향하고 있는가』(김영사, 1990)

佛言하사되

須菩提여, **彼非衆生**이며 **非不衆生**이니 **何以故**오 **須菩提**여, **衆生衆生者**는 **如來說 非衆生**이 **是名衆生**이니라.

도인은 그저 사물을 거울처럼 비출 뿐입니다. 세존께서 "무법가설 시명설법"이라고 말씀하시니까 수보리 존자가 '이러한 이야기를 미래세의 중생이 듣고 이해하기가 여간 어렵지 않겠구나.'라고 생각하여 "세존이시여, 미래세의 중생이 이 이야기를 듣고 깊게 믿는 사람이 있겠습니까?"라고 여쭙니다.

부처님께서는 있다고 말씀하시면서 '이 금강경의 가르침, 부처님의 말씀을 믿는 사람은 아상이 녹은 사람이다. 따라서 그 사람은 중생이 아니다(피비중생).'라고 덧붙이셨습니다. 마치 금강경 읽는 소리만 듣고도 마음이 후련히 열리어 믿는 마음을 내는 혜능 대사와 같은 분이 이러한 경우에 해당된다고 하겠습니다(6분 해설 참조).

이어서 말씀하시기를 겉으로는 달라진 것이 하나도 없지만 듣고 깨쳤으니까, 깨친 이를 중생이라 할 수 없으니 '피비중생'이요, 이 말을 듣고 믿기 전에는 깨친 사람은 아니었으니 '비불중생'이라고 하셨습니다.

"중생중생자 여래설 비중생 시명중생"은 부처님께서 중생 중생이라고 하시는 것은 실제로 중생이 아니고 그 이름을 중생이라고 한다는 말씀입니다. "피비중생 비불중생"이라고 하신 말씀에 대한 이유 또는 조건으로서 설하신 것입니다. 모두가 깨달을 씨앗을 가지고 있되 깨치기 전에는 중생이라 할 것이고, 깨치게 되면 부처라 할 것입니다. 따라서 중생 중생하는 것은 참 중생이 아니고, 이름만 있을 뿐이라는 뜻입니다.

22
법을 가히 얻은 바 없다
第二十二 無法可得分

수보리 존자가 부처님께 말씀드리기를,

세존이시여, 부처님께서 얻은 아누다라삼막삼보리는 얻은 바가 없는 것입니까?

부처님께서 말씀하시기를,

그렇고 그러니라. 수보리여, 내가 얻었다고 하는 아누다라삼막삼보리(큰 깨달음)에서부터 작은 법에 이르기까지, 실제로 얻은 바가 없어서 그것을 이름하여 아누다라삼막삼보리라고 하느니라.

須菩提白佛言하되

世尊하, 佛이 得阿耨多羅三藐三菩提가 爲無所得耶잇가

佛言하사되

如是如是니라. 須菩提여, 我於阿耨多羅三藐三菩提에 乃至無

有少法可得일새 **是名阿耨多羅三藐三菩提**니라.

보통 사람들이 대개 무슨 일을 하고자 할 때, 가령 많은 돈을 벌고자 한다든지 명예나 권세를 얻고자 한다든지 또는 많은 지식을 쌓겠다고 할 때, 하고자 하는 것을 얻기 위해서 우선 목표를 세우고, 다음에는 그 목표를 이루기 위하여 노력합니다. 이 경우의 목표는 유형적有形的이며 가시적인 목표가 되겠습니다.

반면, 세상에서 좀 큰일을 했다는 사람들을 보면 유형적인 목표보다는 무형적인 목표를 추구합니다. 이들은 일의 성취에서 보람을 느끼기보다는 성취 과정에서 큰 보람을 찾습니다. 일례로 우리나라 재벌들의 자서전을 보면, 대개 그들이 가장 큰 가치로 여기는 것은 돈을 많이 버는 것이 아니고, 어려운 일을 해결해 낸 성취감이라고 말하고 있습니다.* 즉, 큰일을 목적으로 삼기보다는 일을 이루는 방법을 터득하는 것에 더 큰 가치를 두는 것입니다.

하지만 그 목표가 가시적이든 무형적이든, 성공을 위해서 오직 목표만을 향해 과감하게 돌진한다는 점은 공통입니다. 세상에서는 '정신일도 하사불성精神一到 何事不成'이 일을 성취하는 중요한 덕목으로 여겨지고 있습니다. 자신이 세운 목표에 정신을 집중하고, 다른 곳에는 전혀 정신을 빼앗기지 않고 나아가는 것이 목표 달성에 매우 효과적인 방법이라고 생각합니다.

---

* 김우중, 『세계는 넓고 할 일은 많다』(김영사, 1991)
조중훈, 『내가 걸어온 길』(나남출판, 1996)

어떤 목표 또는 목적의식을 가지고 전력 집중하여 순조롭게 된다면 아무런 문제가 없지만, 순조롭게 되지 않을 때는 '좀 더 잘해야지.' 하고 생각하기 쉽습니다. 열심히 하다가 목표를 이루지 못하게 되면 '왜 안 되나.'라며 낙심하고, 목표가 달성되면 '내가 목표를 달성했구나. 성공했구나.'라고 자만하기 쉽습니다. 이러한 생각들은 때때로 일을 방해하는 결정적 요인이 되고, 재앙의 근원이 되기도 합니다. 이것이 보통 사람들이 세상을 사는 형태라 하겠습니다.

그러면 금강경을 실천하고 마음 닦는 사람들은 어떤 식으로 세상을 사는가?

그들은 우선 돈이라든가 명예와 같은 가시적이거나 물질적이거나 형상 있는 것을 목표로 삼지 아니하며, 무형無形의 성취감을 최고의 가치로 여기지도 아니합니다. 가시적이든 아니든 목표로 두는 것이 없습니다. 하는 일이 정해져 있지 않고, 주어진 일이나 부족한 일만을 할 뿐입니다.

좀 더 이해하기 쉬운 예를 들어보겠습니다. 어떤 학생이 공부를 못한다는 사실 때문에 주위로부터 업신여김을 많이 받는다고 생각한다면, 대개는 '일등'과 같은 가시적인 목표를 세우고 맹렬하게 달려가기 쉽습니다. 그러나 이렇게 목표를 세워서 잘되기도 하지만, 뜻대로 달성되지 않는 경우도 많을 것입니다. 왜냐하면 '어서 하겠다. 왜 안 되나. 잘된다.'라는 생각, 즉 탐내고 성내고 어리석은 생각이 수시로 나타나 골치를 썩이고 마음을 방황하게 만들기 때문입니다.

요새 학생들이 흔히 쓰는 말 중에 '헤맨다.'라는 말이 있습니다. 하루 종일 책상에 앉아 공부하고 있는 것 같아서 그 학생에게 "공부 많이 했구나." 하면 "헤매고만 있었어요."라고 대답하는 수가 있지요. 이런저런 생각에 공부는 하나도 못 했다는 말입니다. 헤매는 원인은 바로 탐진치에 있습니다. 탐진치는 효과적인 학습을 방해하는 최대의 적이라 하겠습니다.

슬기로운 학생이라면 일등 해야 한다고 생각하지 않습니다. 이들은 오직 배우는 일에만 전념할 것입니다. 일등을 하겠다는 생각은 배움을 쌓는 데 아무런 도움이 되지 못하고, 오히려 해가 되는 것을 잘 알기 때문입니다. 그에게 필요한 것은 일등이 아니라 지식이기 때문입니다.

금강경을 잘 공부하는 사람도 '잘하겠다.', '왜 안 되나.' 등의 헤매는 마음을 부처님께 바칩니다. 그리고 자신이 부족하다고 판단되는 일을 실제로 할 뿐입니다. 이들이 하는 일에는 탐진치가 없습니다. 지식이 부족하다고 느낄 때 지식을 얻으려 할 뿐입니다.

이들은 지식이 채워지는 것만으로 즐거움을 느낍니다. 지식을 많이 습득하여 안목이 넓어지니 즐겁고, 몰랐다는 마음에서 해방되니 즐겁습니다. 공자님께서 말씀하신 『논어』의 첫 구절을 실감할 수 있습니다.

> 배우고 때로 익히니 즐겁지 아니한가!
> 학이시습지 불역열호 學而時習之 不亦悅乎

배우는 것 자체가 즐거운 것이지요. 이것이야말로 가장 효율적인 학습 방법이라 하겠습니다. 이렇게 공부를 즐겨 하다 보면 지식이 충분히 쌓일 것입니다. 실력이 아주 좋아지면, 다른 사람들이 "네가 일등이다."라고 이야기할 때도 있을 것입니다. 그러나 이들의 마음에는 일등이 있지 아니합니다. 다만 지식이 부족해서 부지런히 쌓았을 뿐이기 때문입니다. 부지런히 배우는 중에 "너는 이제 세계적인 대가가 되었다."라고 사람들이 이야기하기도 하겠지요. 그러나 이들의 마음에는 세계적인 대가도 없습니다. "나는 세계적인 대가가 무엇인지 모른다. 그저 배우는 것만 즐겨 했을 뿐이다."라고 할 것입니다. 세상에서 목표라고 하는 것이 달성되었다 하더라도, 실제로는 목표를 달성했다는 마음이나 소득심이 없다고 하겠습니다.

마음 닦는 일에도 마찬가지로 적용할 수 있습니다. 도통을 목표로 마음 닦고자 했다면 '도통을 하겠다.'라는 생각을 할 것이고, 좀 알아졌다고 하면 '알아졌다.'라고도 생각할 것입니다. 즉, 목표가 있다면, 이것이 성취될 때 당연히 소득심을 갖게 될 것입니다. 그런데 마음 닦는 이는 목표를 가지지 않습니다. 필요한 일을 할 뿐입니다. 자신의 허물을 집어내는 것, 업장을 닦는 것, 부처님 뜻을 따르는 일을 할 뿐입니다. 따라서 이들은 부지런히 자기 업장을 바치고 허물을 바치며, 부처님 시봉하는 마음만 냅니다.

정도가 차츰차츰 높아져 마음이 많이 쉬었을 때, 주위에서 "훌륭하십니다. 성인聖人이 되셨습니다."라고 칭찬할지도 모릅니다. 그러나 이런 때에도 '그런 칭찬은 너희가 하는 것이지, 나와 아무런 상관이 없다.'라고 생각할 뿐입니다. 또 더욱 정도가 높아져, 사람들이 "얼굴 모양도 거룩해져서 32상이 되었고 광명이 납니다. 큰 깨달음을 얻으셨습니다." 하여도, '나는 부처님 시봉만 했을 뿐이고 분별만 바쳤을 뿐이다.'라는 마음을 갖는 것이 금강경을 공부하는 마음 자세라 할 것입니다.

닦는 이의 자세는 다른 사람들과 달라서, 성공했다는 마음이 없습니다. 따라서 소득심이 없습니다. 소득심이 없으니까, 얻은 것이 없습니다. 이 무소득은 큰 깨달음뿐만 아니라 조그만 것에도 적용됩니다. 예를 들어서 학급에서의 일등, 또는 세계적인 대학자나 세계적인 부자가 되는 것 등 모든 일에 소득심이 없다는 것입니다.

그래서 아주 작은 것에서부터 부처님의 큰 깨달음에 이르기까지 하나도 얻은 바가 없다, 아무것에도 소득심을 가질만한 것이 없다는 뜻으로 "아어아누다라삼막삼보리 내지무유소법가득"이라고 하셨고, 그것을 이름하여 아누다라삼막삼보리라고 하신 것입니다.

작은 법에서 아누다라삼막삼보리까지 두루두루 그 어느 것도 얻은 바가 하나도 없다는 것을 깨닫는 것, 그것이 최고의 깨달음, 즉 아누다라삼막삼보리라는 말씀입니다.

23

무소득의 마음으로 좋은 일을 행하라

第二十三 淨心行善分

다시 수보리여, 이 법은 평등하여 높지도 않고 낮지도 않으니, 이것을 이름하여 아누다라삼막삼보리라고 하느니라.

復次須菩提여, **是法**이 **平等**하야 **無有高下**ㄹ새 **是名阿耨多羅三藐三菩提**니라.

'이 법'은 22분의 '무소득한 법'을 말합니다. 작은 것을 얻는 일부터 아누다라삼막삼보리와 같은 큰 것을 얻는 일에 이르기까지 두루두루 무소득한 법을 의미합니다. 무소득하다는 것은 분별심이 없다는 말입니다. 작은 일이나 큰일에도 소득이라는 분별이 없다는 뜻입니다.

분별심이 없어졌다는 것은 깨달았다는 뜻이기도 합니다. 그렇다면 22분의 "내가 얻었다고 하는 아누다라삼막삼보리에서 작은 일에 이르기까지 실로 얻은 바가 없는 것을 아누다라삼막삼보리라 하느니라." 하신 말씀은 '작은 일도 다 깨달았고 큰일도 다 깨달은 것을 아누다라삼막삼보리라 하느니라.'라고 이해해도 될 것입니다.

'무소득의 지혜'라고 하는 것은 작은 일에도 적용할 수 있으며 큰일에도 적용할 수 있다는 것입니다. 그래서 평등하다고 하였고 높지도 낮지도 않다고 하였습니다. 이렇듯 작은 일이거나 큰일이거나 두루두루 다 통달한 지혜를 아누다라삼막삼보리라 한다는 것입니다.

우리는 주위에서 큰 깨달음을 얻었으며 생사를 해탈하였다고 하는 스님을 대할 수 있습니다. 그런데 만일 그분에게 나고 죽음의 문제를 제외한 다른 문제, 즉 가정 문제나 사회 문제 또는 직장 문제 등을 질문한다면 얼마나 만족스러운 답변을 얻어낼 수 있을지 상상해 봅니다. 아마도 사람들은 이 훌륭한 스님이 생과 사의 큰 문제는 해결하였어도, 소소한 세간의 일에는 결코 밝지 않으리라고 생각할 것이 틀림없습니다.

부처님께서는 무소득의 지혜란 평등한 것이기 때문에, 큰일을 잘 아는 지혜라면 작은 일까지도 잘 알 수 있다고 말씀하셨습니다. 어느 한쪽에 치우침이 없이, 작은 일에서 큰일까지 평등하게 잘 알 수 있는 지혜라야 아누다라삼막삼보리라고 할 수 있다는 것입니다. 따라서 이 말씀은 올바른 아누다라삼막삼보리를 판단하는 데 검토해 볼 내용입니다.

동양의 고전 『채근담』에서도 다음과 같이 말하고 있습니다.*

기상은 모름지기 높고 넓게 지녀야 합니다.
그러나 지나치게 세상일에 어두우면
상식 밖의 행동을 저지르게 되니 조심해야 합니다.

마음가짐은 치밀하고 면밀한 것이 좋습니다.
그러나 지나치게 자질구레한 일에 얽매이면
큰일을 하지 못하게 되니 유의해야 합니다.

취미는 고결한 것일수록 좋습니다.
그러나 지나치게 말쑥하게 되면
무미건조해지니 주의해야 합니다.

자기주장과 지조는 엄격하고 공명정대해야 합니다.
그러나 지나치게 과격하게 되면
화를 면키 어려우니 명심해야 합니다.

이 글은 언뜻 보기에 보통 사람에게 주는 평범한 교훈 같지만 큰 깨달음을 얻고자 하는 사람, 군자를 지향하는 사람에게 군자의

---

* 박덕근, 『마음을 비우는 지혜(채근담)』(보성출판사, 1995)

덕성은 한 군데 치우침이 없어야 한다는 교훈을 주는 뜻깊은 가르침이라 하겠습니다.

나我가 없고, 너人도 없고, 중생도 없고, 수자도 없이 일체의 선법(착한 법)을 행할 것 같으면 바로 아누다라삼막삼보리를 얻게 되느니라.

以無我無人無衆生無壽者하고 **修一切善法**하면 **則得阿耨多羅三藐三菩提**니라.

그렇다면 어떠한 방법으로 최고의 깨달음에 도달할 수 있을까?

생사 문제와 같은 큰 문제에서부터 일상생활의 소소한 문제에 이르기까지 두루두루 잘 알고 있어, 세상의 일이건 출세간의 일이건 모두 상담의 대상이 되는 대성인大聖人이 되려면 어떻게 해야 할까?

부처님께서는 한 방법으로 "아인중생수자 없이 모든 선법을 행하라." 하십니다. 선법이란 몸뚱이 착이 하고자 하는 일을 거슬러서 하는 행위이지만, 실로는 몸에 유익한 행위라 하겠습니다.

예를 들면 보시布施는 자기의 탐내는 마음을 거슬러서 하는 행위인데, 베푸는 일을 하게 되면 실은 손해가 아니라 베푼 그 이상으로 흘러 들어온다고 합니다. 대야의 물을 저쪽으로 밀어 보십시오. 물은 자꾸 내 앞쪽으로 옵니다. 재물을 베풀면 재물이 흘러 들어오고, 사랑을 베풀면 사랑이 흘러 들어옵니다.

보시만 그런 것이 아닙니다. 조촐하게 계율을 지키는 것, 지계持戒도 역시 마음(욕심)을 잘 다스려 선법을 닦는 행行입니다. 지계는 온갖 장애 또는 재앙을 멀리하게 합니다. 보시를 잘하고 지계를 잘 행하는 사람을 존귀하게 여기는 것도 역시 선법으로 인한 복 때문일 것입니다. 보시 또는 지계만 선법이 되는 것이 아닙니다. 인욕忍辱과 정진精進은 물론 선정禪定까지도 그렇습니다.

자기 직업 또는 학문에 전념하는 것도 몸뚱이 착을 거슬러서 행하는 것이므로 선법입니다. 잠자고 싶을 때 잠자고, 놀고 싶을 때 놀면서 하는 것이 아니기 때문입니다. 이런 행行을 자꾸 반복하면 실력이 늘고 사람들은 그를 귀하게 여깁니다. 이와 같이 선법은 사람을 편안하게 하고 잘살게 합니다. 그래서 『주역周易』에 "좋은 일을 하는 집안에는 반드시 경사가 있다(적선지가 필유여경積善之家 必有餘慶)."라고 하였습니다.

그러나 선법은 불법과는 다르다고 하겠습니다. 불법이란 '밝아지는 법'을 말합니다. 그러면 무엇이 불법이며, 어떻게 하여야 밝아질 수 있을까요?

부처님께서는 무아 무인 무중생 무수자하고 수일체선법해야 밝아진다고 하셨습니다. 좋은 일을 무소득하게, 분별심을 내지 않고 함으로써 아누다라삼막삼보리를 얻을 수 있다는 것입니다. 아무리 좋은 일을 많이 한다고 해도 거기에 소득의 마음이 붙는다면 아누다라삼막삼보리와는 거리가 멉니다. 『채근담』에서는 이 '무소득'을 쉽게 풀어서 군자의 도리를 행하고자 하는 사람에게 지침을 주고 있습니다.*

희생하기로 마음먹었거든
의혹에 빠지지 말아야 합니다.
의혹에 사로잡히면
이미 그 희생은 흠이 생긴 것입니다.

은혜를 베풀었거든
그에 대한 보답을 바라지 말아야 합니다.
보답을 바라게 되면
이미 그 은혜는 깨진 것입니다.

온 세상에 널리 알려질 만큼
큰 공로를 세웠다고 할지라도
본인 스스로 공을 내세워 자랑하여 뽐낸다면
그것은 이내 물거품처럼 사라지고 말 것입니다.
그러므로 공은 모든 이에게 돌려야 합니다.

무소득의 구체적인 실천 방법이 있다면, 무슨 일을 하더라도 부처님 시봉하기 위해서 또는 부처님 전에 복 짓는 마음으로 일하는 것입니다.

---

* 박덕근, 『마음을 비우는 지혜(채근담)』(보성출판사, 1995)

무아 무인 무중생 무수자의 마음은 텅 빈 마음, 즉 부처님을 향한 마음이라고 하겠습니다. 사람들은 대부분 무언가를 할 때 내가 잘되기 위해서 또는 내 자식의 장래를 위해서 아니면 내 부모의 업보를 해탈탈겁하기 위해서 한다고 하는데, 그러지 말고 부처님 기쁘게 해 드리기 위해서 한다고 생각하라는 것이지요. 무아 무인 무중생 무수자가 되기 위해서는 부처님을 향하는 마음이어야만 가능합니다.

수보리여, 지금 말한 선법이라 하는 것은 선법이 아니요 이름하여 선법이니라.

須菩提여, **所言善法者**는 **如來說 卽非善法**이 **是名善法**이니라.

몸뚱이 착을 거슬러서 하는 모든 일은 선법이라고 하였습니다. 세상에서는 몸뚱이 착을 거스르는 일을 힘든 일로 알고 있습니다. 몸뚱이의 뜻대로 하기는 쉽고, 몸뚱이를 거스르는 일은 하기 어렵다고 합니다. 그래서 좋은 일을 하면서 '내가 좋은 일을 합네.' 하기 쉽습니다. 그러나 이것은 세상 보통 사람의 표준입니다. 무아無我를 실천하는 사람을 표준으로 하는 이야기는 아닙니다.

무아, 무소득을 실천하는 사람에게 선법은 매우 쉬운 일이고 지극히 자연스러운 일입니다. '좋은 일을 합네.' 할 필요조차 없습니다. 선법이라고 이름 지을 것조차 없습니다. 왜냐하면 몸뚱이 착이 없는 이들에게는 하는 일 모두가 선법이기 때문입니다.

24

복덕은 지혜의 공덕에 비교할 수 없다

第 二十四 福智無比分

수보리여, 만약 어떤 사람이 삼천대천세계에 있는 모든 수미산왕만 한 칠보의 무더기로 보시하고, 다른 사람은 이 반야바라밀경 또는 이 경의 대의를 포함하는 간단한 사구게 등을 수지독송하여 다른 사람들을 위해서 설명해 준다면, 수미산왕만 한 칠보로 보시한 복덕은 이 복덕의 백분의 일에도 못 미치며, 백천만 억분 내지 어떠한 산수적인 수로도 비교할 수가 없느니라.

須菩提여, 若三千大千世界中所有諸須彌山王如是等七寶聚로 有人이 持用布施하고 若人이 以此般若波羅蜜經乃至四句偈等을 受持讀誦하야 爲他人說하면 於前福德은 百分에 不及一이며 百千萬億分乃至算數譬喩에 所不能及이니라.

야부 스님의 말씀을 들어 봅니다.*

침을 땅에 꽂을 때 땅이 침에 의해서 얼마나 영향을 받겠는가? 수천 개의 침을 땅에 꽂았다손 치더라도 땅은 별로 영향을 받지 않는다. 하지만 삽으로 땅을 한번 탕 쳐봐라. 그러면 땅이 영향을 받는다. 삼천대천세계에 가득 찬 엄청난 칠보로 보시한 복덕이 매우 클 것으로 생각하지만, 이것은 수천 개의 침으로 땅을 콕콕 찌르는 것이라 비유할 수 있다. 그러나 이 금강경을 수지독송하고 금강경의 대의를 포함한 간단한 글귀라도 다른 사람을 위하여 이야기해 준다면, 그것은 마치 삽으로 땅을 치는 것과 같다고 할 수 있다.

왜 삼천대천세계에 가득 찬 칠보로 보시하는 것보다도 금강경을 수지독송하고 위타인설爲他人說하는 복덕이 비교도 되지 않을 정도로 더 클까요?

'복덕'과 '지혜의 공덕'의 차이입니다. 삼천대천세계에 가득 찬 칠보로 보시하는 것은 복덕에 지나지 않으나, 금강경을 수지독송하고 위타인설하는 것은 지혜의 공덕이 되기 때문이라는 것이지요.

금강경의 내용으로 미루어 보면, 세상을 살아가는 생활 태도는 두 가지로 나눌 수 있습니다. 세상에서 잘 되는 길, 즉 부귀영화를

---

* 『금강경오가해』

추구하는 길과 부처님을 만나서 영생을 얻는 길입니다. 부귀영화를 얻는 것을 금강경에서는 삼천대천세계 칠보로 보시한 복덕이라고 표현하였고, 부처님을 만나서 영생을 얻는 길은 금강경을 수지독송하고 위타인설하는 복덕, 즉 지혜의 공덕으로 표현하였습니다.

이러한 말씀을 기초로 하면, 세상에서 복으로 일컬어지는 부귀영화는 남의 것을 빼앗아 옴으로써 이루어지는 것이 아니라, 보시하고 적선積善하여 얻을 수 있음을 알 수 있습니다. 한편, 부처님과의 만남은 금강경 수지독송과 위타인설로써 이루어진다고 표현하셨는데, 이것은 금강경을 실천함으로써 이루어지는 것입니다.

부처님께서는 이 24분에서 세상에서 부귀영화를 누리며 잘사는 복덕은 부처님을 만나는 지혜의 공덕과 도저히 비교할 수 없다고 말씀하신 것이지요.

그러면 복덕을 추구하는 이와 지혜의 공덕을 추구하는 이의 용심이 각각 어떻게 다를까요?

복福은 무엇을 잘되게 한다든지 부드럽게 하는 분위기나 능력을 말하고, 이러한 복을 구하는 것을 기복祈福이라고 합니다. 기복은 무엇을 바라는 마음입니다. 소원을 성취해서 행복하게 되기를 바라는 것이지요.

소원 성취는 우선 목표를 뚜렷하게 하는 것에서 시작합니다. 그러고는 마음속에 그것을 간절히 그려 넣고 자꾸 되풀이해서 암시를 준다든가 하며 마음이 거기에 매달리게 합니다. 종교인들은 하나님, 관세음보살 또는 지장보살께 소원을 성취하게 해 달라고 한 마음으로 기도하라고 합니다. 반복하여 마음에 새긴다는 점에서는 종교인이나 비종교인이나 동일합니다. 그러고 나서 자기의 목표를 성취하기 위하여 부단히 노력합니다. 우리 식으로 표현하면 부단히 복 짓는 일입니다.

이렇게 소원 성취하는 방법을 보통 사람들은 '암시법'으로, 정신 과학자는 '정신과학'으로 표현하고, 종교인은 '부처님이나 하나님이 주셨다.'라고 할 것입니다. 대개 많은 사람이 이런 식으로 소원을 성취하고 복을 얻는 것 같습니다. 말하자면 이런 것은 삼천대천세계 안에 있는 수미산왕 크기의 칠보로 보시해서 얻는 복덕의 한 형태라고 하겠습니다. 이러한 복은 그 결과가 엄청나게 크더라도 일회성이라 하겠습니다.

이런 식으로 소원 성취를 하고 복을 받고자 하는 이의 용심의 특징은, 목표가 달성되면 '내가 목표를 달성했다. 소원을 성취했다.' 라고 생각합니다. 소원 성취가 목적인 사람은 겉으로는 대단한 종교인처럼 보여도, 실로 마음 닦는 것에는 별 흥미가 없습니다. 왜냐하면 이들은 가시적인 것을 목표로 삼고 있기 때문이지요. 자신의 목표를 성취하기 위해서 마음 닦는 것을 유보합니다.

금강경을 실천하는 사람의 용심은 어떠한가?

금강경을 실천하는 이의 용심은 기복을 하는 이의 용심과는 정반대라고 할 수 있습니다. 기복하는 이는 간절히 무엇인가 바라는 마음이 있지만, 금강경을 실천하는 이는 목표가 없습니다. 굳이 목표라고 한다면 부처님을 만나는 것이겠지요. 그 부처님은 형상이 없습니다.

기복을 하는 사람은 부처님을 진정으로 좋아하지 않습니다. 그들은 부처님이 좋아서 부처님을 믿는 것이 아니라, 복이 좋아서 부처님을 믿습니다. 이러한 마음 자세라면 아마도 그들은 부처님을 만나기 어려울 것입니다.

그러나 금강경을 실천하는 사람은 부처님을 좋아합니다. 좋은 음식을 대할 때, 그 음식을 먼저 자신이 먹겠다는 마음을 내지 않고 부처님께 드리는 마음을 냅니다. 매우 멋진 집이 있을 때 '저런 집에서 내가 한 번 살아 봤으면' 하기 전에 '저 집을 부처님께 드렸으면' 할 것입니다.

부처님을 좋아하는 사람은 좋은 것은 물론이요, 나쁘게 생각되는 것도 자신이 가지지 아니하고 무엇이든지 부처님께 드리는 마음을 냅니다. 그런 공경하는 마음이어야만 금강경을 수지독송하는 사람이며, 부처님과 만남의 길을 가는 삶이라고 할 수 있습니다. 그런데 여기에서의 부처님이란 형상이 없는 부처님입니다. 바로 '약견제상 비상若見諸相 非相'이면 볼 수 있는 부처님, 즉 금강경식 부처님을 말하지요.

부처님을 참으로 좋아하고 금강경을 수지독송하면, 부수적으로 세상일도 잘되는 것처럼 느낄 것입니다. 경우에 따라서 마음만 먹으면 부귀영화도 얻을 수 있을 것입니다. 하지만 그런 사람은 부귀영화에 집착하지 아니합니다. 왜냐하면 부처님께 드리는 것만이 본업이고, 부수적으로 오는 부귀영화에는 그다지 큰 관심이 없기 때문이지요. 그리고 설사 부귀영화가 온다고 하여도, 그것은 너무나 당연한 것이 오는 것이어서 '옳지 왔구나.'라고 감격하지도 않습니다. 또한 '금강경 수행의 길은 대단하다.'라고 생각지도 않습니다.

목적 달성을 지향하는 사람들에게는 금강경 수행이 고행, 난행의 과정이 될지 몰라도, 부처님만 좋아하는 사람은 '금강경 수행은 아주 자연스러운 것이다.'라고 할 것입니다. 마치 공부를 즐겨하는 학생이라면, 공부만큼 쉬운 것이 없다고 하며 누구라도 서울대에 들어갈 수 있다고 자연스럽게 말하는 것과 같습니다. 막노동꾼 출신 서울대 수석 합격자는 이렇게 이야기합니다.*

> 공부가 가장 쉬웠어요.
>
> 여기가 쉬웠다는 것은 머리가 좋다거나 공부에 선천적인 자질이 있다는 것과는 별개다. 왜냐하면 처음부터 쉽지는 않았으니까. 쉬워서 공부를 시작한 게 아니라, 공부에 매달리다 보니 쉬워졌다. '쉽다'는 것의 원인은 '재미있다'는 것이다. 재미있으면 열심히 하게 되고, 열심히 하면 쉬워지게 마련이다.
>
> 그러므로 아무리 공부가 하기 싫어도 시험은 잘 치고 싶고 대학에 가고 싶은 사람이라면, 죽기보다 싫은 공부에 무작정 매달릴 것이 아니라 일단 공부에 재미를 붙이는 것이 급선무다. 사람은 누구나 자기가 관심을 가지는 분야, 재미를 느끼는 분야의 일

---

* 장승수, 『공부가 가장 쉬웠어요』(김영사, 1996)

을 할 때 남들보다 열심히 하게 되고, 또 그만큼 능률도 오르기 마련이다.

그 학생은 시골 학교에서 공부를 중간 정도 하던 학생이었는데, 공부에 취미를 붙이게 되었습니다. 공부를 좋아하게 되었습니다. 밥 먹는 순간에도 공부, 길을 가는 순간에도 공부밖에 몰랐습니다. 공부가 그렇게 좋고 재미있게 되니까 그 사람의 머리가 바뀌었습니다. 이렇게 바뀔 수 있는 원동력은 공부를 좋아한 것입니다. 일등을 하려고 노력했다기보다는, 공부를 그냥 좋아하다 보니까 기억력도 좋아지고 암기력도 좋아지고 판단력도 좋아지고 슬기로워지고 아주 슈퍼스타가 되었어요. 이것을 세상에서는 기적이라고 하겠지만, 공부가 즐거운 본인에게는 자연스러운 일이기 때문에, 누구나 서울대학교에 들어갈 수 있다고 할 수 있었을 것입니다.

만약 우리가 금강경 독송이 아주 재미있어져서 금강경 읽는 것이 환희심이 나고, 복 짓는 일을 하는 것이라 참으로 좋다고 한다면 부수적인 것이 많이 생길 것입니다. 장승수 학생은 공부를 좋아했기 때문에 수석이라고 하는 제한된 복을 받았습니다. 부처님을 좋아하며 금강경을 수지독송할 수 있다면, 무슨 일이든지 안 되는 일이 없을 것입니다. 지극히 자연스럽고 당연하게 될 것입니다. 부처님을 좋아하는 사람은 일이 성취된 것을 대단한 것으로 생각하지 않습니다. 안방에서 건넌방으로 가는 것처럼 쉬운 일이고 자연스러운 일이라고 봅니다.

환희심으로 금강경을 독송하는 사람은 결국에는 진정한 부처님과의 만남을 이룩할 것입니다. 진정한 부처님과의 만남이란, 자신과 부처가 둘이 아니라는 깨달음이라 하겠습니다. 이렇게 되면 금강경에서 '무량무변공덕'이라는 부처님의 말씀이 더 실감 날 것입니다. 그 공덕은 세상의 부귀영화와는 도저히 비교할 수 없는 차원 높은 공덕이라 할 수 있겠지요.

25
제도함이 없이 제도한다
第 二十五 化無所化分

수보리여, 어떻게 생각하느냐? 너희들은 그런 생각을 하지 마라. 부처님이 중생을 제도했다고 생각하지 마라. 그런 소리 하지 마라. 왜냐하면, 실제로 부처님이 제도하신 그런 중생은 없기 때문이니라. 만일 부처님이 제도하신 중생이 있다면, 부처님도 아인중생수자가 있게 되느니라.

須菩提여, 於意云何오 汝等은 勿謂하라. 如來 作是念하되 我當度衆生하라. 須菩提여, 莫作是念하라. 何以故오 實無有衆生을 如來度者니라. 若有衆生을 如來度者ㄴ데는 如來도 則有我人衆生壽者니라.

우리는 부처님께서 모든 중생을 제도하신다고 생각합니다. 보살이 중생을 제도한다는 이야기는 경전에 많이 등장합니다. 도선사의 비석에도 "한 중생을 위해서라도 나는 성불을 연기하며, 신명을 바쳐서 제도하겠다."라는 큰 스님의 글귀가 있습니다. 이러한 것을 보면서 부처님은 중생을 제도한다고 더욱 생각하게 됩니다. 그래서 부처님께 매달리며 복을 달라, 가피加被를 달라, 구원해 달라, 죽으면 천도해 달라고 합니다.

그런데 부처님께서는 여기서 "나는 실로 중생을 제도한 바가 없다."라고 말씀하십니다. 이것이 도대체 어찌 된 까닭입니까?

땅에 씨앗을 심으면, 별다른 장애 조건이 없는 정상적인 경우에 싹이 트는 것은 당연한 일입니다. 그래서 우리는 땅에 씨를 심는 것과 싹이 튼다는 것을 똑같은 것으로 생각해 버리는 사고에 아주 익숙합니다. 그러나 사실은 땅에 씨를 심는 것과 싹이 트는 것은 동일한 것이 아닙니다. 싹이 트는 요건으로는 씨앗과 토지가 있어야 하지만, 그 외에도 필요한 것이 있습니다. 그것을 알기 위해서 마음 닦는 공부를 하시는 분들이 '그 무엇'을 화두 삼아 공부도 하고 드디어는 깨달았다고 이야기도 합니다.

땅에 씨를 심으면 저절로 싹이 트게 하는 원동력, 그것에 이름을 붙이자면 '부처님의 힘' 또는 '부처님'이라고 할 수 있습니다. 달리 말해서, 부처님의 명령이 있어야 싹을 틔운다고 할 수 있는 것입니다. 여기서 말하는 부처님이란 육신의 부처님이 아님은 물론입니다. 진리의 부처님이요, 법칙의 부처님이요, 법신法身의 부처님이라 하겠습니다.

이 이야기를 좀 더 발전시키면, 씨앗뿐만 아니라 원인을 심으면 결과가 나타나게 하는 모든 것을 부처님이 한다고 할 수 있습니다.

관세음보살이나 지장보살께 소원을 빈다고 가정해 봅니다. 관음경이나 지장경에 관세음보살 또는 지장보살께 빌면 소원이 이루어진다고 쓰여 있습니다. 관세음보살 또는 지장보살께 소원을 비는 것은 원인을 심는 것이고, 그 원인에 의해 되어지는 결과는 '부처님의 힘'이라 하겠습니다.

우리는 병은 의사가 고치는 것으로 알고 있습니다. 그런데 사실은 의사가 아니라, 자신 속의 치유력이 고칩니다. 의사는 단지 각자가 병을 치유하는 데 장애가 되는 요소를 제거하고 도와주는 역할만 할 뿐이라는 것이지요.

예를 들어 손을 칼에 베이면 피가 나오는데, 얼마 안 있어 피는 멈춥니다. 피가 응고되어 자연히 멈추는 자연 치유력이 우리 몸속에 있습니다. 편도선이 붓는다든지 기침한다든지 또는 염증이 생기는 것도, 몸을 보호하고 치유하기 위해서 나타나는 현상이지 나빠지게 하는 현상이 아니라는 것이지요.

균형잡힌 음식 섭취라든가 건강한 호흡을 통해서 우리 몸에 본래 있는 치유 능력을 키우고 몸속에 있는 독소를 제거하는 등, 건강해지는 여러 방법이 있습니다. '모든 병은 음식으로 고친다.'라고 히포크라테스가 말했듯이, 우리는 섭생으로써 병 없이 건강할 수도 있습니다.

본래 우리 몸속의 치유 능력을 잘 알고, 장애 요소만 제거하면 병은 치유될 것입니다. 이 치유 능력 역시 '부처님의 힘'이라고 하겠습니다.

마음 닦는 사람들은 마음속의 독소인 탐내고 성내고 어리석은 마음을 제거합니다. 탐진치는 마음을 병들게 하고 몸을 약하게 하기 때문입니다. 탐진치가 없다면 몸속의 치유력은 몸을 건강하게 만들 뿐 아니라 마음의 병도 고쳐 밝게 만들 것입니다. 치유력, 즉 '부처님의 힘'에 의하여 큰 깨달음도 얻을 수 있다는 것입니다. 제도가 되는 것입니다.

그러나 주의해서 알아차려야 할 점이 있습니다. 큰 깨달음을 얻게 해주시는 부처님은 육신의 부처님이 아닙니다. 진리의 부처님, 법칙의 부처님입니다. 육신의 부처님은 중생을 깨달음에 이르게 할 수 없습니다. 중생을 제도하는 것은 진리의 부처님뿐입니다. 그래서 부처님께서는 "육신의 부처님이 중생을 제도하지 않으셨다(실무유중생 여래도자)."라고 하셨습니다.

수보리여, 부처님이 말씀하시는 '나'라고 하는 것은 실제로는 너희들이 생각하는 그러한 '나'가 아니언마는, 보통 사람들은 자기 주관으로 '나'가 있다고 그러는구나.

須菩提여, **如來說 有我者**는 **則非有我**언마는 **而凡夫之人**이 **以爲有我**하나니라.

상락아정常樂我淨이라는 말이 있습니다. 이 말은 부처님께서 깨달으신 열반의 세계를 일컫는데, 그 세계의 성질(모양)이 어떠하냐면, 늘 영원하다고 합니다. 그래서 '항상 상常' 자를 씁니다. 그 자리는 참으로 즐거운 자리라고 하여 '즐거울 락樂' 자를 씁니다. 이것이야말로 '참나'입니다. 그래서 '나 아我' 자를 씁니다. 그리고 이것은 조촐하다는 뜻에서 '맑을 정淨' 자를 씁니다.

여기서 말하는 '참나'라는 것이 바로 부처님께서 말씀하신 '나'에 해당한다고 볼 수 있습니다. '참나'는 중생들이 생각하는 '나'와는 다르다는 뜻으로 "즉비유아則非有我"라고 표현하셨습니다. 부처님께서 말씀하신 '나'는 너희들이 생각하는 그런 '나'가 아닌데, 즉 '내가 있음'이 아닌데 보통 사람들은 '내가 있다(有我)'라고 주장한다는 것입니다.

수보리여, 범부라고 하는 것도 사실은 범부가 아니다.
須菩提여. 凡夫者는 如來說 則非凡夫니라.

부처님 당시에 어떤 사람이 부처님 공부가 참 좋다는 이야기를 듣고 부처님을 만나러 갔습니다. 요즘도 대통령 만나기가 어렵듯이 그 당시에도 부처님을 만나기가 어려웠던 것 같습니다. 부처님께서 모든 사람을 다 만날 수가 없으셨기 때문에, 오는 이들을 제자들이 선별하여 부처님을 만나 뵐 수 있게 하였던 모양입니다.

어떤 사람이 부처님의 상수 제자인 사리불에게 갔습니다. 사리불은 그를 보고 공부할 재목이 아니라고 생각하였습니다.

"당신의 과거를 보니까 천생千生 전前 이래로 조그마한 선근 하나 심은 것이 없습니다. 그러니 금생에는 공부하기 어려우리라 생각됩니다. 돌아가서 금생에는 복을 좀 짓고 내생에나 밝아질 것을 기약하십시오."

전생을 천생이나 본다는 사리불이 하는 말이니까 이 사람은 낙망할 수밖에 없었겠지요. 슬피 울면서 돌아가는 길에 우연히 부처님을 뵈었습니다. 부처님께서 이유를 물으셔서, "제가 부처님을 뵈러 갔는데 사리불 존자께서 천생 이래 선근이 없다고 하시기에, 공부에 인연이 없는 것 같아서 그냥 돌아가는 길입니다."라고 말씀드렸습니다.

부처님께서 그를 달래서 데리고 오셨습니다. 그리고 사리불에게 물었습니다.

"왜 이 사람을 가라고 했느냐?"

"이 사람은 천생 동안 아무런 좋은 일을 한 적이 없어서 돌려보냈습니다."

"아니다. 그는 삼천 생 전에 호랑이를 피하여 도망가다가 나무 꼭대기에 올라갔었다. 나무 위에서 보니 내려가면 호랑이한테 물려 죽을 것 같았다. 그는 그런 고통의 상황에서 진심으로 '부처님, 부처님' 하고 간절히 부른 적이 있다. 그런 선근 인연으로 이 사람은 공부할 수 있다."

부처님께서 그를 데려다 공부시켰다고 하는 이야기가 있습니다.*

가능성을 많이 보는 분, 즉 장점을 많이 발견하는 사람은 지혜가 높을 것입니다. 지혜가 높을수록 장점을 많이 보고 가능성을 많이 볼 수 있습니다. 지혜가 아주 수승하여 부처의 가능성까지 보는 이가 아마 부처님일 것입니다. 부처님 눈에는 범부가 안 보일 것입니다.

이처럼 '부처의 씨앗이 있고, 언젠가 부처가 될 사람을 어떻게 범부라고 하겠느냐? 너희들이 범부라고 하지만 부처님이 보기에는 범부가 아니다.'라는 뜻으로 "범부자 여래설 즉비범부"라고 하셨습니다.

---

* 김재웅, 『그 마음을 바쳐라』(용화, 1995)

26

법신은 32상(색신)이 아니다

第二十六 法身非相分

수보리여, 어떻게 생각하느냐? 32상이 있으면 여래라고 볼 수 있겠느냐?

수보리 존자가 대답하기를,

예. 그렇습니다. 32상(32가지 모습)이 있으면 여래라고 볼 수 있습니다.

부처님께서 이 이야기를 들으시고 말씀하시기를,

32상으로 여래를 볼진대 전륜성왕도 곧 여래겠구나.

수보리 존자가 다시 부처님께 말씀드렸다.

제가 부처님 뜻을 이해(해석)하기로는 마땅히 32상으로 여래를 볼 수가 없습니다.

須菩提여, 於意云何오 可以三十二相으로 觀_如來不아

須菩提言하되

如是如是니이다. **以三十二相**으로 **觀_如來**니이다.

佛言하사되

須菩提여, **若以三十二相**으로 **觀_如來者**ㄴ데는 **轉輪聖王**이 **則是如來**니라.

須菩提白佛言하되

世尊하, **如我解佛所說義**로는 **不應以三十二相**으로 **觀_如來**니이다.

부처님의 모습을 본다는 말씀은 앞서 5분, 13분, 20분에서도 나왔습니다. 그때는 '본다'를 '볼 견見' 자로, 여기서는 '볼 관觀' 자로 표현하셨습니다. 견見 자를 써서 부처님의 모습을 본다고 할 때는 부처님의 잘생기신 32가지 몸매, 외양外樣을 보는 것입니다. 반면 관觀 자를 쓸 때는 부처님의 몸매인 외양을 보는 것이 아니라, 부처님의 거룩하신 몸매를 만든 용심用心을 보는 것이라고 생각할 수 있습니다.

대체로 겉모양을 보고 속마음을 판단할 수 있다고 합니다. 예를 들어 미간이 넓은 이가 있다면 그의 마음 씀씀이는 넓을 것입니다. 그리고 인중이 긴 사람은 오래 산다고 하는데, 그는 아마도 오래 살 수 있는 덕성을 지녔을 것입니다. 인중이 길다든지 미간이 넓은 것은 그렇게 될 용심이 있었기 때문입니다.

아마도 부처님의 미간은 넓고, 인중도 길었을 것입니다. 그렇게 될 용심을 가졌으므로 32상을 가진 몸매를 나타내신 것입니다. 이런 경우 "그 훌륭한 성품을 가지고 부처라고 하겠느냐."라고 묻는 것을 "관여래부觀如來不"라고 할 수 있겠지요.

수보리 존자가 들어보니 그럴듯해서 그렇다고 말씀드리니 부처님께서 "전륜성왕도 32가지 덕성을 가지고 있어서 32가지의 훌륭한 몸매를 나타내는데, 그렇다면 전륜성왕도 여래겠구나."라고 말씀하시는 것입니다.

전륜성왕은 온 천하를 정복하여 통일하는 무적의 대왕大王이라는 뜻으로, 그도 32가지 몸매를 만들 만한 덕성을 가지고 있지만 전륜성왕일 뿐입니다. 수보리 존자가 이 말씀을 듣고 가만히 생각해 보니 말이 안 되거든요. 그래서 대답을 이렇게 바꿨습니다.

"마땅히 32가지의 몸매를 만든 용심을 보고는, 부처라고 할 수 없습니다."

여기서 알아 둬야 할 것은, 23분에서 잘되는 것이 불법과 무관하다는 말씀을 드렸습니다만, '잘생긴 사람이 부처냐? 아니면 신통을 많이 나타내는 사람이 부처냐? 또는 신선처럼 수명이 긴 사람이 부처냐?'라고 한다면, 그런 것과 부처와는 무관하다는 것입니다. 그런 뜻으로 수보리 존자는 "불응이삼십이상 관여래"라고 하였습니다. 그러한 것과 부처는 완전히 무관하다는 말씀으로 그 연결고리를 단호히 끊었습니다.

모든 도인은 훌륭한 외모를 가지고 있다고 합니다. 그렇다고 잘생긴 분들을 다 도인이라고 볼 수는 없을 것입니다. 부처님은 32상을 나타낼 수 있는 덕성의 용심을 가지고 있습니다. 그렇다고 32상을 갖춘 모든 이를 32상을 만드는 덕성의 용심을 가지고 있다고 생각하여 부처님으로 보아서는 안 된다는 말씀입니다.

그러자 부처님께서는 게偈로써 말씀하셨습니다.
만일 색으로 나를 보려 하거나 음성으로 구하고자 한다면,
이는 몸뚱이 착이 있음이라 여래를 볼 수 없으리라.
爾時에 **世尊**이 **而說偈言**하사되
若以色見我커나 **以音聲求我**하면
是人은 **行邪道**라 **不能見如來**니라.

복덕이라고 하는 것은 한시적이어서 언젠가는 없어지는 것이지만, 혜慧 또는 깨달음은 영원하다는 뜻으로 부처님께서는 금강경 곳곳에서 '삼천대천세계에 가득 찬 칠보로 보시하는 공덕보다도, 이 금강경을 수지독송하는 공덕이 더 크다.'라고 누누이 말씀하셨습니다.

여기에 나오는 32상은 복이라 할 수 있는데, 그 32상을 나타나게 하는 용심은 복 짓는 마음이고 훌륭한 마음이지만, 부처님을 만드는 것은 아니라는 것입니다. 그래서 부처님을 좋은 색, 좋은 소리와 같은 형상이나 외양(모습)으로 보지 말라는 것이며, 또한 겉으로 나타난 가시적인 성과成果로도 보지 말고, 그런 성과를 가져오게 한 원인에서도 찾지 말라는 것이지요.

그런 이유로, 그러한 것에서 부처님을 보거나 찾으려 한다면 그는 사도邪道를 행하는 것이라고 말씀하십니다. 사도란 몸뚱이 착이 시키는 대로 하는 행위라고 해석하면 알기 쉬울 것입니다. 몸뚱이 착이 없는 사람은 복 지은 것이나 겉으로 나타난 모습에서 부처님을 보거나 찾으려고 하지 않는 데 비해서, 몸뚱이 착이 있는 사람은 색깔이나 음성에서 부처님을 보거나 찾으려 한다는 것입니다.

몇 가지 실례를 말씀드립니다. 금강경 수지독송을 생활화한 분들은 거의 모두 살결이 보드라워지는 것을 체험합니다. 이분들이 살결이 보드라워지기를 기원한 적은 전혀 없고, 오로지 마음을 비우고 마음속에 있는 생각을 부처님 만들려고 했을 뿐입니다. 그런데 어떤 영문인지는 몰라도 금강경을 수지독송하던 때와 맞추어서 살결이 보드라워졌습니다.

자연식 식사를 해 보신 분, 예를 들면 콩을 식초에 넣어서 일주일 정도 지나 퉁퉁 불면 초콩이라 하는데, 그것을 하루에 다섯 알 정도씩 일 년 동안 먹은 분들이 피로가 없어지고 피부가 보들보들해지더라고 합니다. 자연식을 하여서 살결이 보드라워졌다고 하면 자연식과 살결이 보드라워진 것은 연관 지을 수 있습니다. 왜냐하면 초와 콩이 화학 반응을 일으켜 피부에 좋은 영양을 공급한 결과로 볼 수 있기 때문입니다.

그러나 금강경을 수지독송한 것이 원인이 되어 살결이 보드라워진 결과가 나타났다고 한다면 이것은 잘못입니다. 금강경을 수지독송하는 것은 물질적으로나 정신적으로나 어떠한 원인을 제공한 것이 아니기 때문입니다.

또 다른 이야기입니다. 어떤 사람이 농약이 묻은 번데기를 먹었습니다. 그 당시 농약을 친 번데기를 먹고 죽은 사람들이 있어서 신문지상에도 몇 번 올랐을 때의 일입니다. 그는 번데기를 먹은 후 정신이 어질어질하고 혼미해졌습니다. 그는 평소에 집중을 통해 자기 마음을 잘 조절함으로써 바로 그 결과가 나타나게 하는 데 익숙했던 사람입니다. 정신이 어질어질하자 그는, 독이 몸속에서 사라져 몸이 깨끗해지는 자신의 모습을 일념으로 상상하였습니다. 그랬더니 기적이라고 할 정도로 빠르게 제정신을 회복하였답니다. 다만 팔에 약간의 검은 흉터가 남기는 하였지만….

이와 비슷한 경험을 하신 분이 또 있습니다. 이분은 평소에 경을 많이 읽으셨는데, 파라치온이라는 농약을 치다가 잘못하여 농약을 숨으로 들이마셔 정신이 어지럽고 까마득해졌습니다. 그런데 그는 평소에 금강경을 많이 읽던 자신감이 있어서인지, 병원으로 달려가지 아니하고 금강경을 읽기로 했습니다. 한자리에 앉아서 금강경을 열 번 읽었더니 독이 깨끗이 없어지더라는 것입니다.

번데기를 먹었던 이의 경우, 그는 마음속으로 나아진다는 상상을 함으로써 나아졌습니다. 그리고 집중을 한 것은 효율(성과)을 높이기 위한 추진력이 되었을 것입니다. 물질적으로 치료의 원인을 제공한 것은 아니지만 정신적으로는 치료의 원인을 제공한 것입니다. 이것은 어떤 원인에 의해서 결과가 나타난 것이 됩니다.

그러나 금강경을 읽음으로써 나아진 것을 '원인에 의한 결과'로 보는 것은 잘못입니다. 왜냐하면 정신적으로나 물질적으로나 아무것도 제공하지 아니했기 때문입니다. 금강경을 독송하는 것은 '무심無心을 연습한 것'이라 할 수 있습니다. 금강경은 마음을 비우게 하는 경이기 때문입니다.

금강경을 수지독송함으로써 살결이 보드라워진 것이나 농약의 독에서 벗어난 것은 어떤 원인에 대한 결과라고 할 수 없습니다. 나아지게 하는 원인이 없습니다. 그런데도 살결이 보드라워진다든지 해독이 되는 것으로 나타났습니다.

비워서 원인이 없는 자리, 그 자리는 아무것도 없다고 하겠습니다. 진공眞空입니다. 그러나 그냥 아무것도 없는 텅 빈 자리냐 하면, 그렇지는 않고 묘하게 그 무엇이 있는데, 그것에 이름을 붙인다면 아마도 '부처님 광명'이라고 할 것입니다. 이렇게 원인 없이 일이 되어지는 것을 '부처님 광명이 한다.'라고 이름 붙일 수 있을 것입니다.

그러면 부처님 광명은 보드라워진 것만 나타내느냐 하면, 경우에 따라 날카로운 고슴도치와 같은 모습도 나타낼 수 있습니다. 부처님의 모습은 반드시 보기 좋은 모양만은 아닙니다. 약한 사람에게는 부드럽게, 사나운 사람에게는 엄하게 보일 수도 있을 것입니다. 이 다양한 모습은 원인을 심어서 얻어진 것이라 할 수 없습니다.

지금까지의 말씀을 다시 정리합니다.

몸뚱이를 가지고 있는 이들은 거룩한 몸매를 관조(觀照: 근본을 보다)하고 거기서 부처를 발견하고자 하기 쉽다. 왜냐하면 모든 것들이 원인에 의해서 결과가 나온 것으로 생각하기 때문이다.

그래서 그 32상을 만드는 원인을 생각하고, '저것이 부처의 용심인가 보다.' 또는 '저렇게 하다 보면 부처가 되는가 보다.'라고 원인과 결과를 연결하여 부처님의 잘생긴 몸매를 만드는 용심의 연장선상에서 부처를 찾기 쉽다.

그러나 실제로 부처님의 경지는 32상과 연관이 있는 것도 아니고, 연장선상에서 되어지는 것도 아니다. 그것하고는 완전히 무관하다는 뜻으로 "이 잘생긴 32상으로써 부처를 보지 마라."라고 설하신다.

우리는 모든 것이 인과의 법칙으로 되어졌다고 보는 데 아주 익숙해져 있다. 그런데 이렇게 보는 것은 우리가 몸뚱이 착에 매여 있기 때문인 줄 알아야 한다. 몸뚱이 착을 가지고 있는 한, 원인 지은 결과 외에 아무것도 볼 수 없기 때문이다.

살결이 보드라워지는 것도 농약의 중독에서 벗어나는 것도 '무심함'으로써 이루어질 수 있으며, 이것은 원인 지어 얻은 결과라 할 수 없다.

27

끊을 것도 없고 멸하여 없어질 것도 없다

第二十七 無斷無滅分

수보리여, 너는 '여래가 상을 구족했기 때문에 아누다라삼막삼보리를 얻은 것이 아니다.'라고 생각하느냐? 수보리여, 여래는 상을 구족했기 때문에 아누다라삼막삼보리를 얻은 것이 아니라고도 생각하지 마라.

須菩提여, 汝若作是念하되 如來不以具足相故로 得阿耨多羅三藐三菩提하라. 須菩提여, 莫作是念하라. 如來不以具足相故로 得阿耨多羅三藐三菩提니라.

"부처님은 32상을 만든 그 원인에서 나오는 것도 아니고, 그 원인과 연관이 있는 것도 아니다."라고 설하신 것이 26분입니다. 그래서 26분의 말씀을 듣고는 부처님 법은 원인과 결과가 완전히 무관한 것이라고 생각하기 쉽습니다. 그러나 이렇게 보는 것 또한 옳은 견해가 아니라는 것입니다. 부처님께서 이것을 경계하여 하신 말씀이 27분입니다. 즉, 결과가 아무 원인 없이 별도로 존재하는 것 또한 아니라는 말씀이지요.

"상을 구족했기 때문에 아누다라삼막삼보리를 얻은 것이다."라는 말씀은, 밝아지는 결과를 얻으려면 반드시 복을 짓는 원인을 지어야 한다는 것을 강조하시는 것입니다. '구족상'은 복을 충분히 지은 것을 의미하는 용어라 하겠습니다. 복이 구족되지 않고서는 아누다라삼막삼보리(깨달음)를 얻을 수 없다는 것을 일깨워 주시려고 하는 것이지요.

복을 지어야 온전한 믿음이 생기고, 이 믿음이 성장하여 지혜가 생기고, 드디어는 큰 깨달음에 이를 수 있다는 말씀입니다.

'복을 지어야 혜가 밝아진다.'라는 말씀은 금강경 4분에서도 인용하였습니다. 복을 짓는 것은 밝아지는 데 필요한 기초작업이라 하겠습니다. 김유신 장군은 이렇게 표현하였습니다.

> 모든 일에서 성공해 본 사람이 불법을 안다.
> 백전영웅 지불법 百戰英雄 知佛法

모든 세상일에 성공한다는 것은 복을 많이 지었다는 것으로, 구족상을 갖추었다는 말입니다. 그리고 불법을 안다는 것은 지혜가 난다는 말입니다. 예를 들어서 돈 버는 일에 성공해 본 사람이 다음과 같이 깨닫는 것과 같지요.

'돈을 많이 벌고 사람들에게 베풀어 보니 마음속에 궁한 마음이 없어지더라. 궁한 마음이 없어지니 마음이 여하한 경우에도 흔들리지 아니하는 것을 알겠으며, 마음이 여하한 경우에도 흔들리지 아니하니 세상 돌아가는 이치를 더욱 확실히 알겠더라.'

이런저런 일 해 보고, 세상일들을 하나둘 통달하고 나니까 드디어는 부처님 법이 이해된다는 것입니다.

금강경을 수지독송하는 사람들은 잠이 줄어든다고 합니다. 금강경 공부를 100일, 200일 계속하다 보니까 예전에는 잠을 8시간은 꼭 자야 하는 것으로 알았는데, 지금은 2~3시간만 자도 과거 8시간을 잤을 때와 별 차이를 느끼지 않거나 오히려 과거보다 더 활력 있고 상쾌해졌다면, 이렇게 된 것을 '잠이 부드러워졌다.' 또는 '잠에 익숙해졌다.'라고 할 수 있겠지요.

그동안 잠이라는 것은 실제로 있는 것이어서 극복해야 할 대상인 줄 알았는데, 알고 보니 잠이란 것이 본래 있는 것이 아니라는 느낌이 듭니다. 드디어 '잠이 본래 없다.'로 '실무중생 득멸도자'라는 말씀이 실감 나고 믿어지게 됩니다. 그리하여 우리 의식이 바뀔 수도 있습니다.

이렇게 세상일에 통달한 것이라든가 잠이 부드러워진 것을 복福이라고 할 것입니다. 그리고 복이 있음으로써 '실무중생 득멸도자'라는 부처님의 진리의 말씀에 대하여 믿음이 서게 되는 것을 혜(慧: 깨달음)라고 할 수 있습니다.

결과인 깨달음은 원인이라 할 수 있는 세상일에서의 통달이나 잠이 부드러워진 것의 연장선상에 꼭 있는 것은 아니나, 이처럼 원인을 짓지 아니하고는 깨침으로 가는 방도가 별도로 있는 것도 아니라는 것이지요.

수보리여, 혹시 이렇게 생각하고 있지 않느냐? '아누다라삼막삼보리를 얻고자 하는 사람은 모든 법에 단멸한다(끊고 없앤다).' 라고. 그렇게 생각하지 마라. 왜냐하면 아누다라삼막삼보리의 마음을 낸 자는 모든 법에 대하여 단멸하여 되어진 모습의 이야기는 하지 않느니라.

須菩提여, **汝若作是念**하되 **發阿耨多羅三藐三菩提者**는 **說諸法**에 **斷滅相**하라. **莫作是念**하라. **何以故**오 **發阿耨多羅三藐三菩提心者**는 **於法**에 **不說斷滅相**이니라.

"아누다라삼막삼보리의 마음을 낸 이는 모든 법에 대하여 단멸하여 되어진 상이라는 생각을 하지 않는다."라는 것은 마음속에 이것과 저것을 나누어 본다거나 끊는다, 없앤다는 마음을 내지 않는다는 말씀입니다. 다시 말해서 부처님 향하며 사는 사람들은 '아니' 하면서 부정적으로 사는 것이 아니라, '네' 하면서 긍정적으로 산다는 것을 의미합니다. '아니' 하면 온갖 분별이 뒤따르고, '네' 하면 일어났던 분별이 사라지게 됩니다. 세상을 슬기롭게 또 행복하게 사는 사람들의 한 이야기를 들어 봅니다.*

거리를 가는데 누가 느닷없이 큰 소리로 “너, 도둑이지!” 하고 소리를 지르고 달려든다면, 아마 백이면 백 사람이 다 “아니, 뭐라고! 내가 도둑이라니.” 하고 길길이 뛸 것이다. 그럴 때 영문도 모르고 그렇게 뛰기보다는 “네” 하고 수긍하고 나서 “그런데 난 모르는 일인데요.” 하고 조용히 대답하면 어떨까?

당신은 도대체 하루를 사는 동안 ‘네, 아니오’ 중 어느 말을 많이 쓰는가? 아마 대부분의 사람이 ‘아니오’를 많이 쓰지 않을까? 또 그 사람의 말이 옳지 않다, 내 생각과 다르다고 할 때 반드시 앞에 쓰는 말이리라.

그러나 앞에서처럼 멀쩡히 가다가 도둑이라고 누명을 썼을 때, 대뜸 “아니, 뭐라고?” 하며 펄펄 뛰는 것과 “네, 그런데 무슨 말씀이지요?” 하고 차분히 묻는 것과 어느 쪽이 더 상대방으로 하여금 자기 이야기가 옳지 않았다는 것을 납득하게 하는 힘이 있을 것인가?

세상일이란 어떤 것도 딱 잘라 좋다, 나쁘다, 옳다, 그르다를 가릴 수가 없다. 자기가 당해보고 겪어 보면 수긍하지 못할 일이 없는데, 그렇지 못할 때 시비가 생긴다. 아무리 ‘객관적으로 보자면…’ 이라든지 ‘내 입장을 떠나서 이야기하자면…’ 해 봐야, 흔한 말로 개가 ‘꼬끼오’ 못 하고 닭이 ‘멍멍’ 못 하듯이 누구나 결국 자기 소리할 뿐이다. 모두가 다 자기에게 좋고 자기 편리하게

* 김정섭, 『행복한 마음』(김영사, 1985)

만 생각하기 때문이다.

…중략…

상대방 이야기에 "네, 그렇지요."라고 인정했다가는 자기 이야기는 영 못 할 것으로, 꼭 죽는 것으로 생각한다. 그러나 아무리 황당한 소리를 듣더라도 "네" 하여 일단 받아들이고, "그런데 그것보다는 이러이러할 것 같소. 이것이 어떨까요? 잘 모르겠다."라는 식으로 얼마든지 이야기할 수 있다.

어떤 일, 무슨 말이든지 이렇게 "네"로 대할 때 참으로 넉넉히 자기 할 이야기를 다 하고 상대를 수긍시킬 수 있는 것이며, 그렇게 될 때 너와 나는 물론 온 세상을 화목하게 하는 것이다.

세상에 "네"라는 말만큼 우리 마음을 너그럽고 윤택하고 포근하게 하는 것은 없다.

'아니오' 하는 것은 나누어 보는 마음, 분별심 연습이 될 수 있습니다. 사물을 단멸해 볼 때 '그렇다, 아니다'를 분명하게 말할 수밖에 없습니다. 그에 비해서 '네' 하는 것은 사물을 둘로 나누어 보지 아니하는 데 기초한 마음입니다. '네' 하는 마음은 무엇을 끊거나 없애지 아니합니다. 모든 것을 다 수용하는 마음입니다.

서양 사람들은 자신의 감정을 잘 표현합니다. 좋아할 때는 그토록 좋을 수가 없을 정도로 좋은 표현을 합니다. 감정의 높낮이가 가파른 이러한 유類도 단멸하는 마음일 것입니다. 확실하게 선 긋는 마음, 흔히 쓰는 용어인 '흑백 논리'도 분별심으로, 단멸상에 해당되는 사고思考라 할 것입니다.

앞서 25분에서도 범부가 사실은 범부가 아니라고 하지 않았습니까? 우리 눈에는 범부로 보이고 깨닫지 못한 사람으로 보이지만, 부처님의 눈에는 깨닫지 못한 사람도 깨달은 사람과 차이가 없고 부처와 다르지 않다는 말씀입니다. 부처님 눈에는 범부와 부처의 구분이 없습니다. 그러나 아상이 심한 사람은 이러한 구분이 확실합니다. 그에게는 범부와 도인, 좋고 싫음의 구분이 분명합니다.

우리에게는 좋아하는 마음과 미워하는 마음이 있습니다. 그런데 이것이 사실은 둘이 아니라고 합니다. 마음 닦는 이들은 사람을 좋아하되 기대는 하지 않습니다. 이에 비해, 몸뚱이 착이 심한 이들은 좋아하는 마음과 기대하는 마음을 동시에 가집니다. 그래서 좋아하는 사람이 기대에 어긋나면 그다음부터는 미워하기 시작합니다. 그런데 미운 마음속에는 미안한 마음이 포함되어 있습니다. 그래서 이 미운 마음이 쉬면, 미안한 마음이 좋아하는 마음으로 바뀝니다. 좋아하는 것과 미워하는 것을 둘로 보지 말아야 한다는 것이지요.

좋다는 마음이 곧 미워하는 마음입니다. 범부와 성인이 둘이 아니듯이 말입니다. 이와 같이 다 나누어 보고 잘라 볼 것이 없다는 뜻으로 "아누다라삼막삼보리의 마음을 낸 자는 모든 법에 대하여 단멸하여 되어진 모습의 이야기는 하지 않느니라."라고 말씀하셨습니다.

28

복덕을 가지지도 않고 탐하지도 않는다

第二十八 不受不貪分

수보리여, 만약 보살이 항하의 모래만큼 많은 세계에 가득 찬 칠보를 보시하고, 또 어떤 사람이 일체의 법이 내가 없음을 알아서 그것을 연습하여 습관이 된다면, 이 보살은 앞의 보살이 얻은 공덕보다도 더 나으니, 왜냐하면 이 보살이 복덕을 받지 않은 연고니라.

須菩提여, 若菩薩이 以滿恒河沙等世界七寶로 持用布施하고 若復有人이 知一切法無我하야 得成於忍하면 此菩薩은 勝前菩薩의 所得功德이니 須菩提여, 以諸菩薩이 不受福德故니라.

앞에서도 여러 번 복덕에 대한 이야기가 있었습니다만, 이번에도 항하의 모래만큼 많은 세계에 가득 찬 칠보를 보시하는 복덕이 매우 크지만, 일체의 법이 내가 없음을 알고 그것을 연습하여 습관이 된다면, 이 보살이 얻은 공덕은 앞의 보살이 얻은 공덕보다 더 낫다고 유위복과 무위복을 비교하여 말씀하십니다.

세상에서 부귀영화를 누리고 하는 일마다 언제나 잘되는 이가 있다면, 그는 금생 또는 숙세에 보시와 봉사를 많이 했기 때문일 것입니다. 따라서 지금 부귀영화나 좋은 일이 되는 복을 받는 것입니다. 이것은 유위복이 되겠지요. 무위복이란 부처님의 말씀인 '내가 없음'을 알아서 그것이 습관이 되고 자기 것이 되는 것입니다.

'지일체법무아知一切法無我'는 자신에게 일어나는 모든 생각이 본래 없는 것임을 아는 것이며, '득성어인得成於忍'은 자기가 안 것을 자꾸 연습하다 보면 몸에 배어서 습관이 되는 것을 말합니다. '득성어인'과 같은 의미의 내용을 부처님께서는 6분에서 '이차위실以此爲實'이라는 말씀으로 표현하기도 하셨지요.

'지일체법무아 득성어인'은 자신에게 일어나는 모든 생각이 본래 없는 것임을 깨달아, 그 깨침을 반복하고 연습함으로써 본래 있는 것이 아니라는 사고가 익숙해져 습관이 된다는 뜻입니다.

그러면 실생활에서 어떠한 것이 '지일체법무아 득성어인' 하는 예가 될 수 있을까요?

가행정진加行精進하는 사람은 하루에 세 시간 이상 잠들지 않는 연습을 합니다. 가행정진하지 않을 때는 하루에 7~8시간을 자면서도 잠들 땐 깊게 곯아떨어졌는데, 가행정진을 함으로써 하루에 한두 시간만 자도 되고, 잠을 자더라도 깊게 곯아떨어지지 않게 되어 '잠이라는 것은 본래 있는 것이 아니며 본래 없다.'라는 믿음에 이르게 된다고 합니다. 이런 믿음을 자꾸 연습해서 익숙해지면 '잠은 안 자면 안 된다.'라는 고정관념에서 벗어나게 되고, '모든 것은 본래 있는 것이 아니라고 하신 부처님의 말씀이 맞는구나.' 하는 깨달음에 이르게 된다는 것이지요.

잠을 예로 들었습니다만, 모든 것이 다 그렇다고 하겠습니다. 가난도 마찬가지입니다. 가난해서 고통스러울 때, 가난이 꼭 있는 것처럼 느껴집니다. 그런데 자꾸 공부하다 보면 가난이라는 것이 실제로 있는 것이 아니라는 믿음에 이르게 되고, 공부가 더욱 성숙해지면 가난이 본래 없는 것을 깨닫게 된다고 합니다.

병도 그렇습니다. 병으로 고통스러울 때는 병이라는 것이 꼭 있는 것처럼 느껴집니다. 그런데 병이라고 하는 것도, 고통이라고 하는 것도 실제로는 있는 것이 아닙니다. 부처님의 가르침을 자꾸 따르다 보면 원래 없는 것처럼 느끼게 되고, 드디어는 '원래 없는 것'을 깨닫게 된다고 합니다. 실제로 없는 것이므로, 관념상으로만 없다고 느껴지는 것이 아니라는 것이지요.

사람들은 죄를 지었다는 생각 때문에 괴로워하기도 합니다. 그런데 죄라는 것도 깨치고 보면 실제로 있는 것이 아니랍니다. 자꾸 바치다 보면 죄가 본래 없다는 것이 깨달아지는데, 관념으로만 깨달아지는 것이 아니고 본래 죄라는 것도 없는 것이기 때문에 진정 죄 사赦함을 받는다는 것입니다. 사실, '죄 사함'이라는 것도 원래는 없는 것이지요. 『천수경』에 다음과 같은 유명한 말씀이 있습니다.

죄는 본래 없는 것, 마음이 일어날 때 따라 일어나.
마음이 허망한지라 죄 또한 허망해.
마음이 허망한 줄 알면 죄는 없어져 둘 다 비니,
이렇게 하는 것이야말로 진정한 참회일세.
죄무자성종심기罪無自性從心起
심약멸시죄역망心若滅時罪亦忘
죄망심멸양구공罪忘心滅兩俱空
시즉명위진참회是卽名爲眞懺悔

가난이라는 것도 본래 없는 것임을 깨닫게 되면 가난과는 무관해집니다. 관념상으로만이 아니라 실제로도 모든 것이 다 풍요롭고 구족할 뿐만 아니라, 자신에게도 구족되어 있음을 깨닫게 되므로 가난과 무관해진다는 것이지요.

수보리 존자가 부처님께 말씀드리기를,
부처님이시여, 보살이 복덕을 받지 않는다는 것이 무슨 뜻입니까?
수보리여, 보살은 지은 바 복덕을 마땅히(으레) 탐착하지 않는다. 그런 연고로 복덕을 받지 않는다고 이야기하는 것이니라.
須菩提白佛言하되
世尊하, **云何菩薩**이 **不受福德**이니잇고
須菩提여, **菩薩**의 **所作福德**을 **不應貪着**일새 **是故**로 **說不受福德**이니라.

분별심이 있는 보통 사람이 도인이라고 알려진 분을 찾을 때는 대개 근심 걱정 보따리를 들고 갑니다. 그런데 도인이 근심 걱정 보따리를 들고 온 사람에게 "왜 이렇게 어리석은 짓을 하느냐? 원래 근심 걱정이라는 것은 없는 것이다. 착각 속에 살지 마라." 한다면, 아마 대부분 사람은 이 이야기를 믿지 않을 겁니다. 그러고는 '이 법문은 너무 어려워서 나에게는 맞지 않는다. 그러니 나는 그냥 돌아갈 수밖에 없다.'라고 생각할 것입니다.

한 번 말씀드린 적이 있습니다만, 혜가 대사가 달마 대사께 찾아가서 여쭈었습니다.

"근심 걱정이 많은데 어떻게 하면 되겠습니까?"

"근심 걱정이 많다고 하는데, 그것을 나에게 가져와 봐라."

혜가는 달마 대사의 뜻을 금방 알아차렸습니다. '그것이 본래 없는 것이구나.'라고 생각하여, 다시는 근심 걱정하지 않았다는 이야기가 있습니다.

혜가 대사 같은 분은 그렇게 단번에 신심을 냈는지 몰라도, 사람들은 대부분 가난, 업신여김, 병 등이 실제로 없는 것처럼 느끼지 못합니다. 그러면 보통 사람들은 어떤 과정을 거쳐서 믿음에 이르게 될까요?

예를 들면, 금강경 독송과 같은 공부를 하면서 '내가 없다.' 하는 마음을 연습하고 드디어는 득성어인得成於忍이 되면 '내가 이렇게 보는 것은 착각이구나.'라고 깨치게 된다는 것이지요. 관념으로만 깨닫는 것이 아니라 실제로도 내외적內外的으로 다 풍요로워져서 가난이라는 것은 본래 없는 것임을 깨닫게 된다는 것입니다. 한 도인의 말씀으로 정리해 봅니다.

> 너희들이 처음에 근심 걱정 보따리를 들고 왔을 때 '근심 걱정이라고 하는 것이 본래 없는 것이다.'라고 이야기했으면, 너희들은 그냥 돌아갔을 것이다. 그런데 나는 너희들에게 '그것도 좋은 것이니 부처님께 바쳐라.' 했다. 그래서 너희들은 부처님께 바치다 보면 무슨 좋은 것이 되는 줄로 알고 바쳤다.
>
> 그렇게 자꾸 바쳐 보니까 어떻더냐? 실제 내외적內外的으로도 좋게 되기도 하였지만, 본래 있지 않다는 것이 느껴지지 않더냐? 좀 더 나아가면 모든 것이 본래 없는 것임을 깨닫게 되느니라.

우리가 공부하는 것은 '본래 없음'을 알기 위해서이지, 보물 찾듯 무엇을 찾기 위해서 하는 것이 아니라는 것입니다. 공부를 계속하다 보면 마치 옥수수 껍질을 하나하나 벗기면 그 알몸이 드러나듯, 마침내 분별이 본래 없다는 것을 깨치게 되겠지요.

이처럼 부처님을 향하여 공부하는 과정에 여러 가지 좋은 일이 일어날 수 있습니다. 그러나 그 좋은 일까지도 본래 없는 것임을 알아 자기가 가지지 않아야 한다는 것이지요. 즉, 불수복덕不受福德해야 한다는 것입니다. 보살이 그 복덕을 받지 않음으로써 갖게 되는 공덕이 항하사등칠보로 보시한 공덕보다도 더 크다고 하셨는데, 어떻게 하여 불수복덕한 공덕이 그토록 더 큰 복덕이 될까요?

진정으로 밝아질 수 있기 때문이라고 합니다.

부처님께서 불수복덕의 공덕이 크다고 말씀하시니까, 수보리 존자가 "어떻게 하는 것이 불수복덕하는 것입니까?"라고 여쭈었습니다. 부처님께서는 "이루어진 복덕에 탐착하지 않는 것을 불수복덕이라고 한다."라고 대답하셨습니다. 자기가 갖지 않는 것을 말합니다.

좋은 일이 생겼을 때 '옳지, 좋은 것이 왔다.'든지, '해냈다. 이만하면 되었다.' 하는 생각, 그리고 누구에게 자랑하고 싶은 생각이 올라오기 쉽지요? 이렇게 올라온 자만심대로 행하면 탐착하는 것이 됩니다. 이럴 때 얼른 그 생각을 부처님께 바친다면, '불응탐착'이 될 것입니다. 보살들은 으레 이렇게 한다는 것입니다.

29

여래의 모양을 위의적정이라고 표현한다

第二十九 威儀寂靜分

수보리여, 만일 어떤 사람이 부처님께서 오신다든지 가신다든지 앉으신다든지 누우신다고 이야기한다면, 이 사람은 내가 이야기하는 뜻을 해석하지 못한 것이다. 왜냐하면 여래라고 하는 것은 온 바가 없으며 갈 바 또한 없기 때문에 이름하여 여래라고 하느니라.

須菩提여, **若有人**이 **言如來 若來若去若坐若臥**라하면 **是人**은 **不解我所說義**니 **何以故**오 **如來者**는 **無所從來**며 **亦無所去**ㄹ새 **故名如來**니라.

여기에는 '내가 공양을 빌러 왔다 갔다가 하기도 하고, 식사할 때는 앉고, 법문할 때는 가부좌도 하고, 눕기도 하지만 너희들은 내가 이렇게 움직인다고 해서 내 생각까지도 움직인다고 보지 마라. 나는 한 생각도 움직이지 않고 여여부동如如不動한 상태로 있다.'라는 뜻이 포함되어 있습니다.

대개 생각이 일어나면 몸뚱이가 따라 움직이게 되지요. 생각이 일어나더라도 몸뚱이가 반드시 움직인다고는 할 수 없지만, 몸뚱이가 움직이면 반드시 생각이 동반됩니다. 그러나 이것은 보통 사람들에게만 적용되는 논리입니다. 몸뚱이 착을 가진 중생의 경우에만 해당합니다.

몸뚱이 착을 떠난 사람들, 즉 부처님이나 보살들은 몸뚱이가 움직인다고 하여 마음까지 움직인다고 할 수 없습니다. 부처님이나 보살들은 행동만으로 그 마음까지 알 수는 없습니다.

부처님께서는 깨달음을 얻으신 뒤 북인도에서 스리랑카에 이르기까지 전 인도를 누비면서 49년 동안 교화 활동을 하셨습니다. 사람들이 보기에는 부처님께서 많은 장소를 이동하였다 할 것입니다. 그러나 부처님께서는 실로 한 장소도 가시지 않으셨습니다.

다만 부처님께서는 중생들이 간절히 부르는 소리를 들을 수 있었을 것입니다. 부처님에게는 이들에 대한 자비심이 있었을 뿐입니다. 오직 중생의 뜻에 따랐을 뿐입니다. 제도할 인연만을 보았을 것입니다. 장소 이동에 대한 어떠한 의식조차 없었을 것입니다. 단지 보통 사람들의 눈에 장소를 이동하는 것처럼 보였을 뿐입니다.

부처님께서는 많은 대중에게 법을 설하셨습니다. 수많은 사람에게 밝음을 주셨습니다. 그래서 사람들은 부처님께서 법을 설하셔서 수많은 중생을 교화하셨다고 합니다. 그러나 부처님께서는 법을 설한 바도 없고, 중생을 교화하지도 않았다고 하십니다. 실로 부처님께서는 법을 설한 바 없으시고, 중생을 제도한 바 없다고 보아야 할 것입니다.

부처님께서는 아무런 하실 말씀이 없었을 것입니다. 오직 중생들의 요구에 따라 상대에게 알맞은 이야기만을 하였을 뿐입니다. 이것을 두고 부처님께서 설한 법이 있다고 할 수는 없을 것입니다.

또 부처님께서는 아상이 없으시기에 나니 너니를 따지지 않으십니다. 부처님의 눈에는 교화할 중생이 보이지 않았을 것입니다. 모두 다 부처님처럼 보이기 때문입니다. 만약 중생을 제도했다면 제도시킨 자와 제도 받은 자가 있어야 할 것입니다. 그러나 아상이 없으신 부처님께는 실로 제도할 일도, 제도 받을 중생도 없다고 하겠습니다. 오직 사람들의 눈에 제도하는 것처럼 비칠 뿐입니다.

즉, 부처님께서는 가실 일, 오실 일, 말할 일 등 하실 일이 없다고 하겠습니다. 아무런 분별심이 없기 때문입니다. 따라서 중생들이 부처님의 분별을 일으켜 가시거나 오시게 할 수도 없을 것입니다. 부처님께서는 모든 분별의 원인을 다 제거했기 때문이지요. 다음과 같은 이야기*를 들으면, 이러한 내용이 더욱 실감이 납니다.

석가여래 당시 인도에는 여덟 나라가 있었다. 그 여덟 나라 왕

---

* 김원수, 『마음을 어디로 향하고 있는가』(김영사, 2018)

에게 부처님의 존재는 큰 골칫거리였다. 그들은 의논 끝에 석가여래와 그 제자들이 계신 기사굴 산중에다가 코끝에 칼을 달아 무장시킨 코끼리 오백 마리를 술을 잔뜩 먹여서 풀어놓기로 하였다.

한편, 기사굴에 있던 제자들은 코끝에 칼을 달고 술에 취해 날뛰는 코끼리 떼가 몰려오자 그만 다 달아나 버리고, 오직 석가여래와 그의 사촌 동생 아나율만이 남았다. 아나율이 남은 것은 그가 장님이기 때문이었다.

아나율은 왕족으로서 자만심이 많아 아무나 보고 반말을 하여 늘 시비가 많았다. 또 잠을 많이 자서 하루는 석가여래가 그에게 "잠자는 것은 어두운 마음을 연습하는 것이니, 잘 때 자고 쉴 때 쉬고 공부할 때 공부해야지, 이건 날마다 잠만 자니 그래서 어떻게 하나? 내가 들으니 벵골만 복판에 큰 조개가 있는데, 한 번 잠들면 삼천 년을 잔다더라. 그러니 네가 그런 종류가 아니겠는가?" 하셨다. 그 소리에 아나율은 왕족의 성미로 분하고 원통해서 7일 동안 잠을 안 자고 공부하다가 눈이 멀게 된 것이다. 그 후 석가여래가 그의 마음을 잘 단속하고 공부하게 하여 그에게 천안통이 열렸다고 한다.

아나율이 앞이 안 보여서 그랬는지, 석가여래 옆에 남았다. 그가 천안으로 보니 코끼리 떼가 마구 몰려오는데, 석가여래는 두 손을 높이 쳐든 채 태연히 앉아 계셨다. 그런데 놀라운 광경이 벌어졌다. 석가여래께서 높이 쳐든 두 손의 열 손가락에서 밝은 기운이 나오더니, 그 기운 바깥에서 금빛 사자가 한 마리씩 모두 열 마리가 나타났다. 코끼리가 제일 무서워하는 것이 사자인데 더구나 금색이 번쩍번쩍하는 사자들이 나타나니 코끼리들은 무서워서 그만 주저앉아 버렸고, 주저앉아 있으니 술기운으로 말미암아 모두 잠들어 버렸다. 실컷 자고 나니 술이 깨어 본래의 온순한 코끼리로 돌아가 슬금슬금 다 가버릴 수밖에. 코끼리들이 물러가자 아나율이 말하였다.

"부처님께서 저더러 누가 뭐라든지 거기 마음 빼앗기지 말고 제 마음을 들여다보라고 하셨지요. 제가 조금 전에 보니, 부처님은 호신술이 있어서 두 손만 쩍 벌려도 금색 사자가 나타나던걸요. 그러니 무슨 일이 있어도 마음만 들여다보면 되겠지만, 저야 제 마음을 아무리 들여다본들 코끼리가 금방 달려들어 칼로 찌를 텐데요. 그러니 그 말씀이 저한테는 적용되지 않습니다."

사실, 아나율도 그 광경을 보고서야 그렇게 말할 만했을 것이다. 석가여래는 말씀하셨다.

"아나율아, 나는 수많은 생을 닦아 부처가 되었다. 그 수없이 많은 생을 통해 알던 사람들, 혹은 함께 닦던 사람들을 가르쳐 주어야겠다는 생각이 남아 있어서 이 세상에 온 것이지, 더 닦을 것이 있어서 온 것이 아니다. 너도 내 사촌 동생이어서가 아니라, 여러 생 닦으려 했으나 잘 안되어 그 모양이 됐으니까, 너를 닦게 해주려고 온 것이다.

그런데 아무것도 모르는 코끼리들이 나에게 제도하는 것을 그만두라고 칼을 가지고 몰려드니 어찌하겠느냐. 그러면 마음대로 하라고 두 손을 든 것이다. 그러나 나는 코끼리의 해침을 받고 몸을 다시 받을 인연이 없는 고로 밝은 기운이 일어났고, 그 밝은 기운이 다시는 어두워지지 않는다는 뜻으로 금색이 되었다. 코끼리가 제일 무서워하는 것이 사자이니, 그 금빛이 금색 사자로 나타난 것이 아니겠느냐. 내게 어떤 호신술이 있어서 신통 조화를 부린 것이 아니다."

부처님께서는 육신을 보호하기 위해서 신통술을 부리지 않으십니다. 신통술을 부렸다면 부처님께서는 하신 일이 있는 것이며, 오고 감도 있다고 하겠습니다. 부처님께서는 오고 감이 없으시며, 오고 감이 없으시기에 중생들이 오시거나 가시게 할 수 없습니다. 오직 부처님께는 자비심, 즉 중생을 사랑하는 마음만 있을 뿐이고, 아무 분별심 없이 이 자비심에 부응했을 뿐입니다.

부처님께서는 단 하나의 분별도 없으실 것입니다. 아마 분별이 하나쯤 있었다면, '중생을 다 구원하겠다.'라는 한 생각이었을까요? 그 생각만 있었기 때문에 세존께서 보여주신 모든 행동이라고 하는 것은 다 중생을 가르치기 위해서, 구제하기 위해서 했을 뿐이지 당신 자신을 위해서 한 것은 하나도 없다고 하겠습니다. 아상이 없으신 분이며 오로지 남을 위하는 분이기 때문에 비록 어떤 행동을 하셨다고 해도, 그 어느 것도 당신 자신을 위해 행동한 것이 아니고 무심으로, 다른 사람을 위해서 출발한 것으로 볼 수밖에 없습니다. 심지어는 열반하시는 것까지도 당신을 위해서 한 것이 아니라 하셨습니다. 『법화경』의 「여래수량품」에 이런 말씀이 있습니다.

爲度衆生故 중생을 제도하기 위하여
方便現涅槃 방편으로 열반을 나타내었으나
而實不滅度 실로는 멸도가 없나니
…중략…
衆生旣信伏 중생이 이미 믿고 복종하여
質直意柔軟 바탕이 곧고 뜻이 부드럽고 연하며
一心欲見佛 한마음으로 부처님을 뵙고자 하여
不自惜身命 목숨을 아끼지 아니하면
時我及衆僧 그때 나와 보살들이
俱出靈鷲山 영취산에서 함께 출현하느니라.

부처님께서 태어나신 것에서부터 열반에 이르신 것 또는 입는 것, 눕는 것 등의 일거수일투족은 어떤 분별에서 출발한 것이 아닙니다. 오로지 중생을 위하였을 뿐이고, 중생의 뜻에 따랐을 뿐입니다. 따라서 사람들이 부처님께서 '오셨다. 가셨다.' 또는 '열반에 드셨다. 사람들을 나무라셨다.'라고 이야기하는 것은, 부처님을 제대로 이해하지 못하였기 때문이라고 할 수 있습니다.

30

하나로 된 이치, 하나로 된 상

第三十 一合理相分

수보리여, 만일 선남자 선여인이 삼천대천세계를 부수어서 미진(먼지)을 만들면, 이 미진이 대단히 많겠느냐?

매우 많습니다. 세존이시여, 왜냐하면 만일 이 미진중(먼지 덩어리)이 실제로 있는 것이라면, 부처님께서는 이것을 미진중이라고 말씀하지 않았을 것입니다. 왜 그러한가 하면 부처님께서 말씀하신 미진중이라고 하는 것은 미진중이 아니고 이름이 미진중이기 때문입니다.

須菩提여, 若善男子善女人이 以三千大千世界를 碎爲微塵하면 於意云何오 是微塵衆이 寧爲多不아

甚多니다. 世尊하, 何以故오 若是微塵衆이 實有者ㄴ데는 佛이 則不說是微塵衆이니 所以者何오 佛說微塵衆이 則非微塵衆일새

是名微塵衆이니이다.

부처님은 수보리 존자에게 "만일 선남자 선여인이 삼천대천세계를 부수어서 먼지微塵를 만들면, 이 먼지가 참으로 많지 않겠느냐?"라고 물었습니다. 삼천대천세계는 숫자로 형용하기 어려운 큰 수가 되겠습니다마는, 8분에서 계산한 방법으로 굳이 계산한다면 10억 개의 세계입니다. 한 개의 세계를 부수어서 생기는 먼지(미진)도 무수히 많을진대 거기에 10억을 곱한다면, 이것은 더더욱 상상을 초월한 천문학적 수數가 될 것입니다.

부처님께서 물으시니 수보리 존자가 "매우 많습니다. 왜냐하면 만일 이 미진중(먼지 덩어리)이 실제로 있는 것이라면, 부처님께서는 이것을 미진중이라고 말씀하시지 않았을 것입니다."라고 하였습니다. 또 미진중이 실제로 있는 것이 아니라고 말할 수 있는 이유는, 부처님이 설하신 미진중이라는 것은 미진중이 아니고 이름이 미진중이기 때문이라고 하였습니다.

삼천대천세계니 미진이니 하는 단어를 물리적인 현상으로 해석할 수도 있지만, 그런 식의 설명보다는 마음 닦는 입장에서 이해하는 것이 금강경의 본뜻에 더 가까울 것입니다. 즉, 삼천대천세계는 '중생의 업장이 만들어낸 결과'이고, 미진은 '분별심' 또는 '생사生死를 일으키는 마음'이라고 보는 것입니다.

미진중을 '중생이 가지고 있는 분별심'이라고 보았을 때, 삼천대천세계를 부수어서 생긴 먼지가 헤아릴 수 없이 많은 것처럼, 중생이

가지고 있는 업연에 의해서 순간순간 생겼다 꺼지는 분별심도 헤아릴 수 없이 많을 것입니다. 중생이 가진 분별심이 얼마나 많은지 팔만 사천 번뇌라는 수치로도 표현하고 있지 않습니까?

그런데 미진이 실제로 있는 것이라면 부처님께서는 미진이라고 말씀하시지 않았을 것이라고 합니다. 앞서 여러 번 말씀드렸습니다만, '분별심은 실제로 있는 것이 아니다.'라는 뜻입니다. 예를 들면, 우리는 진심(嗔心, 성내는 마음)을 실제로 있는 것으로 압니다. 실제로 있는 것처럼 느끼고 있습니다. 무섭게 성내는 사람을 보면 두려워합니다. 또 성내는 사람의 손에 칼까지 들려 있으면 더 두려울 것입니다.

그러나 내 마음속의 진심嗔心을 닦게 되면 진심이 실제로 있는 것이 아니라고 느껴지고, 그렇게 되면 나의 진심뿐만 아니라 실제로 있는 것처럼 보이는 상대방의 진심도 모두 본래 없는 것으로 깨달을 수 있다는 것입니다. 그러면 진심으로 인한 업장이 나를 해칠 수도 없을 것입니다. 왜냐하면 진심은 이미 진심이 아니기 때문이지요.

마치 어떤 사람이 요술로 만든 호랑이를 데리고 쳐들어온다고 할 때, 보통 사람들은 그 호랑이가 진짜인 줄로 알고 두려워서 도망을 갑니다마는, 도력이 높은 사람 앞에서는 그 호랑이가 종이호랑이로 변한다고 하지 않습니까? 종이호랑이가 해를 끼치지 못하는 것처럼, 본래 없는 것으로 깨달은 진심嗔心은 아무런 해악이 되지 못합니다. 석가모니 부처님의 생전에 있었던 아힝사카의 이야기는 이를 이해하는 좋은 예가 되겠습니다.

매우 슬기롭다는 뜻의 이름을 가진 아힝사카(앙굴마)는 많은 사람의 사랑을 받았다. 아힝사카 스승의 아내는 남편이 집을 나간 틈을 타서 일찍부터 연모해 오던 아힝사카의 곁에 가서 평소에 가지고 있던 생각을 하소연하며 불의의 즐거움을 맛보려 했다. 아힝사카는 놀라고 두려워 꿇어앉아 말했다.

"스승이 아버지와 같다면 그 부인은 어머님이십니다. 도道가 아닌 것은 마음의 고통일 뿐입니다."

"굶주린 자에게 밥을 주고, 목마른 자에게 물을 주는 것이 어째서 도가 아닐까?"

"스승이 중하게 여기는 부인과 간통하는 것은 독사를 목에 감고 독약을 마시는 것과 다르지 아니합니다."

아힝사카의 단호하고도 격렬한 이 말에 부인은 할 수 없이 제 방으로 돌아갔다. 그러나 모욕당한 원한을 풀 길이 없어, 옷을 찢고 새파랗게 질린 얼굴로 침대에 쓰러져 남편이 돌아오기를 기다렸다.

"당신이 늘 칭찬하시던 저 어진 제자에게 무서운 욕을 당했습니다."

부인은 거짓 울음으로 남편에게 호소했다. 스승은 이 말을 듣자 질투의 불길이 가슴에 치밀었다. 그는 여러 궁리 끝에 아힝사카를 불러 말했다.

"그대의 지혜는 이제 극치에 이르렀다. 다만 마지막 해야 할 일이 한 가지 남아 있다. 네거리에서 칼로 백 명의 사람을 죽여라. 그리고 한 사람에게서 손가락을 한 개씩 잘라 백 개의 손가락으로 목걸이를 만들어라. 그래야만 진정한 도가 갖추어질 것이다."

스승은 이렇게 명령한 뒤 칼을 한 자루 내주었다.

아힝사카는 놀랍고 두려워 깊은 근심에 잠겼다. 그는 몸부림치며 고민했다. 마음의 안정을 잃자 동시에 고민은 큰 분노로 변했다. 그가 자기도 모르는 사이에 네거리로 나섰을 때는, 눈에 핏발은 불꽃처럼 빛나고 머리털은 거꾸로 서며 숨길은 격렬해졌다. 칼을 빼 들고 지나는 사람을 쳐 눕히는 꼴은 마치 악한 귀신과 같았다.

어느새 송장은 산더미같이 쌓이고, 온 거리에는 아우성과 분노와 두려움이 들끓었다. 그중에는 왕궁에 달려가 호소하는 사람도 있었다. 그는 손가락을 엮어 목걸이로 만들어 걸고 있었다. 그래서 그를 '지만'이라고 불렀다.

비구들은 이른 아침에 걸식을 나갔다가 이 소문을 듣고 기원정사로 돌아가 부처님께 여쭈었다.

"비구들이여, 나는 지금 가서 그를 구원하리라."

부처님은 곧 그곳으로 향하였다. 도중에 말먹이 풀을 수레에 싣고 오던 사내들이 부처님께 여쭈었다.

"부처님이시여, 이 길로 가시면 안 됩니다. 무서운 살인자가 길을 막고 있습니다."

"온 세상이 내게 칼을 들고 와도 두려운 것이 없거늘, 하물며 한 사람의 도둑쯤이야."

부처님은 이렇게 말씀하시고 태연하게 걸어가셨다.

한편 아힝사카의 어머니는 아들이 돌아오기를 기다리다 못해 밥을 싸서 마중을 나갔다. 아힝사카는 그때 아흔아홉 명을 죽이고 아흔아홉 개의 손가락을 엮어 목걸이로 만들어 걸고 있었다. 그는 마지막 한 사람을 찾아 두리번거리고 있다가, 마침 어머니가 오는 것을 보고 달려들었다.

그때 부처님은 조용히 그 앞을 막아섰다. 그는 칼을 휘두르며 부처님에게 뛰어들었다. 그러나 이상하게도 힘이 빠져 한 발도 내딛지 못했다. 그는 문득 외쳤다.

"사마나야, 거기 있거라."

"나는 처음부터 여기 있다. 돌아서는 것은 네가 아니냐?"

'도대체 이것이 웬일일까?' 아힝사카는 끙끙댔다.

부처님은 다시 말씀하셨다.

"너는 어리석어서 사람의 목숨을 해치고 있지만, 나는 끝없는 지혜를 가지고 있어 이 거리에 있어도 마음이 고요하다. 나는 이제 너를 불쌍히 여겨 여기에 왔다."

시원한 물과 같은 그 말소리는 아힝사카의 불붙은 가슴에 뿌려졌다. 그는 악몽에서 깨어난 것처럼 제정신이 돌아와 칼을 던지고 땅바닥에 엎드렸다.

"부처님이시여, 바라건대 저의 어리석음을 용서해 주소서."

부처님께서 "내 마음은 고요하다."라고 하신 말씀은 '너희들은 진심으로 가득 찬 그가 칼을 가지고 있으니 무섭게 보이겠지마는, 나에게는 진심이 있지 않으므로 진심이 보이지도 않으며, 그 진심이 나에게는 아무런 작용도 하지 못한다.'라는 뜻이지요. 이처럼 '분별심이란 실제로는 없는 것이다.'라는 의미로 "약시미진중 실유자 불즉불설시미진중"이라고 수보리 존자가 이야기하신 것입니다.

그리고 그 근거로써 "소이자하 불설미진중 즉비미진중 시명미진중"이라고 하였습니다. 이 말씀은 참으로 의미심장합니다. 그 뜻을 결론적으로 먼저 말씀드리면, 부처님께서 말씀하시는 미진중은 우리가 생각하는 미진중과는 다르다는 것입니다. 이에 대한 혜능 대사의 해설을 다음과 같이 정리해 보았습니다.

> 지금 우리는 미진중은 탐심이고 분별이며 진심嗔心 덩어리라고 이야기하고 있다. 그러나 부처님께서 설령 우리가 쓰는 단어인 '진심(성냄)'이라는 말씀을 하신다 해도, 그것은 우리가 생각하는 진심과는 다르다. 그리고 부처님께서 애욕愛慾이라는 단어를 써서 음란한 이야기를 하시더라도, 부처님께서 쓰신 애욕이라는 말의 뜻은 우리가 생각하는 애욕과는 다르다. 그러니까 부처님께서 말씀하신 미진이라고 하는 것은 청정 미진을 이야기하시는 것이다.*

---

* 『금강경 오가해』

부처님께서 이야기하시는 미진은 분별심을 가지고 있는 우리가 생각하는 미진이 아니라, 분별심이 하나도 없는 눈으로 본 청정 미진이라는 것입니다. 그래서 미진이 아니라 그 이름이 미진이라는 것이지요.

『화엄경』에 나오는 이야기입니다만, 여자의 몸으로 보살행을 하는 바수밀다 보살이 있었습니다. 그는 보살도를 묻는 선재동자에게 다음과 같이 법문을 하였습니다.

> 나의 손목을 잡는 이는 부처님 세계에 가는 비밀을 얻게 하고, 나와 한 자리에서 자는 이는 해탈하는 광명을 얻게 하고, 나를 끌어안는 모든 중생은 구호하는 삼매를 얻게 하고, 나의 입을 맞추는 이는 비밀의 공덕장을 얻게 하노니, 누구든지 내게 오기만 하면 모두 애욕을 여의는 법문을 얻게 되느니라.

이러한 원으로 행을 실천한 이가 바로 바수밀다 보살입니다. 그러니까 그녀는 비록 남자를 품에 안는다 해도, 애욕으로 안는 것이 아닙니다. 중생을 제도하기 위해서 안는 것입니다.

이와 같이, '탐진치가 하나도 없으신 부처님께서 만약 살인을 한다거나 도둑질하거나 남의 여자를 건드린다면, 부처님께서 하신 그 모든 행위는 모두 마음을 닦게 해주시려고 행行하신 것으로서 탐진치와 연결되지 않는 행위이니, 그것을 보통 사람들이 생각하는 행위와 똑같다고 할 수 있겠느냐?' 하는 것입니다. 그렇지 않겠지요. 이처럼 부처님께서 말씀하신 미진은 우리가 생각하는 개념의 미진과는 다릅니다.

> **세존이시여, 부처님이 말씀하신 삼천대천세계라고 하는 것도 삼천대천세계가 아니고 이름이 삼천대천세계이니, 왜냐하면 만일 세계가 실제로 있는 것이라면 곧 하나로 합해진 모양(일합상)이 될 것이니, 부처님께서 이야기하신 하나로 합해진 모양이라고 하는 것은 곧 하나로 합쳐진 모양이 아니고, 그 이름이 하나로 합쳐진 모양이기 때문입니다.**
> **수보리여, 하나로 합해진 모양이라는 것은 가히 말할 수 없는 것인데, 범부들은 그것에 탐착하는구나.**
> **世尊**하, **如來所說 三千大千世界**가 **則非世界**ㄹ새 **是名世界**니 **何以故**오 **若世界**가 **實有者**ㄴ데는 **則是一合相**이니 **如來說 一合相**은 **則非一合相**일새 **是名一合相**이니이다.
> **須菩提**여, **一合相者**는 **則是不可說**이언마는 **但凡夫之人**이 **貪着其事**니라.

최고의 동양 철학서인 『주역周易』에 '일음일양지위도一陰一陽之謂道'라는 말이 있습니다. 단순하지만 해석하기 어려운 구절로 알려져 있고, 또 매우 심오한 뜻을 포함하고 있다고 합니다. '한번 음하고 한번 양하는 것이 도'라고 해석되고 있습니다. 일음一陰이 선善이라면 일양一陽은 악惡이라 할 수 있겠지요. 바로 선도 되고 악도

될 수 있는 것, 그것이 도道라는 말입니다. 선과 악이 생기기 이전의 태초의 모습, 아마도 그 모습에서 선과 악이 모두 나왔을 것입니다. 태초의 모습은 선과 악을 모두 가지고 있는 모습일 것입니다. 따라서 그 모습은 선과 악의 모체이며, 선과 악이 하나로 합해진 모양이라고 말할 수 있습니다.

참선參禪하는 사람들이 애용하는 화두話頭 중에 "만법萬法은 귀일歸一한데, 일귀一歸는 하처何處인고." 하는 말이 있습니다. 만법이 귀일한다는 말은 만법이 한 곳에서 나온다는 뜻입니다. 따라서 그 한 곳이란 만법의 근원이 될 수도 있을 것입니다. 만법의 근원이 될 수 있다면, 그 모양은 만법이 한 곳으로 합해진 모양이라고도 할 수 있을 것입니다. 일합상一合相을 말합니다.

이처럼 참구參究하는 이가 '이 뭐꼬(이것이 무엇인가).' 하여 궁극적으로 찾은 것이 일합상입니다. 이 일합상은 각자의 공부에 따라 각각 다르게 표현될 수 있습니다. 어떤 이는 공空이라고 하며, 다른 이는 불성佛性이라고 할 것입니다. 또 진리라고 보는 이도 있고, 깨침이나 도道 등으로 정의하는 이도 있을 것입니다.

하나로 합해 있는 것을 일합상이라고 한다면, 합쳐진 것을 따로따로 나누어 보는 것은 분별이 될 것입니다. 일합상과 대조되는 말은 분별심이라 하겠지요. 분별심은 무엇을 나눠 보는 마음입니다. 예를 들어 좋은 것과 싫은 것, 남자와 여자, 생生과 사死, 또는 번뇌煩腦와 열반涅槃, 흑黑과 백白 등으로 나눠 보는 것입니다. 분별심이 발전하면 '남자는 되고 여자는 안 돼.', '열반만 좋고 번뇌는 싫어.' 등의 흑백논리가 될 수 있겠지요. 이와 같이 나누어 놓은 것을 개체라고 한다면, 나누어 놓지 않은 본래의 것을 본체라고 할 수 있는데, 더이상 합할 수 없이 궁극적으로 합쳐진 본체를 일합상이라고 할 것입니다.

"여래소설 삼천대천세계 즉비세계 시명세계, 하이고 약세계 실유자 즉시일합상" 삼천대천세계가 실제로 있는 것이 아니므로 완전한 궁극적인 일합상이 안 된다는 것입니다. "여래설 일합상 즉비일합상 시명일합상" 부처님께서 말씀하시는 일합상이라고 하는 것은 분별심 덩어리인 우리가 생각하는 일합상과는 다르며, 형상도 없고 상상할 수도 없으나 분명히 존재하기 때문에, 이름 지어 일합상이라 한다는 것이지요.

부처님께서는 "수보리 일합상자 즉시불가설 단범부지인 탐착기사" 하고 말씀하십니다. 일합상은 분명히 존재하지만 중생들이 이해하도록 설명할 수는 없는 것인데도, 보통 사람들은 일합상을 어떤 모양이 있는 것, 그리고 설명할 수 있는 것으로 착각하고 있다는 것입니다.

31

아는 것을 '안다' 하지 말고 본 것을 '보았다' 하지 말라

第三十一 知見不生分

수보리여, 만일 어떤 사람이 내가 아견 인견 중생견 수자견을 말했다고 이야기한다면, 이 사람은 내가 말한 뜻을 제대로 해석한 것이냐, 그렇지 않은 것이냐?

그렇지 않습니다. 세존이시여, 이 사람은 부처님이 설하신 뜻을 제대로 해석하지 못한 것입니다. 왜냐하면 부처님께서 말씀하신 아견 인견 중생견 수자견은 아견 인견 중생견 수자견이 아니고, 그 이름이 아견 인견 중생견 수자견이기 때문입니다.

須菩提여, 若人이 言佛說 我見人見衆生見壽者見이라하면 須菩提여, 於意云何오 是人이 解我所說義不아

不也니다. 世尊하, 是人은 不解如來所說義니 何以故오 世尊하, 說我見人見衆生見壽者見은 卽非我見人見衆生見壽者見일새

是名我見人見衆生見壽者見이니이다.

부처님께서 가르쳐 주시려고 하는 31분의 내용은 완전한 깨달음에 거의 도달한 사람을 위한 가르침이라고 할 수 있습니다. 대중이 금강경을 처음 공부할 때만 해도 삶의 뿌리가 어떠한지 모르는 상태에서, 어찌 보면 몸뚱이 착에 취한 상태에서 금강경을 시작했다고 할 수 있습니다.

그렇게 출발하여 금강경 공부로 뜻이 세워지면서 눈이 뜨이고 지혜로워집니다. 점차 밝아지면서 어느 것이 무상無常이고 어느 것이 상常인지도 알게 되며, 사람의 용심도 알게 되고, 자신의 업보가 얼마나 두꺼운지도 알게 됩니다. 그리고 부부나 가까이 사는 이웃과의 만남이 업보 놀음을 하기 위한 것이라고 알아집니다.

그러다가 마음이 완전히 쉬어 더 밝아지게 되면 자신이 알게 된 무상과 영원, 그것도 구분할 필요가 없는 것이며 구분하는 것 자체도 하나의 분별이라는 깨달음에 도달합니다. 부처님 회상에서 금강경 30분까지 공부한 제자들 마음의 행로를 상상해 봅니다.

처음에는 무상인 줄 몰랐다. 그런 상태에서 금강경을 공부하게 되었다. 공부하다 보니까 부처님의 가르침을 실감하면 할수록 유위법이 무상인 줄 알겠더라. 그런데 자꾸 공부하니까 유위법이 무상일 것도 없고, 본래 모습이라는 것을 알게 되었다. 그리고 분별이라는 것도 본래 없는 것이고 아상이라고 하는 것, 즉 탐진치라고 하는 것도 본래 없다는 것을 실감하게 되었다.

이러한 단계를 거쳐 공부가 무르익습니다.

그러면 부처님께서는 여기 31분에서 무엇이라고 말씀하셨을까요?

"나는 지금까지 아상을 버리라고 했다. '아개영입무여열반 이멸도지'라고도 했고, 무주상 보시를 하라고도 했다. 이외에도 많은 이야기를 했는데 이런 것들은 모두 다 너희들을 밝게 해주기 위해서였다. 너희들도 이제 31분까지 공부하고 나서 좀 깨달아 보니까 어떠냐? 무주상 보시할 것도 없고, 무상을 깨달았다고 하지만 무상이라고 할 것도 없지 않으냐? 다 본래 그 모습일 뿐, 무상이고 영원이고 구분할 필요도 없는 것이다. 내가 여태까지 아견 인견 중생견 수자견이 없어야 밝아진다고 말했던 것 또한 마찬가지다. 밝아지고 나면 본래 아견 인견 중생견 수자견이라고 할 것도 없는 줄 알 것이다."

이러한 뜻으로 "설아견인견중생견수자견 즉비아견인견중생견수자견 시명아견인견중생견수자견"이라고 말씀하신 것입니다.

수보리여, 아누다라삼막삼보리를 발한 자는 모든 일을 대함에 있어 마땅히 이와 같이 알고, 이와 같이 보며, 이와 같이 믿고 해석하여 능히 법상을 내지 말아야 하느니라. 수보리여, 법상이라고 하는 것은 법상이 아니고 그 이름을 법상이라고 하느니라.

須菩提여, 發阿耨多羅三藐三菩提心者는 於一切法에 應如是

知며 **如是見**이며 **如是信解**하야 **不生法相**이니라. **須菩提**여, **所言法相者**는 **如來說卽非法相**이 **是名法相**이니라.

'세상이 무상한 것인 줄 알되 무상과 영원으로 구분도 하지 마라. 또 아상을 없애되 아상이 본래 없는 것인 줄 알라.' 하는 뜻으로 "응여시지 여시견 여시신해 불생법상"을 말씀하셨습니다. 여기서 말하는 '응應'은 간곡한 마음으로 말씀하시는 부처님의 정성과 자비의 표현입니다.

이어서 "수보리 소언법상자 여래설 즉비법상 시명법상"을 말씀하십니다. 법상은 여러 가지의 의미가 있다고 할 수 있는데, 30분까지 공부하고 나서 얻어진 밝아지는 방법에 대한 한 줄기의 알음알이, 즉 '이렇게 하면 밝아지겠구나.' 하는 방법론이라고 보아도 되겠습니다. 또는 금강경의 말씀이나 부처님의 가르침 혹은 진리 자체를 법상이라고 보아도 됩니다. 또는 깨달았다는 생각이나 진리를 얻었다는 분별심도 여기에 속하는데, 이런 것을 치심(자기 잘난 생각)이라고 할 수 있습니다. 치심을 내지 말라는 것이지요.

공부가 될수록 이러한 치심을 경계하여야 합니다. 부처님께서는 금강경 31분까지의 무르익은 공부를 그르칠까 봐 치심에 빠지지 않도록 배려하셔서 또다시 "치심도 본래 있는 것이 아니다(즉비법상 시명법상卽非法相 是名法相)."라고 강조하셨습니다.

32

부처님의 응신과 화신도 참이 아니다

第三十二 應化非眞分

수보리여, 만일 어떤 사람이 헤아릴 수 없이 많은 세계에 가득 찬 칠보로 보시하고, 또 어떤 보살의 마음을 낸 사람이 이 경을 받아 가지거나 또는 사구게 등을 수지독송하고 다른 사람들에게 이야기해 준다면, 이 사람의 복덕은 앞서 사람이 얻는 복덕보다도 더 많으니라. 다른 사람들에게 어떻게 이야기해야 하느냐 하면, 상에 집착하지 않으며 본래 그 모습대로 흔들림 없이 해야 하느니라.

須菩提여, 若有人이 以滿無量阿僧祇世界七寶로 持用布施하고 若有善男子善女人이 發菩薩心者 持於此經에 乃至四句偈等을 受持讀誦하야 爲人演說하면 其福이 勝彼니 云何爲人演說고 不取於相하야 如如不動이니라.

이 32분은 31분과 더불어 금강경을 종결하는 분分입니다. 모든 글에는 글의 요점이 있고 결론이 있듯이, 금강경의 마지막 32분에서도 금강경을 공부하는 우리가 가져야 할 마음 자세에 대해서 매우 핵심적인 가르침을 말씀하십니다.

부처님께서는 여태껏 금강경을 말씀하시면서, 금강경 독송과 위타인설을 하며 금강경의 가르침을 실천하는 것이 매우 큰 공덕이 됨을 누차 강조하셨습니다. 금강경을 수지독송하고 위타인설하는 공덕이란, 세상의 그 어떤 공덕과도 비교할 수 없습니다. 양으로도, 질로도 비교할 수 없습니다.

금강경을 수지독송하고 위타인설하여 얻게 되는 복덕은 끝이 없는 복덕, 영원한 복덕이라는 것입니다. 금강경을 마치면서 이 점을 다시 강조하십니다. 이 32분에서까지 강조하시는 것은 다음과 같은 각별한 뜻이 있습니다.

'이 금강경을 수지독송하고 위타인설하는 것이야말로, 우리가 나아가야 할 구경(究竟, 궁극적인)의 목표이다. 따라서 그 이외의 모든 행위는 아무런 의미가 없다.'

다음의 말씀이 이를 뒷받침해 줍니다.

"일체의 유위법은 꿈과 같고, 환幻과 같고, 물거품 같고, 그림자 같으며, 번개와 같고, 이슬과 같으니라."

사람들에게 '삶의 최고 가치가 무엇인가?'라고 묻는다면 아마도 대부분은 개인의 부귀영화라고 대답할 것입니다. 개인의 부귀영화는 자신과 집, 직장, 그리고 더 나아가서는 사회, 국가에 여러 형태로 나타날 수 있습니다. 개인이나 직장을 위하여 온갖 노력을 다하는 것이 보통 사람들이 사는 삶이지요. 부귀영화를 최대의 목적으로 삼습니다.

그런데 세상에서 이야기하는 이러한 복덕이라고 하는 것은, 사실 알고 보면 우리가 마음을 두어 지향할 바가 못 된다는 것입니다.

그러면 무엇이 우리가 참으로 해야 할 일일까요?

금강경을 수지독송하고 위타인설을 행하는 것이야말로 우리가 해야만 하는 본래의 일이요, 그로부터 얻어지는 경지야말로 본래의 고향이라는 것입니다. 밝아지는 것이 참 행복이고 참 평화이며 영원한 고향입니다. 보통 우리가 이제까지 알고 있던 복덕은 유한한 것이며 꿈과 같은 것으로, 우리가 머무를 곳이 못 됩니다. 우리가 영원히 머무를 바는, 바로 금강경을 수지독송하고 위타인설하는 것입니다. 이것은 단순히 세상의 복과 출세간의 복이 어떻다고 비교하는 차원이 아닙니다. 이것이야말로 우리의 사명이며 본업입니다.

그러면 무량무변한 공덕이 되는 길이자 우리의 사명이며 본업인 금강경의 위타인설은 어떻게 해야 하는가?

부처님께서는 상에 집착하지 않고 여여如如하게 흔들림 없이 해야 한다고 말씀하셨습니다. '여여하게'란 31분의 '어일체법 응여시지 여시견 여시신해'를 말하는 것이지요. 그리고 '불취어상'은 마음에 어떠한 탐진치도 가지지 아니하는 것입니다. '금강경을 이야기하겠다. 왜 이야기가 잘 아니 되나? 잘 된다.'라는 생각을 하지 않고, 자연스럽게 위타인설하는 것을 말합니다.

다시 말하면 내 집에 온 것처럼, 고향에 돌아온 것처럼 자연스럽게 행동합니다. 내 집안에서의 나의 모든 행위는 너무나 당연하고 흔들림 없고 자연스러울 것입니다. 내가 거실에 누워 있거나 냉장고에서 물 한 컵을 따라 먹는 행위는 지극히 아무런 분별 낼 일이 없습니다. 이처럼 금강경을 위타인설할 때도 탐진치를 하나도 싣지 않은 마음으로, 지극히 당연하고 자연스럽게 하는 것입니다.

참 행복이고 참 평화이며 영원하게 되는 길, 무량무변한 공덕이 되는 길, 이 길을 가기 위하여 행하는 '지어차경 내지사구게등 수지독송 위인연설'을 할 수 있는 이가 바로 '발보살심자發菩薩心者', 즉 출가의 마음을 낸 사람이라고 하겠습니다. 지금까지는 몸뚱이나 내 집이 내가 귀의할 곳이며 내 고향인 줄로만 알았는데 본래 내 고향이 따로 있고, 이 고향으로 향해 가는 마음이 출가자의 마음이며, 고향으로 가는 사람을 발보살심자로 이해하면 될 것입니다.

왜냐하면 우리가 내는 일체의 모든 생각은 꿈과 같고 탈바가지와 같고 물거품과 같고 그림자와 같으며, 이슬과 같고 번개와 같기 때문이니라. 그러니 마땅히 이와 같이 보아야 할 것이니라.

부처님께서 금강경을 설하시기를 마치시니, 장로 수보리와 그곳에 모인 비구 비구니 스님, 재가 신도들, 하늘나라 사람들과 아수라들이 모두 부처님의 말씀을 듣고 크게 환희심을 내어 이

금강경을 믿고 받들어 지니며 실천하느니라.

何以故오

一切有爲法이 如夢幻泡影이며

如露亦如電이니 應作如是觀이니라.

佛說是經已하시니 長老須菩提와 及諸比丘比丘尼優婆塞優婆夷 一切世間天人阿修羅 聞佛所說하고 皆大歡喜하야 信受奉行하니라.

유위법이란 '함이 있는 법'이라고 해석을 합니다만, 구체적으로는 우리가 내는 모든 생각을 유위법이라고 할 수 있습니다.

너희들이 내는 생각이라고 하는 것은 모두 꿈과 같은 것이다. 내 집, 내 가족, 충성을 바쳐야 할 직장, 사회, 국가인 줄 아는 것들이 모두 착각으로 이루어진 것이고 잘못된 것이다. 모두 탈바가지를 쓰고 연극하는 것과 같으며, 물거품이나 그림자와 같이 본체가 아니고, 이슬과 같고 번개와 같이 수명이 짧은 것일 뿐이다.

부처님께서는 이와 유사한 내용을 『능엄경』에서도 말씀하십니다. "우리의 생각은 다 손님과 같고 티끌과 같다."라고 하십니다. 손님은 언젠가는 갈 사람이지요. 주인이 아니니까요. 티끌이 휘날릴 때는 뭐가 있는 것 같은데, 얼마 안 있어 착 가라앉으면 눈에 보였던 것들이 허망한 것이며 본래 없었던 것임을 알게 됩니다.

이처럼 우리의 생각이 우리의 주인이 아니라는 것을 말씀하시며, 일체의 유위법이 허망한 것이라는 사실을 옳게 알아야 한다고 하십니다. 허망한 것인 줄로 옳게 알아 깨달았을 때 내 생각에 휘둘리지 아니하고 주인과 손님, 타향과 고향을 분명히 구분하게 된다고 가르쳐 주십니다.

부처님께서 이 금강경을 설하시는 자리에는 장로 수보리 존자와 비구, 비구니 스님과 재가 신도들뿐만 아니라 하늘나라의 사람들과 아수라들도 함께 자리하고 있었던 모양입니다. 이 모든 이들이 부처님의 말씀을 듣고 크게 환희심을 내어 이 경을 믿고 받들어 지니며 실천하였다고 합니다.

금강경의 대단원을 내리는 결어로서 "지어차경 내지사구게등 수지독송 위인연설"과 "일체유위법 여몽환포영 여로역여전 응작여시관"을 설하시며 금강경의 대미大尾를 장식합니다.

범부에서 성자로

금강경 32분, 이곳까지 공부한 우리는 긴긴 여행을 마친 기분입니다.

금강경을 수지독송하는 사람들은 어떠한 마음의 과정을 겪으며 범부에서 성자로 되는 길을 가게 될까요? 범부로 출발하여 거치게 될 깨달음의 과정을 생각해 보았습니다. 깨달음의 여정에는 아마도 다음과 같은 내용이 포함될 것입니다.

첫 번째, 초발심입니다.

전에는 거슬리는 것이 있으면 성내는 것이 당연한 줄 알았는데, 성내지 않고 지낼 수 있다는 것도 알겠다. 그리고 소원을 성취하면 으레 자기 과시誇示하는 것을 당연한 것으로 여겼는데, 이제 겸손한 것이 당연한 일임을 알았다.

두 번째

전에는 기복祈福의 마음은 무조건 배척해야 할 것으로 생각되었는데 무언가 구한다고 생각하면 탐심이지만, 안 된다는 마음(진심)을 닦는 과정이라고 생각한다면 기복이 곧 수도와 둘이 아니라는 것을 알겠다.

세 번째

주위의 여건이 불리해질 때는 낙심하고 주위의 여건이 좋을 때는 즐거워지는 것이 당연한 줄 알았는데, 공부하고 보니까 불리해질 때도 늘 희망이 있고 기회가 있다는 것을 알겠다. 그리고 여건이 불리할 때는 아니 되는 것이 당연한 것으로 알았는데, 마음만 바꾸면 될 수도 있다는 것을 알겠으며, 항심恒心이 존재할 수도 있다는 것을 알겠다.

네 번째

내가 살고 있는 집과 직장이 행복을 가져다주는 나의 영원한 고향인 줄로 알았는데, 그것들은 인연이 있어서 잠시 머무는 것인 줄 알겠다.

다섯 번째

내 가족이 사랑스럽고 그들을 위해서 봉사하는 것이 당연한 의무인 줄 알았는데, 그것이 당연한 것도 아님을 알겠다. 그리고 우리는 서로 가면을 쓰고 때로는 원수로, 때로는 은인으로 만났을 뿐 영원한 친구가 아님도 알겠다.

여섯 번째

이 몸뚱이와 내 생각이 나 자신인 줄로 알았는데 이 역시 나 자신이 아닌 줄 알겠으며, 서산 대사가 자신의 초상을 보고 "어렸을 때는 저것이 나였으나 지금에 와서는 내가 저것이로다." 하신 말씀을 실감하겠다.

일곱 번째

종소리가 종에서 나는 소리인 줄 알았는데, 그것이 바로 내 소리임을 알겠다.

여덟 번째

근심 걱정이라는 것도 본래 없고, 편안한 것도 본래 없고, 영원한 것도 본래 없으며, 있다고 보는 것이 다 분별임을 알겠다. '실무중생 득멸도자'를 이해하겠다.

아홉 번째

근심과 걱정, 병들고 죽는 것이 이 사바세계의 본질인 줄로 알았는데, 그것은 꿈과 같은 것이며 환幻과 같은 것임을 알겠다. 그리고 참으로 즐겁고 영원하고 편안한 세계가 분명히 있는 줄 알겠다.

열 번째

다음 육조 대사의 오도송悟道頌이 지극히 자연스러운 것인 줄 알겠다.

어찌 제 성품이 본래 청정한 줄 알았으리까?
어찌 제 성품이 본래 나고 죽지 않음을 알았으리까?
어찌 제 성품이 본래 구족한 줄 알았으리까?
어찌 제 성품이 본래 흔들림 없음을 알았으리까?
어찌 제 성품이 능히 만법을 내는 줄 알았으리까?

저자 소개 김원수金元洙

2018년부터 현재까지 BTN 불교TV에서 〈김원수 법사의 내 안의 선지식, 금강경〉이 절찬리에 매주 방영 중이다. 저자의 금강경 해설은 단순한 경전의 해석이 아니라, 일생 생활에서 실천한 체험이 녹아있는 법문이며 누구나 실생활에서 바로 적용하고 따라서 할 수 있다는 점이 가장 큰 특징이다.

그는 '이 시대의 참 스승'(EBS 교육 방송 〈신나는 인생 5679〉 2010.11.16.), '우리 시대의 도인'(주간조선 2013.04.01.), '금강경 해설의 대가'(BBS 뉴스 2023.04.03.)로 불린다. 이것은 오로지 밝은 스승 백성욱 박사님을 모시고 4년간 전일 출가하여 금강경을 실천 수행한 공덕이라고 저자는 말한다.

저자는 60여 년 동안 금강경 가르침을 사회생활에 적용하여 빈곤을 풍요로, 병약을 건강으로, 무능을 유능으로, 무지를 지혜로 바꿀 수 있었고, 공과대학 교수로 재직 시 심오한 과학적인 난제에도 접목하여 SCI(science citation index)급의 뛰어난 논문을 다수 발표하였으며 노벨상을 꿈꿀 정도로 뛰어난 성과도 얻을 수 있었다고 한다.

저자는 세상에서의 행복과 깨달음을 동시에 얻는 유일한 수행인 금강경 실천 수행을 40년 이상 지도하면서 금강경 수행에 대한 확신을 얻었다. 보통 사람이 신심 발심하여 이 수행을 한다면, 인격과 지혜를 갖춘 건강한 사회인이 되어 부유하고 유능해지고, 세계적인 인재가 되어 국가 사회 발전에 기여할 수 있다는 점이다.

이 수행을 체험한 불자들은 불교가 깨달음만을 위한 수련이 아니고 실생활에서 도움이 되는 절대성 있는 종교라는 가르침을 감명 깊게 받아들이며, 현실에서는 주위가 부드럽게 되고 밝아지며 삶이 즐거워지는 체험을 하였다고 이구동성으로 말한다.

이에 저자는 스승의 가르침을 널리 알려서 생활불교로 불교의 중흥을 도모하고 수많은 인재를 양성하기를 발원하며 적극적으로 활동하고 있다.

○ **불교 수행지도**

원홍 법당에서 매주 일요 정기법회와 매일 자시子時 주경야선 가행정진, 원당 법당에서 매주 2박 3일 주말 출가로 실질적이고 알찬 금강경 실천 수행을 이끌고 있다. 또한 매년 수차례 대도시에서 대규모 법회를 개최하여 전국의 불자들을 새로이 신심 발심시키고 있다.

○ **학력과 경력**

서울대학교 공과대학 금속공학과를 졸업하고 ROTC 장교로 제대 후, 1967년 불세출의 도인으로 알려진 백성욱 박사님(전 동국대학교 총장)을 스승으로 모시고 소사 도량(현 경기도 부천시)에서 4년 동안 전일 출가 수도하였다. 이후 고려대학교 대학원에서 이학박사 학위를 취득하였고 홍익대학교 재료공학부 교수로서 정년 퇴임하였다.

○ **사회봉사와 수상**

- 무료 급식 : 2004년부터 현재까지 서울 소재 자택을 개방하여 시행 중이다(연인원 40만 명 이상).
- 비영리 법인 설립 : 전 재산을 희사하여 진정한 무소유인이 되었다.
  재단법인 백성욱박사 교육문화재단(2020년)
  종교법인 부처님 시봉하는 사람들(2022년)
  사회복지법인 바른법연구원(2003년)
- 수상 : 포교와 봉사로 대한불교조계종 총무원장상, 대원 특별상, 십우 문화상 등을 수상하였다.

○ **저서**

『우리는 늘 바라는 대로 이루고 있다』
『THE CREATORS, 우리는 늘 바라는 대로 이루고 있다』 영한판
『예수님은 법 받은 미륵존여래불』
『주경야선 가행정진으로 재가자도 성불할 수 있다』
『크리스천과 함께 읽는 금강경』 개정판
『재앙을 축복으로 만드는 사람들』
『마음을 어디로 향하고 있는가』

성자와 범부가 함께 읽는

금강경

초　판 1쇄 발행일 | 2012년 12월 2일
개정판 1쇄 발행일 | 2024년 5월 15일

저자 | 김원수

발행처 | 도서출판 바른법연구원
주소 | 서울시 마포구 망원로10길 21 하심정빌딩
등록번호 | 540-90-01473
등록일자 | 2020년 9월 1일
전화번호 | 02-337-1636, 031-963-2872
구입 및 법보시 문의 | 031-963-2871

네이버 카페명 | 백성욱박사 교육문화재단
유튜브 채널명 | 백성욱박사 교육문화재단

ISBN 979-11-987476-0-0 03220

값 27,000원